中國學術思想 研究輯刊

十四編

林慶彰 主編

第 18 冊

從物理之學到性命之學
——邵雍反觀思想析論

陳雯津 著

周濂溪哲學思想之批判

王祥齡 著

花木蘭文化出版社

國家圖書館出版品預行編目資料

從物理之學到性命之學——邵雍反觀思想析論　陳雯津　著／
周濂溪哲學思想之批判　王祥齡　著 — 初版 — 新北市：花木
蘭文化出版社，2012〔民101〕
目 2+106 面／目 2+112 面；19×26 公分
（中國學術思想研究輯刊 十四編：第 18 冊）
ISBN：978-986-322-028-2（精裝）
1.（宋）邵雍　2.（宋）周敦頤　3. 學術思想　4. 宋元哲學
030.8　　　　　　　　　　　　　　　　101015384

ISBN-978-986-322-028-2

中國學術思想研究輯刊
十四編　第十八冊　　　　　ISBN：978-986-322-028-2

從物理之學到性命之學——邵雍反觀思想析論
周濂溪哲學思想之批判

作　　者　陳雯津／王祥齡
主　　編　林慶彰
總 編 輯　杜潔祥
出　　版　花木蘭文化出版社
發 行 所　花木蘭文化出版社
發 行 人　高小娟
聯絡地址　新北市永和區中正路五九五號七樓
　　　　　電話：02-2923-1455／傳真：02-2923-1452
網　　址　http://www.huamulan.tw 信箱 sut81518@gmail.com
印　　刷　普羅文化出版廣告事業
封面設計　劉開工作室
初　　版　2012 年 9 月
定　　價　十四編 34 冊（精裝）新台幣 56,000 元　　　版權所有・請勿翻印

從物理之學到性命之學
——邵雍反觀思想析論

陳雯津　著

作者簡介

陳雯津，淡江大學中國文學學士、中國文學碩士。曾任《中華排球》雜誌約聘記者、漢翼創意有限公司文案企劃。

提　　要

　　《宋史》有別於以往史書，另闢〈道學傳〉以表彰承續「聖人之道」的道學家。實則，其有特定的學術背景與歷史條件，亦即程朱之學在元代學術發展中的官方地位；不過，學問進路與程朱之學相迥異的邵雍，卻因程氏的推舉而列入該傳，此應與程顥言其為「內聖外王之學」一語有關。然對照〈儒林傳〉裡李之才授與邵雍物理之學與性命之學的言論，卻曝露了其中的問題，倘若邵雍之學承自李之才，為何李之才非〈道學傳〉的一員，反而被歸於〈儒林傳〉？可見邵雍的物理之學與性命之學已有所轉化，那麼其內涵為何呢？是否如程顥所言為「內聖外王之學」？本研究即以邵雍物理之學與性命之學的涵義是否抉微程顥之說，作為問題的開端，進而以「觀」概念為入徑的視角，討論邵雍的觀物思想與反觀思想。

　　邵雍以「觀物」名篇，隱然透顯其對「觀」概念的詮釋與應用，其「觀」有隹鳥審諦觀察、〈觀〉卦賦予事物意義的認識義、先秦儒家價值實踐與道家主體修養的意涵，而邵雍便在此基礎上進一步發展其認識論與心性修養論，藉以建構出一套既溝通天人又囊括萬有的學問，前者以觀物學說為代表，後者以反觀思想為表徵。

目次

第一章 緒 論 ………………………………………… 1
　第一節 研究動機 …………………………………… 1
　第二節 研究方法 …………………………………… 5
　第三節 研究範圍 …………………………………… 7
　第四節 研究大綱 ………………………………… 14
第二章 邵雍觀物思想的濫觴 …………………… 15
　第一節 「觀」的文字解釋 ……………………… 16
　第二節 《易經》中的「觀」 …………………… 18
　第三節 先秦思想中的「觀」 …………………… 22
　第四節 邵雍觀物思想的承襲 …………………… 33
第三章 邵雍觀物思想的開展 …………………… 39
　第一節 先天易圖、易數的經世演繹說 ………… 41
　第二節 天地體用說 ……………………………… 44
　第三節 元會運世說 ……………………………… 47
　第四節 皇帝王伯說 ……………………………… 50
第四章 邵雍反觀思想的探究 …………………… 55
　第一節 觀與反 …………………………………… 56
　第二節 反與先天之思 …………………………… 66
　第三節 反觀 ……………………………………… 74
　第四節 反觀與心 ………………………………… 78
第五章 邵雍在反觀思想視域下的人格映現 …… 83
　第一節 賦詩的眞意 ……………………………… 84
　第二節 觀化的心境 ……………………………… 87
　第三節 安樂的志趣 ……………………………… 90
　第四節 窮理盡性以至於命的胸懷 ……………… 92
第六章 結 論 ……………………………………… 95
參考文獻 …………………………………………… 99

第一章　緒　論

第一節　研究動機

從《宋史》的編纂背景、意圖、體例與內容，考察邵雍自宋元理學發展以來的定位，可以發現邵雍與周敦頤、張載、程顥、程頤並列於《宋史·道學傳》中，昭示邵雍學說具有接續「聖人之道」〔註1〕的特性。由於《宋史》的纂修有其以程朱理學為官方學術的思想背景，使之有別於以往史書編撰的編寫格式成立〈道學傳〉，其目的在於表彰直承堯、舜、禹、湯、文、武、周公、孔、孟以來道統的道學家，並視南宋朱熹為「此宋儒之學所以度越諸子」〔註2〕的集大成者。清代考據學家錢大昕曾對《宋史·道學傳》的設置作一考異：「案《宋史》軔立〈道學傳〉別于〈儒林〉，意在推崇程朱之學。」並舉朱熹的業師劉勉之、劉子翬、胡憲、密友張栻、呂祖謙等人為例〔註3〕，證明《宋史·道學傳》有其自成一格的歸類標準；易言之，《宋史·道學傳》裡的道學家大多系出於程朱之學，承繼程朱一脈的學問。然而，邵雍之學的路數畢竟與程朱之學有著相當的差異，且談到北宋理學的開創與奠基者時，通常

〔註1〕 語見【元】脫脫等，《宋史》，卷四百二十七，列傳第一百八十六，〈道學傳一〉，頁 12709。其於開首之處略述「道學」一語的由來。從三代以來「無一民一物不被是道之澤」，然是時是道之名未被提出，至文王、周公沒而孔子繼起，昭明聖人之道，方使是道發揚光大，但曾子、子思、孟子之後沒而無傳，直到宋中葉起周敦頤等人紹述發揮。此處的「聖人之道」即指自三代以來到孔孟之際所流衍的道。

〔註2〕 同上，頁 12710。

〔註3〕 參照【清】錢大昕，《廿二史攷異》，卷八十一，頁 1。

只揭明周、張、二程,其為何能被納入〈道學傳〉呢?據《宋史·道學傳》的描述,可知邵雍因受程氏的推重而為列入該傳〔註4〕,尋索傳文,此「程氏」應指和邵雍同一時代、有所交誼的程顥,基於其直言邵雍所說乃「內聖外王之學」〔註5〕,「內聖外王」一語雖出自於《莊子》一書,不過,其後被用來表徵儒家之學,發揮其從內聖成德到外王事功的學問進路,而程顥的說法乃標明邵雍之學具有儒家思想的性格。對照《宋史·儒林傳·李之才傳》中所言,邵雍師承李之才,李之才授與邵雍物理之學與性命之學,而物理之學與性命之學一般被目為邵雍思想之所在,然其師李之才在《宋史》裡卻為歸於〈儒林傳〉,而非〈道學傳〉,顯然邵雍所開展出的物理之學與性命之學與其師有所不同,或在其師之學的基礎上加以轉化,或與其師之學走了不同的路徑;果若如此,此物理之學與性命之學的涵義究竟為何?能否發微程顥所謂的「內聖外王之學」?如能回歸至邵雍思想本身,就其思想的內蘊來談,對於物理之學與性命之學的理解,或許能尋得相應的答案。

在思想家們忖思生命意義與反省政治社會的北宋時代,由於儒釋道三家思想的匯流,使得思想家們極力於貞定價值,選擇恢復孔孟以來的儒學之道,闊論聖人境界與成聖的功夫;由是,其所反映出來的時代精神頗具聖賢的氣象,從周敦頤受業程顥「尋顏子、仲尼樂處」〔註6〕,張載的「大心體物」〔註7〕,到程顥「觀聖賢氣象」〔註8〕思維的形成,無一不體現聖賢的

〔註4〕 語見【元】脫脫等,《宋史》,卷四百二十七,列傳第一百八十六,〈道學傳一〉,頁12710。其記:「邵雍高明英悟,程氏實推崇之。」

〔註5〕 同上,頁12728。其述:「河南程顥初侍其父識雍,論議終日,退而歎曰:『堯夫,內聖外王之學也』。」又於【清】黃宗羲,《宋元學案》,卷十,〈百源學案下〉,附錄(頁464)中亦有記載:「二程嘗侍太中公訪先生于天津之廬。先生移酒飲月坡上,歡甚,語其平生學術出處之大致。明日,明道謂周純明曰:『昨從堯夫先生遊,聽其議論,振古之豪傑也。惜其無所用于世。』周曰:『所言何如?』曰:『內聖外王之道也。』」

〔註6〕 語見【北宋】程顥、程頤著,《二程集》上,河南程氏遺書卷第二上,〈元豐己未呂與叔見二先生語〉,頁16。其載記到:「昔受學於周茂叔,每令尋顏子、仲尼樂處,所樂何事。」

〔註7〕 張載於其著《正蒙·大心篇第七》開宗明義道:「大其心則能體天下之物,物有未體,則心為有外。」語見【北宋】張載,〈正蒙〉。其收錄於【北宋】張載撰、【南宋】朱熹注、王雲五主編,《張子全書》,卷之二,頁45。

〔註8〕 程顥嘗觀孔子、顏回、孟子等聖人之氣象:「孟子有功於道,為萬世之師,其才雄,只見雄才,便是不及孔子處。人須當學顏子,便入聖人氣象。」又:「仲尼,元氣也;顏子,春生也;孟子,并秋殺盡見。仲尼,無所不包;顏子示『不違如愚』之學於後世,有自然之和氣,不言而化者也;孟子則露其才,

哲思，展露聖賢的人格，這是北宋的思想家對於理想人格的思索與映現；除了對人的關切外，其對物的關注亦寄予宇宙人生的深思，如邵雍以「觀物」名篇，程顥的「觀雞雛，此可觀仁」〔註9〕，程頤的「觀物理以察己」〔註10〕等，透過「觀」的心智與行為，將其背後已存在的「理」抉發。不論是對理想人格的體貼與窮盡，還是對天地萬物的觀照與寄寓，皆透顯出北宋五子在思想上的價值擇取，同時隱然揭示了其對「觀」這個概念的詮釋與闡發。

自邵雍提出「以物觀物」、「觀之以理」與「反觀」等思想後，「觀」的概念於焉發揚，而二程兄弟受之影響，將「觀」的概念融入其學之中，各自發展出「觀天地生物氣象」〔註11〕與「隨事觀理，而天下之理得矣」〔註12〕之說，程顥猶且受到周敦頤的提點，進一步發揮「尋顏子、仲尼樂處」而「觀聖賢氣象」，於是乎其所觀的對象可以是天地萬物、聖賢氣象，也可以是萬物的生意、涵藏於天地萬物當中的道理；而能觀的主體，能以目所及之、耳所聞之的官能進行感知，亦能以帶著心識作用的認知方式來認識世界，或者作為形上學中存有論的主體，藉由人是道的「此在」的思考，來開顯自身及其所在的世界。「觀」於此時成為思想討論的對象，在反省時代社會之際，思量人於宇宙天地之間的存在價值之時，「觀」究竟扮演著什麼角色？其自身如何開展？邵雍對此有精闢的闡釋，亦可謂率先發聲，站在儒道思想的高度上，發揮「觀」的精神與內義，形成所謂的觀物思想；然而，對於「觀」概念的闡發並非其觀物思想的最終目的，而是在盡觀物理之後，寓以「窮理盡性以至於命」〔註13〕的聖人胸懷，邵雍的「反觀」說，便抬出聖人做更深一層地義理上的延伸，將其物理之學與性命之學聯繫起來。從這個角度思考邵雍的

蓋亦時然而已。仲尼，天地也；顏子，和風慶雲也；孟子，泰山巖巖之氣象也。觀其言，皆可以見之矣。仲尼無跡，顏子微有迹，孟子其迹著。」是為其「觀聖賢氣象」思想的顯露。語見【北宋】程顥、程頤著，《二程集》上，河南程氏遺書卷第五，頁76。

〔註9〕　同上，河南程氏遺書卷第三，〈謝顯道記憶平日語〉，頁59。

〔註10〕　同上，河南程氏遺書卷第十八，〈劉元承手編〉，頁193。程頤曰：「觀物理以察己，既能燭理，則無往而不識。」

〔註11〕　語見【北宋】程顥、程頤著，《二程集》上，河南程氏遺書卷第六，頁83。

〔註12〕　同上，河南程氏遺書卷第二十五，〈暢潛道錄〉，頁316。程頤曰：「隨事觀理，而天下之理得矣。天下之理得，然後可以至於聖人。君子之學，將以反躬而已矣。反躬在致知，致知在格物。」

〔註13〕　〈觀物內篇〉：「《易》曰：『窮理盡性以至於命。』所以謂之理者，物之理也；所以謂之性者，天之性也；所以謂之命者，處理性者也；所以能處理性者，非道而何？」語見【北宋】邵雍，《皇極經世書》，卷五，頁7。

學說，或能重新看待邵雍思想的思維理路，甚而一窺北宋思想家觀看世界的方式，理應有其研究的價值與探討的意義。

泛觀當代學者對邵雍思想的研究，大抵可分成三途：一爲就其先天易學思想而發〔註14〕、二乃以《擊壤集》爲研究材料，從文學或思想的角度探討其詩學理論〔註15〕、三爲針對其著作《皇極經世書》、〈觀物內篇〉、〈觀物外篇〉、先天圖、先天易數等思想，進行主題性的討論，譬如：歷史哲學、觀物思想、處世思想、天人關係說、知識論等，嘗試以各種不同的視域，體貼邵雍的理論〔註16〕。而在邵雍觀物思想研究方面，當代學者或事先預設了邵雍的「以物觀物」思想爲一認識論，從而探討其觀物思想的要義，以胡文欽的碩士論文《邵雍觀物思想研究》爲代表；或視「觀物」爲一行爲，分別由觀者、被觀者與觀物的環境三要素著眼，引用邵雍《擊壤集》裡的詩歌，深究其觀物思想，如施乃綺的碩士論文《觀物與詩：邵雍觀物思想研究》；或立基

〔註14〕 其係指以易學與象數之學的角度，來研究邵雍先天易學思想的相關論著，諸如：在現代專著方面，有吳康的《邵子易學》、高懷民的《邵子先天易哲學》；於學術論文方面，有王國忠的碩論《邵雍易數哲學探究》、陳玉琪的碩論《邵雍「先天圖」研究》；在期刊論文方面，則有邵父的〈邵康節的易學思想〉、陳郁夫的〈邵雍與先天易圖〉、田憲臣的〈析邵雍「一分爲二」思想〉、江宏益的〈邵雍之易學思維〉、陳正英的〈試論邵雍的象數推演邏輯〉等等，茲舉數例爲證。

〔註15〕 此可以鄭定國的《邵雍及其詩學研究》爲代表，除此之外，在學術論文方面，有許美敬的碩論《邵雍詩研究》；期刊論文方面，亦有鄭雪花的〈試析邵雍「以物觀物」的詩歌理念〉、宋邦珍的〈試析邵雍「以物觀物」詩學觀之析論〉、李思涯的〈"以物"如何"觀物"〉等文章。

〔註16〕 關於此類的著作，較前二類多，且泰半以學術論文與期刊論的形式表現，例如：學術論文方面，有趙玲玲的碩論《邵康節觀物內篇的研究──天人合一理念的探索》、張新智的碩論《邵康節先天易學之歷史哲學研究》、廖添洲的碩論《邵雍處世思想探究》、鄧振江的碩論《邵康節思想研究──試由康節之易學至其心性論，說其歷史觀》、胡文欽的碩論《邵雍觀物思想研究》、彭涵梅的博論《邵雍元會運世說的時間觀》、施乃綺的碩論《觀物與詩：邵雍觀物思想研究》；期刊論文方面，則有蘇其朗的〈邵康節的「以物觀物」致聖說〉、丁穎茵的〈邵雍「皇極經世書」中的自然與歷史〉、關永中的〈邵雍易學的知識論向度──「皇極經世」、「觀物篇」之六十二所給予的提示〉、韓鳳鳴的〈邵雍面前的世界──論邵雍哲學認識論的科學性及其侷限〉、〈宇宙的心法──剖析邵雍先天思維模式的認識論價值〉、冒懷辛的〈邵雍的人生觀與歷史哲學〉、余敦康的〈論邵雍的物理之學與性命之學〉、陳憲猷的〈邵雍的天人關係說──兼評王夫之對邵雍的批判〉、王新春的〈邵雍天人之學視野下的孔子〉、黃玉順的〈論"觀物"與"觀無"──儒學與現象學的一種融通〉、章偉文的〈邵雍易學中的歷史哲學〉、〈邵雍的歷史哲學思想探析〉等等。

於邵雍先天易學思想上，推論其「觀物」的意義，譬若高懷民先生的《邵子先天易哲學》。綜上而觀，就邵雍觀物思想的發軔，而對其觀物思想與「反觀」說進行論述的著作或研究，似乎未有深入研討之處，可以此為思考的切入點，繼而闡微邵雍學說的大義。

本論文將從邵雍觀物思想的發端討論到反觀思想的表現，藉以詮釋其學由物理之學到性命之學的開展；而反觀思想是邵雍對於聖人境界與修養工夫的論述，倘若其學沒有儒家思想的性格，其何以談論反觀思想，程顥又為何將之定位為「內聖外王之學」，此擬於論文的四、五章加以探究。

第二節　研究方法

在討論邵雍觀物思想與反觀思想之際，除了檢視前人對其研究的成果外，亦須借重考據詁訓與義理解析的功夫，如此才有釐清與判明的機會；而對於邵雍學說性格的探討，則涉及理解與詮釋方法的運用。基於上述種種途徑的考量，當代學者傅偉勳先生的「創造的詮釋學」，對於本論文的研究與問題的解決，應是理想的方法，不僅兼容了考據之學與義理之學，亦並包了思想史上歷史傳統的繼承與現代意義的創發，如同傅偉勳先生在《從創造的詮釋學到大乘佛學》一書中的前言所謂：

> 真正具有學術研究進步性、無涯性而又完全免於任何框框教條（如死板的『唯心、唯物』馬列公式）的詮釋學，必須常恆不斷地統合我國傳統以來的「考據之學」（或佛家所云「依文解義」）與「義理之學」（或「依義解文」），也必須自我提昇之為極具「批判的繼承」（繼往）與「創造的發展」（開來）意義的一種我所主張的「創造的詮釋學」。〔註17〕

為免曲解原思想家的本意，為了以更為開放的心胸解讀原典或思想傳統，傅偉勳先生提出了「創造的詮釋學」，將傳統以來的考據之學與義理之學，融會於西方詮釋學的主張與課題之中，加以思考與轉化，繼而強調思想文化傳統的繼往開來。

傅偉勳先生應用「層面分析法」作為開展其「創造的詮釋學」的方法論，其謂：

〔註17〕參見傅偉勳先生，《從創造的詮釋學到大乘佛學：「哲學與宗教」四集》，頁3。

創造的詮釋學的一大特色是，應用我經常強調的「層面分析法」，分辨「實謂」、「意謂」、「蘊謂」、「當謂」以及「必謂」（或「創謂」）等五大辯證層次。〔註18〕

在「實謂」層次，我們探問「原作者（或原典）實際上說了甚麼？」基本上關涉到原典校勘、版本考證與比較等等校讎學課題。〔註19〕

在「意謂」層次，原典文本的詮釋者必須假定原典本文具有原作者真正「意謂」著的「客觀意思」存在，詮釋者於此層次的學術責任即在發現理解所謂「客觀意思」或「真正意思」，且以「依文解義」方式表達詮釋者的「客觀」的理解。〔註20〕

在「蘊謂」層次，詮釋者必須繼續探問：「原思想家（或原典）可能表達甚麼？」或「他所說過的可能蘊涵甚麼？」我們於此層次的首要工作，即在通過思想史上已經有過的許多原典詮釋進路探討，歸納幾個較有詮釋學份量的進路或觀點出來，俾能發現原典思想所表達的深層義理以及依此義理可能重新安排高低出來的多層詮釋學的蘊涵。〔註21〕

因此必須再進一步升進「當謂」層次。於此層次，我們探問：「原思想家或原典（本來）應當表達甚麼？」或「創造的詮釋學家位原思想家或原典應當如何重新表達，以便講活原來的思想？」也就是說，我們在這層次，須在種種詮釋進路所個別發現的義理蘊涵之中進行批判性的比較考察，依據我們通過思想史的探討，中外哲學與詮釋學的方法論鑽研，以及我們自己多年積下的詮釋學體驗與心得，對於原典或原思想家的思想表達建立一種具有獨創性的詮釋學洞見與判斷，設法掘發原思想體系表面結構底下的深層結構出來。〔註22〕

〔註18〕參見傅偉勳先生，《學問的生命與生命的學問》，〈創造的詮釋學與詮釋方法論〉，頁228。

〔註19〕同上。

〔註20〕參見傅偉勳先生，《學問的生命與生命的學問》，〈創造的詮釋學與詮釋方法論〉，頁231。

〔註21〕同上，頁234。

〔註22〕同上，頁237～238。

> 在「創謂」層次搖身一變，而提升創造的詮釋學之為創造的思維方
> 法論的學者（即創造的思想家）不得不問：「為了解決原思想家未能
> 完成的思想課題，我現在必須『創謂』什麼？」〔註23〕

意即藉由各層次間的相互辯證，以調節原典、原思想家的客觀意思與相互主觀
性意義的可能義理蘊涵之間的差距。而本論文的研究步驟擬以此方法為矩矱，
從「實謂」層次的原始材料分析，包括邵雍的著作《皇極經世書》、《伊川擊壤
集》以及歷代與之相關的思想原典，進行文句與句讀上的考證；「意謂」層次
的表面結構意義的瞭解，針對所引用文句的上下文脈絡以及在此文本中的特殊
意義做解讀；「蘊謂」層次的思想史上不同詮釋進路的探討，包含古代與現代
的各種詮釋進路，試圖找到幾個重要的觀點或詮釋，以便體貼邵雍學說的蘊
義；到「當謂」層次的深層結構思想的理解，與「創謂」層次的思想突破與創
新等，探尋邵雍觀物思想的根源，解析觀物思想的大要，並從中擇取出較具詮
釋強度的理路，來進一步析論邵雍的反觀思想，或能引出不同的詮解。

　　在運用「創造的詮釋學」的態度方面，除了須具備同情地瞭解原典或原
思想家外，亦須有相互主觀性意義的視野與關懷，避免詮釋上的武斷與誤解；
再者便是建立詮釋洞見與判斷的問題，此涉及詮釋者本身的學養與對該方法
的體驗，將以相關的前人研究成果為參驗，來補足研究者的詮釋經驗。

　　本論文的研究進路在於通過邵雍觀物思想中「觀」概念的探本究源，討
論其對邵雍觀物思想如何積澱與擴充，從而進一步探討邵雍的反觀思想，同
時藉由反觀思想內蘊的發掘，對映出邵雍的人格與氣象。冀能重新看待邵雍
的觀物理論，並闡揚其反觀思想；亦能發覺邵雍的學說性格。

第三節　研究範圍

一、邵雍「先天之學」的形成與略說

　　易學發展歷經了三聖時期的智慧與創發、漢代的象數解《易》、魏晉時代
的義理注《易》以及隋唐時期的諸經義疏等階段，逐漸擴充易學研究的範圍
與內容，至北宋以圖式釋《易》的思想流行後，使得自東漢魏伯陽著作《周
易參同契》以來，道教系統底下的圖象思想發光發熱，透過先天圖、河圖、
洛書與太極圖等的解析與論說，以闡釋《易》經傳中神妙深奧的道理，而邵

〔註23〕同上，頁239。

雍的「先天之學」便在此背景之下開展。

邵雍「先天之學」的形成與其家學淵源、先天圖的授受及來歷有關。據張行成在《易通變》一書中道:「聲律之學本出於伊川丈人,康節祖述之,小有不同。」〔註24〕伊川丈人係邵古的稱號,而其說正指明了邵雍「先天之學」的家學淵源與承繼情況。邵雍曾整理《正音》一書,並於〈正音敘錄〉裡談及其父以聲音律呂釋《易》的成就:

> 觀天地消長,察日月盈縮,考陰陽度數,賾剛柔形體,目爛心醉五十年,使得造於無間矣。因定正律、正呂、正聲、正音,以正天下音及古今文。大矣哉!〔註25〕

乃明邵古從律呂聲音的訂正之中,探賾與考索天地消長、日月盈縮、陰陽度數、剛柔形體的變化〔註26〕。然而,邵雍並非依樣畫葫蘆地紹述父親的思想,反而在此基礎上發展「聲音唱和」說,以之釐析並統合天地、陰陽、干支、四季、節氣、聲韻、律呂與元會運世的時間觀等〔註27〕。

〔註24〕 語見【南宋】張行成,《易通變》,卷十九,〈伊川丈人正音敘錄〉,其收錄於【清】永瑢、紀昀等編,《文淵閣四庫全書》,子部七,頁804～454。

〔註25〕 同上。

〔註26〕 宋人陳繹曾於〈邵古墓銘〉裡簡述邵古的性情與學問:「君性簡寡,獨喜文字,學用聲律韻類、古今切正,為之解曰正聲正字正音者,合三十篇。」(語見【明】錢謙益,《皇朝文鑑》,卷一百四十三,〈邵古墓銘〉,頁1447。)指陳邵古的研究專長在於文字的聲律韻類、古今切正,並寫有以正聲正字正音為指歸的著作。在晁公武的《郡齋讀書志》中載有《邵古周易解》五卷,且於底下略微提到:「其學先正音文云」,係知邵古以聲律研究為基礎,進而用之釋《易》。邵雍的弟子張行成於《易通變》中微引邵古之語曰:「物有動焉,有植焉。其動也,動於情,情有喜怒哀樂,隨其所發而鳴焉。其植也,植於性,性有堅軟燥濕,隨其所擊而鳴焉。動植有大小,其音亦若是矣;性情有善惡,其音亦若是矣。」由上述這一段話,可知邵古先將萬物區判為動物與植物,其各有對應的人的情與性,而其所發出或被擊出的聲中,蘊有音律的編制於其中,音律的樣貌與型態實和動、植物的形貌與其性情所體現的善惡有關,不僅說明了萬物間的差異,亦點出裡頭所涵藏的規律。邵古甚至據此發展出音律之數,即將音律與日月星辰、五行之數相聯繫,以為與之相關的太陰、少陽、太剛、少柔等用數各為一百五十二,在此基礎上的動物數與植物數則為一萬七千二十四,係以物的視角類比人的性情,從而與聲音律呂連結起來。

〔註27〕 徐紀芳先生曾於其博士論文《邵雍研究》裡規整邵雍的「聲音唱和說」:「天聲——正聲(韻)十圖,天干甲～癸,各十六數,共百六十變。又分平上去入,又配日月星辰,是用以唱『地音(聲)』的。」地音——正音(聲)十二圖,地支子～亥,各十六數,共百九十二化。又分開發收閉,又配水火土石,是用以和『天聲(韻)』的。」頁203。

　　至於先天圖的授受與來歷，大抵自程顥、朱震、朱熹、《宋史‧儒林傳》中的記載〔註 28〕以來，關於先天圖的授受經過，有其肯認的歷程：陳摶授之種放，種放授與穆修，穆修傳授李之才，李之才傳之邵雍。此一過程標明了兩則想法，一爲將之推本溯源，可以發現先天圖的授受源頭係屬道教系統，由於陳摶的思想結合了易學與道教中的煉丹術，因而其易學被定位爲道教易學〔註 29〕。二爲與邵雍師承李之才的史實相符應。據《宋史‧儒林傳‧李之才傳》記曰：

> 之才初爲衛州獲嘉主簿、權共城令。時邵雍居母憂于蘇門山百源之上，布裘蔬食，躬爨以養父。之才叩門來謁，勞苦之曰：好學篤志果何似？雍曰：簡策之外，未有迹也。之才曰：君非迹簡策者，其如物理之學何？他日則又曰：物理之學學矣，不有性命之學乎？雍再拜願受業。於是先示之以陸淳《春秋》，意欲以《春秋》表儀《五經》，既可語《五經》大旨，則授《易》而終焉。〔註 30〕

這一段文字詳細記述了時爲衛州獲嘉主薄、權共城令的李之才授業其學於邵雍的情形，李之才慧眼識出邵雍的資質並不囿於簡策之學，於是授與物理之

〔註 28〕　程顥曰：「獨先生之學爲有傳也。先生得之于李挺之，挺之得之于穆伯長，推其源流，遠有端緒。今穆李之言及其行事，概可見矣。而先生純一不雜，汪洋浩大，乃其所自得者多矣。」（語見《二程集‧河南程氏文集》）《宋史‧朱震傳》載記朱震之語曰：「陳摶以先天圖傳種放，放傳穆修，穆修傳李之才，之才傳邵雍。」朱熹於《周易本義》道：「右伏羲四圖，其說皆出邵氏。蓋邵氏得之李之才挺之，挺之得之穆修伯長，伯長得之華山希夷先生陳摶圖南者，所謂先天之學也。」《宋史‧儒林傳》曰：「李之才，字挺之，師河南穆修，修性卞嚴寡合，雖之才亦頻在訶怒之中，之才事之亦謹，足能受《易》，修之《易》受之種放，放受之陳摶，源流最遠，其圖書象數變通之妙，秦漢以來，鮮有知之者。」

〔註 29〕　實際上，這僅是其中的一種說法，對於先天圖的來歷，尚有其他的見解，高懷民先生在《邵子先天易哲學》一書中嘗加以統整與敘述：「大體說來，後人對於易數方面沒有疑難，『元會運世』之數都承認非承自前人，乃邵子的創思。疑難發生在易圖方面，不同的意見可區分爲以下三種：第一種認爲先天圖傳自華山道士陳摶希夷。第二種認爲先天圖更在希夷以前，可遠溯其端緒於東漢魏伯陽的參同契。第三種則認爲先天圖爲邵子受自前人，但作爲學術思想理論的發揮、則爲邵子的創思。」（頁 69～78）其中，持第二種意見者，以宋末俞琰、明末黃宗羲、黃宗炎兄弟與朱熹晚年的看法爲代表；而主張第三種說法者，爲《宋史‧道學傳》。無論先天圖授受的來源爲何，其啓蒙了邵雍先天易學思想的形成乃毋庸置疑，邵雍將之發揚光大更無疑異。

〔註 30〕　語見【元】脫脫等修撰，《宋史》，卷四百三十一，列傳第一百九十，〈儒林一‧李之才〉，頁 12824。

學及性命之學，最後授以易學集大成，無怪乎邵雍所構築的「先天之學」既有物理之學做觸角，亦有性命之學爲依歸，乃受到李之才的啓迪。雖則，邵雍「先天之學」有所本，然卻非平行移植其師的學問，而是在此基礎之上發展出一套不同以往的先天易思想，《宋史·道學傳》裡曾謂：

> 之才之傳，遠有端緒。而雍探賾索隱，妙悟神契，洞徹蘊奧，汪洋浩博，多其所自得者。及其學益老，德益邵，玩心高明，以觀夫天地之運化，陰陽之消長，遠而古今世變，微而走飛草木之性情，深造曲暢，庶幾所謂不惑，而非依倣象類、億則屢中者。遂衍宓犧先天之旨，著書十餘萬言行于世，然世之知其道者鮮矣。〔註31〕

其指出邵雍之學「多其所自得者」，在摸索天地運化、陰陽消長之際，在體貼古今事變、走飛草木性情之時，邵雍的思想透顯出「探賾索隱，妙悟神契，洞徹蘊奧，汪洋浩博」的氣度，亦見其思的高明與創新，不失爲中肯的言論。

「先天之學」是邵雍由《易》入思〔註32〕的思想結晶，透過先天易圖與易數的討論，將宇宙運行、天地變化與歷史發展的自然態勢框廓而出，企圖揭露那已然存在的理，此理的內涵便是其「先天之學」的最佳展示。《皇極經世·觀物外篇》載記邵雍之語曰：

> 先天之學，心法也，故圖皆自中起，萬化萬事生乎心也。圖雖無文，吾終日言而未嘗離乎是，蓋天地萬物之理盡在其中矣。〔註33〕

> 先天之學，心也；後天之學，迹也。〔註34〕

顯見邵雍所謂的「先天之學」，由易圖啓思，在前人以圖式釋易、發揚道教學說的基礎上，彙整並創製出新的先天易圖，而與先天易數、先天思想相發明，其「先天之學，心法也，故圖皆自中起，萬化萬事生乎心也」一段話，便爲其先天思想的展現。從圖的結構、卦爻消長與排序及其相互關係，領會宇宙開物、成物之源—太極與天地生物之心的涵義；然而，邵雍注意到能領略此中涵義的唯有人，藉以闡微人能透過心的修養，體會先天易之道、易之理的

〔註31〕 語見【元】脫脫等修撰，《宋史》，卷四百二十七，列傳第一百八十六，〈道學一邵雍〉，頁 12726～12727。

〔註32〕 此「由《易》入思」之說出自於高懷民先生之言：「邵子的先天易並非是挾易學以立哲思之論，乃是由《易》入思，至於高明哲思之境後，反而以天地萬物之大道爲立場，取易之卦爻象以爲表達，才有先天易的創制。」參見高懷民先生，《邵子先天易哲學》，〈自序〉，頁3。

〔註33〕 語見【北宋】邵雍，《皇極經世書》，卷七上，頁 34。

〔註34〕 語見【北宋】邵雍，《皇極經世書》，卷七下，頁 13。

幾微，因之，其「先天之學，心法也」的說法，一方面標幟了「先天之學」
為自然之理的體現，一方面也透顯出人能通過心的修養來印證「先天之學」。
此外，邵雍為了對「先天之學」加以界義，亦帶出「後天之學」的概念以之
區隔，藉用「心」、「迹」的解釋對觀二者，來互顯其義。邵雍曾以「用也者，
心也；體也者，迹也」〔註35〕區辨「心」、「迹」，實可與〈觀物內篇〉對天地
體用的陳述相看，其分別表顯宇宙天地生成、變化的運動作用與形體內容，
前者行無轍跡，後者有跡可循，而邵雍所致力者便在於對前者的闡發。若以
圖式而觀，「先天之學」與「後天之學」可以各用伏羲、文王為名的卦圖作為
判分依據的一隅，乃啓蒙於《易‧說卦傳》裡的思想〔註36〕，邵雍曾說：「乾
坤縱而六子橫，《易》之本也；震兌橫而六卦縱，《易》之用也。」〔註37〕表
明以乾、坤、坎、離四卦分置北、南、東、西的卦圖為《易》之本；以離、
坎、兌、震四卦分處南、北、西、東位置的卦圖為《易》之用，係由卦序及
各卦所呈現的內涵來劃分。清末民初學者杭辛齋先生嘗對先、後天八卦的關
係作平議：

> 蓋先天與後天，往復相循，如環無端，泰否反類，先後天之無往不
> 復，亦如是也。譬如於後天為否者，而先天為泰；後天為泰者，而
> 先天為否。兌見巽伏震起艮止，皆先後互相循環，故吉凶得失進退，
> 無不互相倚伏。盈於此者必絀於彼；得於前者必喪於後，莫之致而
> 致，莫之為而為，天且不違，而況於人，況於鬼神，聖人但就象數
> 之自然，以顯明天地自然之理。〔註38〕

其謂先天、後天乃往復相循，絕非截然二分，不僅闡微〈乾〉卦象辭中「先
天而天弗違，後天而奉天時」之義，亦明先天、後天雖各有其宇宙天地、人

〔註35〕同上，卷五，頁9。

〔註36〕《易‧說卦傳》曰：「天地定位，山澤通氣，雷風相薄，水火不相射；八卦相
錯。數往者順，知來者逆，是故《易》逆數也。」基於《易》能順推、逆知
一事，而據「天地定位」一段繪成先天八卦圖，置於傳統易學三聖三古說的
脈絡內，則為伏羲八卦圖。又曰：「帝出乎震，齊乎巽，相見乎離，致役乎坤，
說言乎兌，戰乎乾，勞乎坎，成言乎艮。」沿著萬物初萌、生長、類繁、成
熟、交配、勤奮、成功、復始的各個階段，呈現出天地開闢之後，萬物生長
收藏的過程，而為後天八卦圖繪製的依據，置於傳統易學三聖三古說的脈絡
內，則為文王八卦圖。語見【魏】王弼注、【唐】孔穎達疏，《周易正義》，卷
九，〈說卦傳〉，頁83。

〔註37〕語見【北宋】邵雍，《皇極經世書》，卷七下，頁12。

〔註38〕參見杭辛齋先生，《學易筆談》二集，卷二，〈先後天八卦平議〉，頁68。

事物象的發展律則，然皆在此一世界的場域中開展，有其時間相續的變化歷程，是以，將這自然之理應用於生活實際上，其吉凶、得失、進退相互倚伏的現象，與先天、後天無往不復的接續關係相類。而杭先生將邵雍以「先天之學」的路數，彰顯天地自然之理的心思表露無遺。

　　總之，邵雍的「先天之學」由《易》入思，藉由先天易圖與易數的探討，窮盡與發揚先天易之道、易之理；其並作太極、天地生物之心、人心的推究與思索，以彰顯其謂「先天之學，心法也」的用意。

二、邵雍先天易學思想中的觀物智慧

　　邵雍的「先天之學」，除了闡發自伏羲以來未盡顯揚的自然之理外，其思想亦回應了北宋時代，在面對儒、道二家、佛、道二教等學說的匯流與激盪時所做出的思索與反省。邵雍首先由先天圖得到啟發，此相傳為道教體系之下的圖象思想，而後擇取易卦卦爻的陰陽消長與變化、聲音、律呂、卦氣等觀察物象可用的方式，進一步發揮「先天之學」，並作經世演用，以建構出一套上窮天理、下盡物理的學問，而觀物的智慧便於此中流露。只要人能把握宇宙運行、天地生化與物象發展的道理及秩序，其所發揮的先天易圖與易數將能推擴於無窮，為偌大無盡的宇宙、莫可名狀的天地生化，甚至是不能窮究的歷史時間，找到理論的根據；是以，邵雍的先天易學思想闡揚了其觀物的智慧，亦發展出觀物的思想，並以「觀物」作為其著作的篇名。而推究其背後所引發的動機，似乎與「觀」脫離不了干係，尤其，邵雍抬出孔、孟、老、莊，以為孔子盡三才之道，老子知《易》之體，而孟子善《易》之用，莊子善通物，將之納入其思想當中，除了洞悉先聖前賢作為觀道體道者，亦發覺其觀道的用心與途徑，如能析理出其對「觀」的詮釋及對邵雍觀物思想的影響，對於邵雍提出「先天之學」、「觀物」與「反觀」的思想，將有更為深層的理解。實則，這是邵雍思想對時代的契應，也是對其生活世界的認識與關懷。

三、取材依據與限制

　　邵雍於《皇極經世書》、〈觀物內篇〉與〈觀物外篇〉中所展示的理論，皆有易學上象數學說的根據，以作為邵雍建構「先天之學」的象數憑藉。《皇極經世書》囊括了各式先天經世演用圖式與〈觀物〉內外二篇等，統合先天易圖、易數的概念與觀物思想，是本兼綜有象可尋的易卦卦爻、聲音等敷演

與抽象思維的典籍。〈觀物內篇〉表現了邵雍的觀物思想，從陰陽、動靜、天地體用、經世天地四象討論到元會運世與皇帝王伯，鋪展出一套上識天時、下窮地理、中盡人情、通達物事的觀物理論，裡頭亦對「觀物」的意涵加以思索與顯豁。相較於〈觀物內篇〉的逐層揭示、形成體系，〈觀物外篇〉顯得分散且緊扣著先天易圖、易數而發，然亦以闡明觀物思想為依歸；雖則，〈觀物外篇〉並非出自於邵雍之手，為邵雍之子邵伯溫據張岷等人記述邵雍講學語錄所整理而成，其中卻蘊涵了諸多的象數思想，南宋張行成在對《觀物》內外篇進行比較時略有評述：「內篇理深而數略，外篇數詳而理顯。」〔註39〕可以得知〈觀物外篇〉偏於以象數思想闡釋觀物之理，特別是先天易數的演繹與先天易圖結構及其內在規律的解釋，能作為本論文研析與參考的材料之一。考察其相關的版本，計有由宋邵伯溫等解、明徐必達校正的《邵子全書》，該書收錄於中國子學名著集成中的雜家子部；以及由明黃畿洲註釋、黃泰泉編輯的中華書局四部備要本。因著後者將邵雍的著作、語錄、圖式等作系統性的分門別類，較之前者完整而豐富，是故本論文在徵引相關文獻時，擬以後者為底本，而前者為參照本，相互查證以明義。

　　此外，被目為邵雍詩歌創作的集子——《伊川擊壤集》，雖以詩歌文學的形式發抒，裡頭卻有先天哲理的展現，其於〈首尾吟〉自白：「堯夫非是愛吟詩，詩是堯夫語道時。」〔註40〕誠然表述了吟詩的心跡，以致於後世學人專研邵雍的學問時，不忘批覽《伊川擊壤集》，以圓成、貼近邵雍的學說。此亦為本文可供參考的材料。在其版本引用方面，則以四部叢刊的明刊本為主，明人徐必達校正的《邵子全書》中〈擊壤全書〉為輔，藉以對照發明之。

　　在儒、道、佛家思想匯聚的宋代，不論是對《易》經傳的研究，還是對《中庸》、《大學》的闡發，思想家皆於不同程度上會通了儒釋道三家的學說，而以儒會通釋道為大宗，這是時代使然，也是思想經過了漫長發展的結果；然而，本論文並不做相關的佛學思想、道教理論方面的討論，在探究邵雍觀物思想中「觀」概念的承繼時，亦僅止於先秦時代的儒、道二家，基於後代所探討的重要思想或概念，早在先秦時期已有奠基，加以邵雍所開展出來的理論，帶有儒、道思想的意味，近人余敦康先生在談到邵雍思想的特色時便說：「邵雍在物理之學上推崇道家，在性命之學推崇儒家，企圖通過《易》之

〔註39〕語見【南宋】張行成，《皇極經世觀物外篇衍義》，〈原序〉，頁804～38。
〔註40〕語見【北宋】邵雍，《伊川擊壤集》，卷二十，頁148。

體用關係把二者統一起來，以老子為得《易》之體，以孟子為得《易》之用。」
〔註 41〕姑且不論其說是否精當，其察覺到邵雍思想中兼有儒、道的哲思，實
可供為思忖的指標。

第四節　研究大綱

　　本論文的研究主題為「從物理之學到性命之學—邵雍反觀思想析論」，在
章節的安排上，首先界說邵雍先天易學思想的形成、思想要義及其與觀物思
想間的關係，為觀物思想與反觀思想的討論提供背景與基礎。第二章就邵雍
觀物思想的濫觴為出發點，著眼於「觀」概念的文字解釋、〈觀〉卦、先秦時
期儒、道、《易傳》思想對邵雍觀物思想的積澱與深化，亦即透過「觀」與「觀
物」間關係的釐清與研討，平實地探討邵雍觀物思想的發端。接著，於第三
章展示邵雍的觀物思想，通過其對天地結構、時間歷程、歷史發展與人事興
衰的看法，來發現邵雍是如何順觀宇宙天地開闢之後的物事，使之得有「知
識掌握者」〔註 42〕的稱號，物理之學的涵義不難明瞭。而實踐其觀物的途徑
在於聖人的反觀，其中，尤以能觀的主體—性與心的修養為要；然而，邵雍
在順觀宇宙天地物事之後，覺察出其反復開展的運動機制與歷史衰退的現
象，既然已經明白所有物事係不斷循環，而歷史發展乃逐步退後，那麼為何
還要進行具有修養意義的反觀，此實為邵雍對性命之學的安立，以作為人生
在世安身立命的可行方向，是為第四、五章的討論內容。第六張結論則歸結
上述思想的大要，同時反省是否解決前述的問題，並說明本論文留待發展之
處。

〔註 41〕 參見余敦康先生，〈論邵雍的物理之學與性命之學〉，頁 201。
〔註 42〕 參見杜保瑞先生，《北宋儒學》，〈邵雍易學與歷史哲學進路的儒學建構〉，頁
　　　　136。

第二章　邵雍觀物思想的濫觴

　　一個概念、思想的形成，並非一舉而竟全功，應有其原初的意義可循，以爲其繼承與創新的背景支撐。在邵雍觀物思想提出的同時，其對「觀」概念的運用與想法亦隨之顯露，然其之所以用「觀」概念來開展思想，卻可謂前有所承，孔子曾望川而興嘆：「逝者如斯夫！不舍晝夜。」〔註1〕，莊子立於觀照的高度「原天地之美而達萬物之理」，其無非不是透過「觀」的感知與洞察，而對生命、存在甚至是形上世界有所思考與關懷，亦正反映了中國人對待生活週遭、宇宙世界中種種事物的心靈，邵雍對觀物所做的冥思，或以此爲起點，進一步發展其觀物學說。實則，此種心靈的發用，可溯及《易經》的觀卦，與《易傳》裡頭對於如何成《易》的敘述，不外以「觀」作爲表現《易經》中各種人事物象得以呈顯的源頭，其表現的方式是仰觀俯察，其內在的思緒是「盥而不薦，有孚顒若」〔註2〕，以最基本的觀看動作，歸結宇宙萬事萬物的生發、成長與萎落，而後對應到人事上，感化人心，這便透顯了「昔者聖人之作《易》也，將以順性命之理」的生命情調〔註3〕。

　　本章將追溯邵雍觀物思想中「觀」概念的概念源頭，從「觀」的文字解釋著手，並彙析先秦時代對「觀」概念的初探，以爲討論邵雍觀物思想的前導。

〔註1〕 語見【清】劉寶楠，《論語正義》，卷十，〈子罕第九〉，頁349。

〔註2〕 語見【魏】王弼注、【唐】孔穎達疏，《周易正義》，卷三，〈觀卦〉，卦辭，頁28。

〔註3〕 方東美先生曾於〈生命情調與美感〉一文裡提到：「各民族之美感，常繫於生命情調，而生命情調又規撫其民族所託身之宇宙，斯三者如神之於影，影之於形，蓋交相感應，得其一即可推知其餘者也。」該文收錄於方東美先生，《生生之德》，頁117。

第一節 「觀」的文字解釋

　　《易》經傳文本裡的觀，多以觀察為訓解，藉由人最基礎的觀看能力，來認識、思考與理解這個世界，進而創造出一套宇宙生命存在的符號模式，諸如「仰以觀於天文，俯以察於地理」〔註4〕、「仰則觀象於天，俯則觀法於地，觀鳥獸之文，與地之宜」〔註5〕、「物大然後可觀」〔註6〕的觀之謂；此外，另有上對下的觀示與下對上的觀仰之意，藉由上下彼此的視察以反鑑自身，其可見於解釋〈觀〉卦的《彖傳》與《大象傳》中；無論《易》經傳文本內的觀呈現出幾種意義，其皆無法脫離「看」的動作。依許慎《說文解字》對觀的訓釋而謂：「觀。諦視也。从見雚聲。」〔註7〕得知觀為形聲字，見是觀的形符，而雚是觀的聲符，形符通常有片面的表意作用，亦即與該字的字義有著某種聯繫〔註8〕；而見在許慎《說文解字》裡的解釋，乃訓為「視」義，形體从目儿，即人有目而視之意，顯然觀與視的意義在某種程度上相聯繫。然細察許慎對觀的解釋，其「諦視」的說法，不僅只有視之意，尚包含諦的意義。其曰：「諦。審也。从言帝聲。」〔註9〕乃訓諦為審意，據《說文解字》的載記，審為篆文，較其字形早些的文字為宷，係籀文的寫法，其意為「悉也。知宷諦也」〔註10〕，從悉的意思來看，其有「詳盡也」〔註11〕之意，由知審諦的意義而觀，其有認識、審諦〔註12〕的意涵，可見諦有著審諦詳盡的意義。而許慎用諦視詮解觀，乃進一步擴充目視的動作，帶出其詳觀細審的能力。

　　然而，觀僅具有見、視、諦的意義嗎？此由觀的形符與許慎的訓解所獲

〔註4〕語見【魏】王弼注、【唐】孔穎達疏，《周易正義》，卷七，〈繫辭上〉，頁67。
〔註5〕同上，卷八，〈繫辭下〉，頁76。
〔註6〕同上，卷九，〈序卦〉，頁85。
〔註7〕語見【東漢】許慎撰、【清】段玉裁注，《新添古音說文解字注》，八篇下，見部，頁412。
〔註8〕參見裘錫圭先生，《文字學概要》，〈形聲字〉，頁188～189。
〔註9〕語見【東漢】許慎撰、【清】段玉裁注，《新添古音說文解字注》，三篇上，言部，頁92。
〔註10〕同上，二篇上，采部，頁50。其在宷之後列一審字，其曰：「審。篆文宷。从番。」
〔註11〕同上，頁50。其曰：「悉。詳盡也。从心采。」
〔註12〕同上，五篇下，矢部，頁230。其曰：「知。詞也。从口矢。」清人段玉裁以為詞之上應再加一識字，因與白部的智音義相同：「智。識詞也。从白亏知。」（頁138）是知其有認識之意。

致，而其聲符能否提供解答呢？與許慎的解釋相符嗎？往前尋溯觀的初文〔註13〕，將發現萑、鸛與觀之間的血緣關係。成中英先生於〈論『觀』的哲學意義與《易》的本體詮釋〉一文中提到：

> 首先，『觀』這個名稱顯然來自於鳥觀察其周圍的環境。即使在今天，我們都知道有一種叫做『鸛』的水鳥，為了維生，牠必須仔細地搜尋水中的魚。因此，『觀』就表明一種經常的意識和警覺，甚至是觀察（watchfulness）狀態，這樣，我們不僅能夠發現我們在世界中的地位，而且能夠根據我們對世界的理解以及我們在世界中的地位來行為。〔註14〕

成先生找出觀最原初的意義，發現其與鳥類的行為有關，並舉出鸛鳥為例，以表明觀的特性與涵義，其指向帶著經常的意識與警覺的觀察，通過發現來理解並定位生命的存在與意義。由此可推論觀與鸛之間在字義與形體上應當有其相關性，而觀的聲符「萑」，除了有表音作用外，其本身應有表意的功用，由於萑與鸛字存在著聯繫〔註15〕。

　　據于省吾《甲骨文字釋林》的考察，觀的甲骨文為萑，而萑多用為觀。〔註16〕吳其昌於《殷虛書契解詁》中對萑字進行詳細的解說，其道：

> 萑者，在卜辭中，本義，引申，共有四訓。其一，原始本義，乃象一萑鳥之形，𓅞摹繪惟肖，不煩言詮。或省其雙目形之囗囗，則為𓅆。其在《說文》，於「隹」字解云：「鴟屬。從隹，從丫，有毛角。所鳴其民有旤。……」於「萑」字解云：「小爵也。從隹，囗囗聲。《詩》云：萑鳴於垤。」在殷代卜辭時，隹萑殆為一字矣。卜辭云：「己巳卜，其遘萑。」（後二、六、七）則似亦以萑為不吉之鳥然。〔註17〕

是知其將萑訓為象形字，並歸萑、隹為同一字；然于省吾先生卻以為「卜辭『隹』與『萑』形義皆有別」，由於吳其昌先生以許慎《說文解字》為立基，並無切實地就卜辭的形義說萑字。不過，仍可確認的是萑為鳥類，其雙目之形正說明了該鳥類的特徵，以及引發造出觀字的動機。而依元代朱公遷《詩

〔註13〕由於許慎在《說文解字》一書中，所收錄的字形並無含括金文以前的文字，因而尚須參照甲金文字與鐘鼎文等以為輔助，藉以探求觀的本義。

〔註14〕詳見成中英先生，《易學本體論》，頁100。

〔註15〕段玉裁為萑字做注時曾謂：「萑，今字作鸛，鸛雀乃大鳥。」以此為線索。

〔註16〕參見于省吾先生，《甲骨文字釋林》，頁1688～1691。

〔註17〕同上，頁1689。

經疏義》爲《詩經‧豳風‧東山》一章的「雚」字作疏云：「雚，水鳥，似鶴者也。垤，蟻塚也。將陰雨，則穴者先知，故蟻出穴而鸛就食之，遂鳴於其上也。」其義已似今日的鸛鳥，在古籍《蔣氏雚經十二卷‧性俎》中曾對雚鳥的形體與生態察考詳盡，其雚鳥便是鸛鳥〔註18〕。至此，雚、鸛、觀之間的血親關係撥雲見日，雙目做爲其形體的特徵，乃標誌著其爲開啓所有感受的通道，亦即透過目視，發現、感知並理解所有的存在，進而當機立斷，做出行動，就此意義而言，雚鳥的目視具有審諦觀視週遭的意味。

大體而言，「觀」的文字意義與雚鳥的形體特徵及經由該特徵所表現出的行爲有關，在《說文解字》與其甲骨文尋溯的對證下，可以發現甲骨文「雚」應爲其本字，而隨著時間往前遞進，則有「鸛」、「觀」等字的造出，其義亦逐步遞衍，由目視的動作到詳觀的能力，來彰顯「觀」的意義。

第二節 《易經》中的「觀」

觀的本義與其雙目之形有關，經由目視、觀察的行爲，諦視所有的存在，從而洞鑒大化，判斷去留；引而申之，當「觀」以易卦的形式出現在商周之際成書的《易經》中時，除了敷衍本義外，勢必遭遇到祭禮儀節與君民關係的文化傳統，而此正是《易‧序卦傳》裡：「物大然後可觀，故受之以〈觀〉」的「可觀」之處，同時亦藉由卦象所帶出的信息，以啓示《易傳》所謂的「觀物取象」的思維，就易卦的形成而言，〈觀〉卦可謂爲開啓實物象徵的鑰匙，亦爲在實物的物象與抽象思考後的意象間之中介。熊十力於其作《明心篇》中曾言：「《易》之〈觀〉卦，對於人生之觀察，深微至極。」又謂：「《易經》包含萬有，而反己是其骨髓。〈觀〉之三爻，皆反己也。其可忽諸。」〔註19〕實將〈觀〉人事的脈絡內來體貼，尤其關注到〈觀〉卦六爻所開展而出的蘊義。底下將分別從〈觀〉卦的卦辭、爻辭略述其義。

一、觀：盥而不薦，有孚顒若。

（一）〈觀〉卦卦辭展示了一幅在上位者施行盥禮而觀禮者全然肅穆的景象，其所透露的二則消息，或能啓迪「觀」的象徵意涵：一爲祭典上「盥」

〔註18〕參照【明】蔣德璟，《蔣氏雚經十二卷‧性俎》，其收錄於四庫未收書輯刊編纂委員會編，《四庫未收書輯刊》第玖輯，頁751。

〔註19〕詳見熊十力先生，《明心篇》，頁104～105。

與「薦」的不同；二為此祭典的參與者包含祭祀者與觀禮者。「盥」與「薦」同是古時的祭祀禮節，而祭禮有其禮儀次序與簡繁狀況的不同，由主持祭祀者的態度能反映該禮節的重要程度；對於觀禮者而言，其乃隨著祭祀者的態度、祭儀的盛大與祭典現場的氣氛有所相感與相應。歷來訓解〈觀〉卦卦辭，泰半參考《易傳》裡象辭與大象辭對之所做的解釋而加以引申，儘可能地從其卦象與卦體訓釋卦義，其中，東漢馬融的訓詁具有啟後的意義與詮釋的空間，據《周易集解》引馬融之語謂：

> 盥者，進爵灌地以降神也。此是祭祀盛時，及神降薦牲，其禮簡略，不足允也。國之大事，唯祀與戎，王道可觀，在於祭祀，祭祀之盛，莫過初盥降神。故孔子曰：「禘自既灌而往者，吾不欲觀之矣。」此言及薦簡略，則不足觀也。以下觀上，見其至盛之禮，萬民信敬，故云：「有孚顒若」。孚，信；顒，敬也。〔註20〕

其帶出了三個思考要點：禮儀中「盥」的重要性、王道的可觀之處與引發「有孚顒若」的動機。首先，其指明施行「盥」禮是祭祀過程中最為隆盛的時刻，為相對於主持祭祀者在行「薦」禮時所呈顯出來的敬意程度而立言，由於請神降臨之際，所觀的重心在於主持祭祀者的行為與態度，其禮節較不繁瑣，主持祭祀者能專心致意地澆酒灌地、延請神明，觀禮者則能純粹地只觀主持祭祀者與祭儀的美盛，而馬融所謂的王道的可觀之處便在於此，其並援引了孔子之語加以證明，姑不論其忽略孔子之所以言此的歷史境遇，其仍強調了〈觀〉卦的「可觀」的意涵，實與《易・序卦傳》裡的想法契應，其後魏時王弼、唐人孔穎達為之作注時，皆不出此意〔註21〕。另外，對於「盥」禮，亦有其他的解釋，即將祭之初所行的潔手之禮，然此並不影響〈觀〉卦卦義的訓釋。

關於引發「有孚顒若」的動機，馬融從「以下觀上」的角度為之作解，以說明萬民於觀看祭禮最為崇盛之際而油生信敬之情，此觀看的動作表露了〈觀〉卦的象徵意義——「觀仰」，因為主祭者施行禮節較不繁縟的盥禮，反而突顯其祭儀盛大的純粹，使其有「可觀」的價值，令萬民對之「觀仰」，而其

〔註20〕語見【唐】李鼎祚，《周易集解》，此收錄於《學津討原》第一函，頁13。

〔註21〕魏、王弼《周易注》曰：「王道之可觀者，莫盛乎宗廟；宗廟之可觀者，莫盛乎『盥』也。至『薦』，簡略不足復觀。故觀『盥』而不觀『薦』也。」【唐】孔穎達《周易正義》疏曰：「觀盥禮盛則休而止，是觀其大不觀其細。」語見【魏】王弼注、【唐】孔穎達疏，《周易正義》，卷三，〈觀卦〉，象辭，頁28。

相感互應的結果便是「有孚顒若」。實則，馬融訓解裡所呈示的上下關係有其根據，由〈觀〉卦的彖辭便可述明：

> 大觀在上，順而巽，中正以觀天下，觀。『盥而不薦，有孚顒若』，下觀而化也。觀天之神道，而四時不忒。聖人以神道設教，而天下服矣。〔註22〕

彖辭就〈觀〉卦的卦體而言，其二陽在上、四陰在下的結構，表明陰雖長至四位，然二陽居上，仍有可觀示於下的地方，特別是〈觀〉卦的九五爻，以剛居陽位，且得中正，能以中正之道觀示天下，是以，闡明了上有可觀而下為之觀仰的觀看過程。不過，彖辭又更進一步地推擴其旨，言及「聖人以神道設教」，藉此擴展〈觀〉卦的卦義。

（二）順著「下觀而化」的意旨，彖辭揭示〈觀〉卦卦辭的深意，即闡微聖人透過觀察來體貼天地自然的神妙變化及規律，進而以此設教於天下，其目的在於感化人心，實與大象辭同聲相應。大象辭曰：「風行地上，觀；先王以省方觀民設教」〔註23〕，其從卦象講，透過〈觀〉卦坤下巽上的象徵，說明風行地上，無所不觀，意即遍觀萬事萬物，對應至政治人事上，則為君王省巡各方，因地隨俗而設教，俾使子民有所感化，各得依歸，此即是卦辭「有孚顒若」的表現。明人梁寅在解詁〈觀〉卦卦辭時，對此有深刻的見解：

> 盥而不薦，設辭以見其潔清之至而不輕自用耳，猶《中庸》曰：「不動而敬，不言而信」，聖人未嘗不言不動也，而其敬其信則尤在於未言動之時，故聖人之御天下也，其政教之施，民固無不化矣；而其政教未施之時，所以化民者，尤有不言之妙焉。蓋其篤恭之極如臨大祭，而孚誠之念存於中，顯然之容見於外，故下民之望之也，其信從化服，自有不知其然矣。〔註24〕

其將主祭者目為聖人，引用《中庸》的話語來發揮象辭中「聖人以神道設教」的用心，藉以闡微萬民「有孚顒若」的相感互應之情。因此，在萬民觀仰的背後，蘊含聖人設教天下的盡心，其中，觀仰是萬民表現於外的動作，「有孚顒若」的相感互應之情則為萬民發萌於內的心理現象。

〔註22〕同上。

〔註23〕語見【魏】王弼注、【唐】孔穎達疏，《周易正義》，卷三，〈觀卦〉，大象辭，頁28。

〔註24〕語見【清】李光地等奉敕撰，《御纂周易折中》，其收錄於【清】紀昀等總纂《景印文淵閣四庫全書》經部38，頁104。

（三）從可觀、觀仰到「有孚顒若」的歷程，體現了〈觀〉卦所欲展示的意涵，將觀看的意思深化，在實物現象與抽象思考間做一轉化，透過祭典中盥禮的可觀，開啓觀仰的象徵意義，裡頭包含主祭者行盛大的盥禮與觀禮者的孚誠感應，而此正是所謂「聖人以神道設教」的展現，不啻啓發了《易傳》「觀物取象」的思維，透過物象的觀察與擬取，藉以創造出有象徵意義的易象〔註25〕，以為人事設教之用，而觀卦卦辭的大義即在於此。

二、

> 初六，童觀，小人無咎，君子吝。
> 六二，闚觀，利女貞。
> 六三，觀我生，進退。
> 六四，觀國之光，利用賓於王。
> 九五，觀我生，君子無咎。
> 上九，觀其生，君子無咎。

易卦六爻各有時位，而爻辭所示多擬象於人事，象徵著人生的各個不同階段，依憑熊十力先生對〈觀〉卦所做的評價，就〈觀〉卦爻辭而言，別有啓發與指示，所謂「對人生之觀察，深微至極」，實道明〈觀〉卦落入於人事上思考時的價值呈顯，對於〈觀〉卦的認識，起著指引的作用。

　　概觀〈觀〉卦六爻的展現，能得知其由小人之觀的初爻往上升進到君子之觀，每一階段觀的方式與內容皆不相同，然都藉由爻體結構的安排與指導，與所觀的對象相接而表現其爻位的意義，並帶出與之相應的價值判語。初六的童觀與六二的闚觀，處於遠觀九五的位置，因而所觀的方式顯得淺狹，所對照的價值判語不利於君子；至六三時，進入人位，開始自觀省察其身的行為，並以九五的可觀為模範，審視自身的進退，此「觀我生」與九五的「觀我生」有著截然不同的意義，前者觀仰九五，內觀自修；後者則透過地方風土民情的觀察，反視自身施政之當與不當，由於六三柔居陽位而失正，然近九五且與上九有應，仍可自觀其身，待時而動；九五除了得位居中外，又處於天位，象徵著君臨天下的君王之位，其所觀的對象必含括廣大的子民及其

〔註25〕張善文先生曾於〈觀物取象是藝術思維的濫觴〉一文中以：「《周易》的『觀物取象』，一般只是通過對自然、生活現象的觀察、比較、分析，攝取那些與卦旨相契合的事物，進行客觀的模擬，創造出有象徵意義的『易象』，最後達到用形象闡明易理的目的。」可參見張善文先生，《潔靜精微之玄思：周易學說啓示錄》，頁 193。

生活，如象辭所曰：「『觀我生』，觀民也」。六四的「觀國之光」則謂觀仰國家的隆治景象，由於陰柔得正，不失為君王可用的人才；上九「觀其生，君子無咎」，乃更擴大了其所觀的視野，進行生命上深沉的思考與反省，不論是對自身道德的要求、對萬事萬物生命力的窮源追索〔註 26〕，還是透過其他地方人民生活的情形來反鑑自身，不外為天下觀仰之用，亦發揮了可觀、觀仰、自觀、觀生〔註 27〕的意義。

　　〈觀〉卦所展示的意涵，有通過觀看而賦予意義的認知義；藉由觀仰而感受美盛的美感義；以及透過觀察而反省自身的自省義，特出了人的主體精神與能力，而其義先後為儒家、道家所承繼，在承繼之中亦有所開展。

　　當時序進入春秋戰國時代，面對政治社會的紛亂與禮樂制度的崩壞，對於重新思考價值秩序與人的存在而言，顯得迫切而必須，諸子百家的現象足以說明。然其中卻以儒、道二家的學說較為深刻而精透，對準人的價值實踐與存在意義而發微，所觀所見咸扣緊人生，由是，就其對「觀」概念的詮釋來看，儒家關注於「觀」的價值實踐意涵，進一步發揮〈觀〉卦中「觀」的自省義；道家則傾向於對存在意義發問，從而拓展〈觀〉卦中「觀」的美感義，將於下文另做討論。

第三節　先秦思想中的「觀」

　　自周承天命克定殷商後，一反前朝的尚鬼思想與制度，而以「天命靡常」的觀念開展以德配天、天人合德的天命觀，並強調人的敬德工夫；其反映在政治人事上，則為大修典章與法度。民初王國維先生曾於〈殷周制度論〉一文，深切省思周朝之所以成功立國的原因：

> 此數者皆周之所以綱紀天下，其旨則在納上下於道德，而合天子、諸侯、卿、大夫、士、庶民以成一道德之團體。周公制作之本意，實在於此。〔註 28〕

其點明周朝綱紀天下的關鍵在於「道德」，而「道德」乃人的內在價值與信念

〔註 26〕參見熊十力先生，《明心篇》，頁 105。其謂：「上爻之辭曰：『觀其生。』象曰：『觀其生，志未平也。』云云。按此爻，蓋觀於生物，而深察生之衝動。是其意志力強健、躍然奮進、不容弛緩。故象曰：『志未平也。』【志者，亦至。生命力充然猛進。說為意志力躍動。平者，弛緩貌。】生命祇是奮進。」

〔註 27〕同上。熊十力先生謂：「觀生入微，莫詳於《易》。觀之三爻，示其大要。」

〔註 28〕參見王國維先生：《王國維先生全集　初編》，〈殷周制度論〉，頁 452。

的反射與彰顯，實充分肯定人本身的力量，殊可謂人文精神昂揚的時代，此後春秋戰國時期百家爭鳴的景況，亦爲此一現象的延續，對於「觀」概念的有關想法，自然益加開闊與壯大，特別是與由觀的本義所透顯出的主體精神相浹化，因而，於此時代將人置於觀的概念中思考時，人可以是意義的認知者、道德的自覺者、自省的修養者及價值的實踐者，也可以是美感的創造者、境界的開拓者與體道的存在者，豐富了「觀」的意蘊。此處擬針對先秦時期儒道二家與《易傳》中對於「觀」概念的相關討論爲核心，分別探討《論》、《孟》、《老》、《莊》與《易傳》裡，「觀」概念的構作與深化。

一、《論語》、《孟子》中的「觀」

　　《論語》中的「觀」，叮以〈公冶長第五〉子貢所言：「夫子之文章，可得而聞也；夫子之言性與天道，不可得而聞也」〔註29〕爲線索，略分爲二途。「夫子之文章，可得而聞也」，係指孔子紹承古代典籍、發揮其中大義而顯揚於外、因時制宜的部份，諸如《詩》、《書》、《禮》之教；盡孝、爲學、致君子之方等，而《論語》裡可「觀」的地方便在於此，對於「觀」概念的發揚盡見於孔子的語錄及其與弟子的對話當中，其充滿道德意涵與價值實踐的意義，然皆以「觀」的認知義爲基礎而發揮，茲臚列數例說明於下：

（一）可觀之處—「觀」的道德義

　　子曰：「禘自既灌而往者，吾不欲觀之矣。」〔註30〕

　　子曰：「如有周公之才之美，使驕且吝，其餘不足觀也已。」〔註31〕

　　子曰：「人之過也，各於其黨。觀過，斯知仁矣。」〔註32〕

　　子曰：「小子何莫學夫《詩》？《詩》，可以興，可以觀，可以羣，可以怨。邇之事父，遠之事君，多識於鳥獸草木之名。」〔註33〕

以上幾則的可「觀」，孔子予以道德的標準與矩矱，舉凡不合身分施禮、雖有才美卻無才德者，孔子皆不欲觀；對於人的過錯，孔子言明其有可觀的地方，近人錢穆曾加以推敲：「功者人所貪，過者人所避。故於人之過，尤易見眞情。如子路喪姊，期而不除，孔子非之。子路曰：『不幸寡兄弟，不忍除之。』昔

〔註29〕語見【清】劉寶楠，《論語正義》，卷六，〈公冶長第五〉，頁184。
〔註30〕語見【清】劉寶楠，《論語正義》，卷三，〈八佾第三〉，頁93。
〔註31〕同上，卷九，〈泰伯第八〉，頁301。
〔註32〕同上，卷五，〈里仁第四〉，頁145。
〔註33〕同上，卷二十，〈陽貨第十七〉，頁689。

人以此為觀過知仁之例。」〔註34〕孔子所謂觀過知仁，實為其因材施教精神的延伸，具有彈性與因時制宜的特質。而《詩》可以興、觀、群、怨，則表達了孔子對《詩》教的闡述，「可以觀」正是《詩》的價值之一，東漢鄭玄為之作注：「觀風俗之盛衰」〔註35〕，宋人朱熹解為「考見得失」〔註36〕，咸就「觀」正風俗的功能而發；錢穆則謂：「蓋學於《詩》，則知觀於天地萬物，閭巷瑣細，莫非可以興起人之高尚情志。」〔註37〕其強調「觀」引起高尚情志的功能，雖則，不同的詮釋反映了時空背景的差異，然其皆無忽略孔子所賦予的道德價值的意義。

（二）識人之道—「觀」的價值實踐義

子曰：「父在，觀其志；父沒，觀其行；三年無改於父之道，可謂孝矣。」〔註38〕

子曰：「視其所以，觀其所由，察其所安。人焉廋哉？人焉廋哉？」〔註39〕

子曰：「居上不寬，為禮不敬，臨喪不哀，吾何以觀之哉？」〔註40〕

宰予晝寢。子曰：「朽木不可雕也，糞土之牆不可杇也；於予與何誅？」〔註41〕

子曰：「始吾於人也，聽其言而信其行；今吾於人也，聽其言而觀其行。於予與改是。」〔註42〕

子張問：「士何如斯可謂之達矣？」子曰：「何哉，爾所謂達者？」子張對曰：「在邦必聞，在家必聞。」子曰：「是聞也，非達也。夫達也者，質直而好義，察言而觀色，慮以下人。在邦必達，在家必達。夫聞也者，色取仁而行違，居之不疑。在邦必聞，在家必聞。」〔註43〕

〔註34〕參見錢穆先生，《論語新解》，其收錄於《錢賓四先生全集》3，頁124。
〔註35〕語見【清】劉寶楠，《論語正義》，卷二十，〈陽貨第十七〉，頁689。
〔註36〕語見【宋】朱熹，《論語章句集註》，頁178。
〔註37〕參見錢穆先生，《論語新解》，其收錄於《錢賓四先生全集》3，頁124。
〔註38〕語見【清】劉寶楠，《論語正義》，卷一，〈學而第一〉，頁27。
〔註39〕同上，卷二，〈為政第二〉，頁53。
〔註40〕同上，卷四，〈八佾第三〉，頁137。
〔註41〕同上，卷六，〈公冶長第五〉，頁177～178。
〔註42〕同上，卷六，〈公冶長第五〉，頁179。
〔註43〕語見【清】劉寶楠，《論語正義》，卷十五，〈顏淵第十二〉，頁507～508。

孔子透過對某種價值的認知與維繫，言及其踐履於生活中時所應表現的行為，不論是孝的價值、為人的價值、成士的價值等，此「觀」具備價值實踐的意涵，而其所推擴出的意義便是識人、知人的方法，孟子對其可謂有所秉承。此外，關於孔子聖人儀容的發見，亦為《論語》裡「觀」概念的展示，茲引數則於下：

> 子禽問於子貢曰：「夫子至於是邦也，必聞其政，求之與？抑與之與？」子貢曰：「夫子溫、良、恭、儉、讓以得之。夫子之求之也，其諸異乎人之求之與？」〔註44〕
>
> 子之燕居，申申如也，夭夭如也。〔註45〕
>
> 孔子於鄉黨，恂恂如也，似不能言者。〔註46〕

聖人儀容亦是可觀的對象，即針對聖人的言行舉止及對人、事的應對進退，進行紀實、陳述與反思，在《論語·鄉黨》中還有更多與孔子平日立身處世相關的敘述，或開展日後北宋時期二程子「觀聖賢氣象」的說法。

　　至於「不可得而聞也」，乃指孔子罕少著墨的性與天道，明言「性」字的話語僅「性相近也，習相遠也」〔註47〕一則，而談及天道的部份則為少數幾則表述心志時略微提到：「吾十有五而志于學，三十而立，四十而不惑，五十知天命，六十而耳順，七十而從心所欲，不踰矩」〔註48〕、「不怨天，不尤人。下學而上達。知我者其天乎？」〔註49〕比較從天命的角度來思考，在人的現實生命中蘊含道德內在，並藉由價值實踐來自覺天所賦予的那份使命。誠然，孔子亦關懷天命與人的關係，反映於所「觀」的對象上便為天地萬物的變化流行：

> 子在川上曰：「逝者如斯夫！不舍晝夜。」〔註50〕
>
> 子曰：「予欲無言。」子貢曰：「子如不言，則小子何述焉？」子曰：「天何言哉？四時行焉，百物生焉，天何言哉？」〔註51〕

其為孔子本身的躬自體驗，深觀天地萬物的變化流行，並體悟其中的道理，

〔註44〕同上，卷一，〈學而第一〉，頁24～25。
〔註45〕同上，卷八，〈述而第七〉，頁255。
〔註46〕同上，卷十一，〈鄉黨第十〉，頁363。
〔註47〕同上，卷二十，〈陽貨第十七〉，頁676。
〔註48〕語見【清】劉寶楠，《論語正義》，卷二，〈為政第二〉，頁43。
〔註49〕同上，卷十七，〈憲問第十四〉，頁592。
〔註50〕同上，卷十，〈子罕第九〉，頁349。
〔註51〕同上，卷二十，〈陽貨第十七〉，頁698。

此「觀」頗有體道的意味。

孟子私淑孔子的學問，進一步發展仁義思想，甚至爲「四端」追本溯源，拈出性善說，因而，其對「觀」概念的發揮，不僅延續孔子的所觀，將「觀」的價值實踐義做更爲具體的說明，例如：《孟子・離婁上》：

> 存乎人者，莫良於眸子，眸子不能掩其惡。胷中正，則眸子瞭焉；胷中不正，則眸子眊焉。聽其言也，觀其眸子，人焉廋哉！〔註52〕

「觀」於此處不再只有通過一種感官的體驗而認知，係結合耳聽與目視，進行價值上的判斷，而爲識人之用，拓展了「觀」價值實踐義的內容。此外，亦更細微地指出「觀」的方法，譬如：《孟子・盡心上》：

> 孔子登東山而小魯，登泰山而小天下。故觀於海者難爲水，遊於聖人之門者難爲言。觀水有術，必觀其瀾。日月有明，容光必照焉。流水之爲物也，不盈科不行。君子之志於道也，不成章不達。〔註53〕

藉觀水的譬喻明晰爲道必從本溯起，而後積累成章，逐層上達；「觀」的方法亦是如此，須就事物的本源觀察，從而推擴出去，「觀」於無窮，甚且爲政治所用，此是孟子最爲關切的地方，諸如《孟子・離婁上》：「孟子曰：『求也爲季氏宰，無能改於其德，而賦粟倍他日。孔子曰：『求非我徒也，小子鳴鼓而攻之可也。』由此觀之，君不行仁政而富之，皆棄於孔子者也。況於爲之強戰。〔註54〕《孟子・萬章上》：「吾聞觀近臣，以其所爲主；觀遠臣，以其所主。」〔註55〕其以仁義思想爲圭臬，通過「觀」來著手政治意義上的價值批判與評斷。

總體而論，《論語》、《孟子》中的「觀」爲孔子、孟子人生思想與政治理想的反應，將人的道德內在、價值實踐發揮至極致，透過「觀」來知人、正風俗、考得失，其中，孔子又藉著對天地萬物的深觀而體道，與道家的「觀」有相類的地方，然孔子著重於人在世所應行的使命，而道家則關懷人在世的存在，特別是與道同在的存在，別有一番神思與妙悟。

二、《老子》、《莊子》中的「觀」

面對政體的動搖與思想的紛繁，老子、莊子以不同於孔孟思想的路數，

〔註52〕語見【清】焦循，《孟子正義》，卷十五，〈離婁上〉，頁518～519。
〔註53〕語見【清】焦循，《孟子正義》，卷二十七，〈盡心上〉，頁913～914。
〔註54〕同上，卷十五，〈離婁上〉，頁515～516。
〔註55〕同上，卷十九，〈萬章上〉，頁662。

反思人的存在，不僅重新檢視了人與宇宙天地的關係，亦藉由對宇宙天地的玄覽與冥思，觀照人的在世存在，對於「觀」概念的發用，具有史悟崗於《西青散記》自序中所言「自提其神於太虛而俯之」〔註 56〕的精神，強調「觀」的虛靈鑑照，有別於儒家著重於「觀」的覺知作用。

《老子》首章揭櫫全書的論旨，即由「觀」體「道」：

> 道，可道，非常道；名，可名，非常名。無名，天地始；有名，萬物母。常無，欲觀其妙；常有，欲觀其徼。此兩者同出而異名，同謂之玄，玄之又玄，眾妙之門。〔註 57〕

「道」不可言說，一經言說便有定稱，反而框限住「道」的本質，近人朱謙之曾言：「《老子》著五千之文，於此首發其立言之旨趣。蓋『道』者，變化之總名。與時推移，應物變化，雖有變易，而有不易者在，此之謂常。」又謂：「老聃所謂道，乃變動不居，周流六虛，既無永久不變之道，亦無永久不變之名。」〔註 58〕設若「道」的本質如其所說，我們何以知「道」呢？文本中的「常無，欲觀其妙」與「常有，欲觀其徼」做了解答，利用「觀」來體貼「常無」與「常有」，然此「觀」該如何體現？《老子‧十六章》有作說明：

> 致虛極，守靜篤。萬物並作，吾以觀其復。夫物云云，各歸其根。歸根曰靜，靜曰復命，復命曰常，知常曰明。不知常，忘作，凶。知常容，容能公，公能王，王能天，天能道，道能久，沒身不殆。
>
> 〔註 59〕

此章言明「致虛極，守靜篤」的工夫與成效，而成就「吾以觀其復」的修養工夫就在於「致虛極，守靜篤」。當代學者王邦雄先生於《生命的實理與心靈的虛用》一書中提到：「致虛至極，守靜至篤，這是心的自致自守，心虛而後平靜，平靜而後如鏡，鏡子就可以有觀照的清明。」〔註 60〕其將「致虛極，守靜篤」的工夫解為「心的自致自守」，並借喻鏡子，以明其觀照的意涵，與《莊子‧應帝王》中「至人用心若鏡，不將不迎，應而不藏，故能勝物而不

〔註 56〕 此轉引自方東美先生，《科學哲學與人生》，頁 11。
〔註 57〕 可參見朱謙之先生釋、任繼愈先生譯，《老子釋譯》，〈老子道經一章〉，頁 3～8。
〔註 58〕 同上，頁 4。
〔註 59〕 同上，〈老子道經十六章〉，頁 64～67。
〔註 60〕 參見王邦雄先生：《21 世紀的儒道：儒道兩家思想的現代出路》，頁 106。

傷」〔註61〕一段聲氣相通。「道」的變動無常與萬物並作的流行反復，非以實際的觀察便能領會，猶須藉助「觀」的心靈作用，讓致虛守靜的心靈開展觀照天地宇宙與萬事萬物的「觀」的澄明，以便體「道」、安立人生，而「觀」具有開展境界的意涵。

實然，此「觀」的主體為老子所設想的理想人格—聖人，其仍冀望所思所想透過聖人而用之於政治社會上，《老子·五十四章》曾闡述如何盡觀天下、使天下適得其所之道：

> 善建者不拔，善抱者不脫，子孫祭祀不輟。脩之身，其德乃真；脩
> 之家，其德有餘；脩之鄉，其德乃長；脩之於國，其德乃豐；脩之
> 於天下，其德乃普。故以身觀身，以家觀家，以鄉觀鄉，以國觀國，
> 以天下觀天下。吾何以知天下之然？以此。〔註62〕

通過一層一層的修德工夫，從修之身、修之家、修之鄉、修之於國到修之於天下，逐步實踐「善建者不拔，善抱者不脫，子孫祭祀不輟」的理論，而後再進一步地帶出其修德如何成就，即「以身觀身，以家觀家，以鄉觀鄉，以國觀國，以天下觀天下」而謂，此「觀」除了有觀照的蘊義外，亦涵有設身處地的意義，《老子·四十九章》曾云：「聖人無心，以百姓心為心。聖人在天下，怵怵，為天下，渾其心。百姓皆注其耳目，聖人皆孩之。」〔註63〕聖人治理天下的方式為「以百姓心為心」、「怵怵，為天下，渾其心」，乃聖人設身著想天下百姓心理的展現，並由宇宙天地之道領會無為與無心，因而，聖人以致虛守靜的心靈觀照天下的同時，也須設身處地盡觀其身、其家、其鄉、其國，以至於天下，天下方能盡現於前，開展其道。

《莊子》中的「觀」也有觀照的意涵，卻較《老子》一書談得更為深入與明晰。《莊子》內篇的相關論述側重於「觀」的本質與內涵；外篇則傾向於「觀」在人間世的實現；而雜篇中對「觀」概念的表述雜有儒家、《易傳》等思想，於此將不做討論。

承續《老子》書中致虛守靜的觀照，內篇〈人間世〉與〈大宗師〉繼而

〔註61〕語見【清】郭慶藩撰、王孝魚點校，《莊子集釋》，卷三下，〈應帝王第七〉，頁 307。

〔註62〕參見朱謙之先生釋、任繼愈先生譯，《老子釋譯》，〈老子德經五十四章〉，頁 214～216。

〔註63〕參見朱謙之先生釋、任繼愈先生譯，《老子釋譯》，〈老子德經四十九章〉，頁 194～196。

發揚，提出「心齋」與「坐忘」的修養工夫：

> 回曰：「敢問心齋。」仲尼曰：「若一志，無聽之以耳而聽之以心，
> 無聽之以心而聽之以氣！聽止於耳，心止於符。氣也者，虛而待物
> 者也。唯道集虛。虛者，心齋也。」〔註64〕

> 仲尼蹴然曰：「何謂坐忘？」顏回曰：「墮肢體，黜聰明，離形去知，
> 同於大通，此謂坐忘。」〔註65〕

觀照的「觀」寓含著由心來開展境界的意義，此在老子的思想中是以「致
虛極，守靜篤」的修養工夫來把握，然在莊子的學說中，卻另外舉出「氣」，
以言明「心齋」功夫的實踐。由於耳屬於人的感官，無條件地接收各方的
聲音，易被外物所干擾；心雖較耳有定靜與思慮的功用，然卻有知覺上的
喜惡與擇取，仍舊無法澄明地觀照；而氣，乃虛而待物，其虛空的特質能
使物各自存在，乃藉氣的虛空無執為實行心齋的主體—心的修養的方向，
與同一篇章所云：「瞻彼闋者，虛室生白，吉祥止止」〔註66〕可對觀，虛
其心而觀，便能照白、明道。「坐忘」的工夫則具體點明須「墮肢體，黜聰
明，離形去知，同於大通」，類如「無聽之以耳而聽之以心，無聽之以心而
聽之以氣」一段，無非不是通過主體的修養，以照見存在於宇宙天地之中
的道。

然則，於實際上應物而觀時，此「觀」的內涵究是何如？內篇〈齊物論〉
對此有詳實的討論，且引幾段話略述之：

> 子綦曰：「夫吹萬不同，而使其自己也，咸其自取，怒者其誰耶！」
> 〔註67〕夫言非吹也，言者有言，其所言特未定也。果有言耶？其未
> 嘗有言耶？其以為異於鷇音，亦有辯乎，其無辯乎？道惡乎隱而有
> 真偽？言惡乎隱而有是非？道惡乎往而不存？言惡乎存而不可？道
> 隱於小成，言隱於榮華。故有儒墨之是非，以是其所非而非其所是。
> 欲是其所非而非其所是，則莫若以明。〔註68〕

〔註64〕語見【清】郭慶藩撰、王孝魚點校，《莊子集釋》，卷二中，〈人間世第四〉，
　　　　頁147。
〔註65〕同上，卷三上，〈大宗師第六〉，頁284。
〔註66〕語見【清】郭慶藩撰、王孝魚點校，《莊子集釋》，卷二中，〈人間世第四〉，
　　　　頁150。
〔註67〕同上，卷一下，〈齊物論第二〉，頁50。
〔註68〕同上，頁63。

物無非彼，物無非是。自彼則不見，自知則知之。故曰彼出於是，
是亦因彼。彼是方生之說也，雖然，方生方死，方死方生；方可方
不可，方不可方可；因是因非，因非因事。是以聖人不由，而照之
於天，亦因是也。是亦彼也，彼亦是也。彼亦一是非，此亦一是非。
果且有彼是乎哉？果且無彼是乎哉？彼是莫得其偶，謂之道樞。樞
始得其環中，以應無窮。是亦一無窮，非亦一無窮也，故曰莫若以
明。〔註69〕

〈齊物論〉的篇旨在於齊平物論、使是非彼我均齊。其從天籟、地籟與人籟
的分別說起，進而突出天籟的優位，其無執無擇，讓形聲各異的萬有使其自
己、各適其所。不過，對應至人間世時，尚須面對人間世言論的是非，此為
當時代道術夾雜、偏於一曲之見的處境，而莊子欲尋出一條解決此種情況的
途徑，亦即「莫若以明」，跳出是與非、彼與是的相對困境，立於是非彼是之
上的高度，觀照宇宙天地萬物，則能無所不觀、無所不照。

於是，《莊子》外篇又更進一步地推擴其「觀」在人間世的發用：

（一）萬物應備─以「道」為本位，盡觀人間

在外篇〈天地〉中，其以排比句式羅列「以道觀言」、「以道觀分」、「以
道觀能」與「以道汎觀」的句型，與之所對應的情況分別為：「以道觀言，而
天下之君正」、「以道觀分，而君臣之義明」、「以道觀能，而天下之官治」與
「以道汎觀，而萬物之應備」〔註70〕，係從道的觀點切入，以道來挈領，從
而帶出「古之畜天下者，無欲而天下足，無為而萬物化，淵靜而百姓定」，乃
為古之君主「以道汎觀」的展現。

（二）隨境而遷─從「觀」的各種角度看事物

外篇〈秋水〉曾擬造河伯與北海若的一段對話，闡述人間世中「觀」的
各種角度：

＊以道觀之，物無貴賤。

＊以物觀之，自貴而相賤。

＊以俗觀之，貴賤不在己。

〔註69〕同上，頁66。
〔註70〕語見【清】郭慶藩撰、王孝魚點校，《莊子集釋》，卷五上，〈天地第十二〉，
頁404。

＊以差觀之，因其所大而大之，則萬物莫不大；因其所小而小之，
則萬物莫不小；知天地之為稊米也，知豪末之為丘山也，則差數
睹矣。

＊以功觀之，因其所有而有之，則萬物莫不有；因其所無而無之，
則萬物莫不無；知東西之相反而不可以相無，則功分定矣。

＊以趣觀之，因其所然而然之，則萬物莫不然；因其所非而非之，
則萬物莫不非；知堯、桀之自然而香妃，則趣操睹矣。〔註71〕

隨著「觀」的層次的不同，事物所呈現於前的樣貌自然不一，也再次延伸了
內篇〈齊物論〉是非彼是、「莫若以明」的看法，能使物無貴賤的要點在於超
越物我、世俗、等差、事功、旨趣等觀點而以道觀之。

（三）藝術神思—觀天地之大美，照見其理

所謂「以道觀之」，須發揮《莊子》裡「心齋」、「坐忘」的修養工夫與「莫
若以明」的觀照心靈，與物接時方能使萬物應備、物無貴賤，除此之外，聖
人還能透過「觀」在人間世實現什麼？外篇〈知北遊〉有所論述：

天地有大美而不言，四時有明法而不議，萬物有成理而不說。聖人者，
原天地之美而達萬物之理，是故至人無為，大聖不作，觀於天地之謂
也。合彼神明至精，與彼百化，物已死生方圓，莫知其根也，扁然而
萬物自古以固存。六合為巨，未離其內；秋毫為小，待之成體。天下
莫不沉浮，終身不故；陰陽四時運行，各得其序。惛然若亡而存，油
然不形而神，萬物畜而不知。此之謂本根，可以觀於天矣。〔註72〕

聖人以無為、不作的姿態，觀照天地的承載、四時的運行與萬物的存在，繼
而照見宇宙天地萬物的道理，同時觀理的本根，體悟宇宙天地、萬事萬物乃
同體存在、交響互攝，如此才能於紛繁的人間安排人生，並以具創造力的神
思引領人間，此係天地的大美所回饋。

《老子》、《莊子》中的「觀」提出了心的修養功夫，藉由對人存在的思
索，體味出「觀」的觀照意涵，並由此而體道與開展物我交融的境界，其「觀」
的視野與高度至此開闊。

〔註71〕語見【清】郭慶藩撰、王孝魚點校，《莊子集釋》，卷六下，〈秋水第十七〉，
頁 577～578。

〔註72〕語見【清】郭慶藩撰、王孝魚點校，《莊子集釋》，卷七下，〈知北遊第二十二〉，
頁 735。

三、《易傳》中的「觀」

從仰觀俯察到觀物取象的思維過程，是《易傳》裡對「觀」概念的闡示，同時也是古者包犧氏將天地萬物與人溝通起來的一種觀看的方式。因著乾的大生之德與坤的廣生之德，使得天地萬物各具形容，姿態萬千，同時隨著時間歷程的演進而瞬息萬變，古者包犧氏在面對如此生生不息的大千世界時，以「觀」來橋接具象的感官與抽象的思維，茲引數條爲例：

《易·繫辭傳》曰：

> 聖人設卦觀象，繫辭焉而明吉凶，剛柔相推而生變化。是故吉凶者，失得之象也；悔吝者，憂虞之象也。變化者，進退之象也；剛柔者，晝夜之象也。〔註73〕

> 古者包犧氏之王天下也，仰則觀象於天，俯則觀法於地，觀鳥獸之文，與地之宜，近取諸身，遠取諸物，於是始作八卦，以通神明之德，以類萬物之情。〔註74〕

《易·說卦傳》曰：

> 昔者聖人之作《易》也，幽贊於神明而生蓍，參天兩地而倚數，觀變於陰陽而立卦，發揮於剛柔而生爻，和順於道德而理於義，窮理盡性以至於命。〔註75〕

於此，可以發現上述所徵引的文句，均不約而同地談論到八卦與《易》的創生，透過聖人觀象、觀法、觀變於陰陽的行爲，立卦解象，以通神明之德，以類萬物之情。此處的觀成爲具體物象與抽象符號之間的中介，具有認知的意義，而所觀的象、法、陰陽變化之道則充塞於宇宙天地之間，關聯著萬物的生成與變化，隨著卦爻的展衍與卦象的價值賦予，逐漸形成一套生命存在的範式。

然而，所觀的象、法、陰陽變化之道如何得見？聖人又是如何地思考、擇取物象以畫成八卦呢？綜覽《易傳》文本，僅三段陳述言及：

> 〈咸·彖〉：「觀其所感，而天地萬物之情可見矣！」〔註76〕

> 〈恆·彖〉：「觀其所恆，而天地萬物之情可見矣！」〔註77〕

〔註73〕語見【魏】王弼注、【唐】孔穎達疏，《周易正義》，卷七，〈繫辭上〉，頁66。
〔註74〕同上，卷八，〈繫辭下〉，頁76。
〔註75〕同上，卷九，〈說卦〉，頁82～83。
〔註76〕語見【魏】王弼注、【唐】孔穎達疏，《周易正義》，卷四，〈咸卦〉，彖辭，頁38。

　　〈萃·象〉：「觀其所聚，而天地萬物之情可見矣！」〔註78〕
其談到天地萬物之情如何得見之道，乃以「觀其所感」、「觀其所恒」、「觀其
所聚」來把握。「所感」、「所恒」、「所聚」咸寄寓著聖人通過「觀」的視察，
而覺識出萬事萬物置身於宇宙太合之中所形成的內在理序與普遍性情實，即
事物對立面的相感相應與諧和、事物發展的不變與變化、事物生滅的聚合與
離散等，隱約與《易·繫辭傳》裡的一段文字互為表裡：「天尊地卑，乾坤
定矣。卑高以陳，貴賤位矣。動靜有常，剛柔斷矣。方以類聚，物以羣分，
吉凶生矣。在天成象，在地成形，變化見矣。是故剛柔相摩，八卦相盪。」
〔註79〕不啻由對天地自然萬物的觀察與感知，體悟天道、地道，進而發覺天
地萬物存在的情理，以判斷物象的擇取而構作八卦；此外，《易·繫辭傳》
亦曾謂：「《易》无思也，无為也，寂然不動，感而遂通天下之故。」〔註80〕
突顯了古者包犧氏作《易》的動機，乃為一種自然的觀察並認識宇宙天地、
自然萬物的過程，而六十四卦卦爻辭及「十翼」的相繼完備，遂亦構成了一
套具有整體觀的《易經》知識體系，並藉由對這套知識體系的闡微與琢磨，
推究出退藏於知識現象背後的價值與通則，從而發用於人事之中，這是古
者、聖人的智慧。

第四節　邵雍觀物思想的承襲

　　「觀」概念的甲骨本義從雚鳥目視的行為而發，具有通過觀察而敏銳感
知的感官意涵，隨後在〈觀〉卦、先秦時期儒、道、《易傳》思想引申與充擴
的過程中，發展出賦予事物意義的認知義、感受美盛的美感義、反省自身的
自省義、知人論世的價值實踐義，以及帶有修養意義的觀照義，豐富了「觀」
概念的意蘊。其對邵雍觀物思想的影響，主要反映在其觀物的方法與對能觀
主體的理解及實踐。

　　邵雍的觀物思想是以先天易學為立基，循著傳統先秦三聖的易學〔註81〕

〔註77〕同上，卷四，〈恆卦〉，象辭，頁39。
〔註78〕同上，卷五，〈萃卦〉，象辭，頁48。
〔註79〕同上，卷七，〈繫辭上〉，頁65～66。
〔註80〕同上，卷七，〈繫辭上〉，頁70。
〔註81〕高懷民先生在其著《邵子先天易哲學》中，從易學思想發展史的角度探討邵
　　　　雍先天易學思想發生的原因，除了肯定東漢班固《漢書·藝文志》裡所揭櫫
　　　　的「三聖三古」之說，並由此推理出傳統三聖易學的發展路徑──從伏羲氏易

往前邁進，而《皇極經世》一書中的內容便是該理論的展示，其中，〈觀物篇〉的論述闡揚了其先天易學的微言大義，並提挈了邵雍思想的精神所在，亦即通過「觀物」闡微與實踐「窮理盡性以至於命」的思維。關永中先生曾於〈邵雍易學的知識論向度〉一文裡界定邵雍「觀物」的意義：「『觀物』一辭，放在易學的脈絡內被體悟，則寓意著學易者藉體察萬物而洞悉宇宙奧祕，藉此整頓生命，究往開來。」〔註82〕直截點明邵雍的「觀物」思想係在易學的脈絡內展開，也以現代的語言發揮「窮理盡性以至於命」的意義，由此可知，邵雍的「觀物」思想乃蘊含著深刻的《易》經傳裡的智慧；不過，其企圖將天地各類物象與人事各種百態比觀對照的「觀物」見解，仍為其創思之所在，目的在於從多而複雜的人事物象中尋出背後的道理，再以之解釋其變化的來由與過程，如同高懷民先生所謂：「在陰陽交變而生萬物之中，邵子都儘量運用他的智慧找出現象背後的理，及把握到其理路後，再以其理解釋現象變化之所以然之故。」〔註83〕頗有《老子》、《莊子》中以「觀」作為體道的途徑，亦即立於宇宙天地物事之上觀照各類物象、物事本身發展的道理。

邵雍的觀物思想雖是邵雍的繆思，然卻也有其思想的歷史積澱。其在討論天地之數前，曾對天地範圍廣大一事作申明，以消釋用有限的數概念推演無垠的天地的疑慮，其道：「易之數窮天地終始。或曰：天地亦有始終乎？曰：既有消長，豈無始終？天地雖大，是亦形器，乃二物也。」〔註84〕其從天地有消長入思，將天地視為二物，凡物便有窮盡之時，是故以觀物的立場推演天地之數，顯得合理而不悖。然此觀物的思考，實其來有自，邵雍嘗在《伊川擊壤集序》中說到：

> 予自壯歲，業於儒術，為人世之樂，何嘗有萬之一二，而為名教之

的天道思想、周王易的以神道設教，引天道入人道至孔子易的人道思想，可謂「發自天而歸於人」；然天道思想並未於上古時代得到充分發揮，且北宋之前的易學多關注於人道思想，因之，邵雍先天易學思想的出現，乃是「揭揚天道，補三聖易學之不足」。可參見高懷民先生，《邵子先天易哲學》，〈先天易在易學中的地位及其價值〉，頁1～30。

〔註82〕參見關永中先生：〈邵雍易學的知識論向度—《皇極經世》·〈觀物篇〉之六十二所給予的提示〉，頁55。

〔註83〕參見高懷民先生，《邵子先天易哲學》，〈先天易經世演用之三—明萬物變化之情〉，頁253。

〔註84〕語見【北宋】邵雍，《皇極經世書》，卷八上，頁31。

樂，固有萬萬焉。況觀物之樂，復有萬萬者焉。雖死生榮辱轉戰于
前，曾未入于胷中，則何異四時風花雪月一過乎眼也；誠爲能以物
觀物而兩不相傷者焉。蓋其間情累都忘去爾。〔註85〕

以爲人世之樂莫過於名教之樂與觀物之樂，名教之樂出自於對儒家思想的窮
精極思；觀物之樂則有道家「原天地之美而達萬物之理」〔註86〕的心思，乃
有其思想的歷史脈絡。實則，邵雍觀物思想的背後，有孔、孟、老、莊學說
的支持。他說：

夫一動一靜者，天地至妙者與；夫一動一靜之間者，天地人之至妙
至妙者與。是故仲尼之所以能盡三才之道者，謂其行無轍迹也。故
有言曰：「予欲無言。」又曰：「天何言哉？四時行焉，百物生焉。」
其斯之謂與。〔註87〕

老子知《易》之體者也，五千言大抵明物理。〔註88〕

知《易》者不必引用講解，始爲知《易》。孟子著書，未嘗及《易》，
其間《易》道存焉，但人見之者鮮耳。人能用《易》，是謂知《易》，
如孟子可謂善用《易》者也。〔註89〕

莊子與惠子遊於濠梁之上。莊子曰：「儵魚出遊從容，是魚樂也。」
此盡己之性能盡物之性也，非魚則然，天下之物皆然。若莊子者，
可謂善通物矣。〔註90〕

邵雍精研儒、道二家的學問，從中吸取精粹的部份加以發揮，諸如其體貼出
孔子能盡三才之道的原因、老子知《易》之體、孟子知《易》之用以及莊子
之所以善通物的智慧，使其開展先天之學與觀物思想時有理論上的憑藉，特
別是對先天易之道、易之理的闡發，而並不僅有象數的類推與演繹，正如其
所謂：「天之象數可得而推，如其神用則不可得而測也。天可以理盡，不可以
形盡。渾天之術，以形盡天可乎？」〔註91〕是將儒、道二家觀道的精神與實

〔註85〕語見【北宋】邵雍，《伊川擊壤集》，〈序〉，頁2。
〔註86〕語見【清】郭慶藩撰、王孝魚點校，《莊子集釋》，卷七下，〈知北遊第二十二〉，
　　　　頁735。
〔註87〕語見【北宋】邵雍，《皇極經世書》，卷五，頁16。
〔註88〕語見【北宋】邵雍，《皇極經世書》，卷八下，頁36。
〔註89〕同上，卷八下，頁31～32。
〔註90〕同上，卷八下，頁37。
〔註91〕同上，卷八上，頁16。

踐方式融入其學之中。

　　〈觀物篇〉中直接談到何謂「觀物」的篇章出自於〈觀物內篇〉：

> 夫所以謂之觀物者，非以目觀之也。非觀之以目，而觀之以心也。
> 非觀之以心，而觀之以理也。天下之物莫不有理焉，莫不有性焉，
> 莫不有命焉，所以謂之理者，窮之而後可知也；所以謂之性者，盡
> 之而後可知也；所以謂之命者，至之而後可知也。此三者，天下之
> 眞知也，雖聖人無以過之，而過之者，非所以謂之聖人也。〔註92〕

其以「觀之以目」、「觀之以心」、「觀之以理」作爲「觀物」的三個層次，
從中透顯出其對「觀」概念的理解，非停留在感官的「觀」，亦非沉滯於心
智作用上的知覺的「觀」，而是能以窮盡天地萬物之理、各隨天地萬物之性
與各體天地萬物之命的情實的「觀」，來把握與理會這個世界；其子邵伯溫
對此有簡要的詮解：「以目觀物，見物之形；以心觀物，見物之情；以理觀
物，見物之性，窮理盡性，以至於命。聖人亦不過如是而已矣。」說明了
「觀物」的精神與最終目的，即在於獲得「窮理盡性以至於命」的眞知，
也指陳了能將「觀物」發揮至極致的人爲聖人，實與自〈觀〉卦、儒、道
二家、《易傳》對「觀」概念的啓發與闡揚以來，以聖人作爲觀道體道者相
符應。實則，其義乃深化了〈觀〉卦中「觀」的意涵，將賦予事物意義的
認知義升進爲排除感官與心智作用的私情而以理觀之的認識義，而使之可
能的關鍵在於能觀主體的修養，《老子》「致虛守靜」的修爲、《莊子》「心
齋」的功夫便相繼爲邵雍所吸納，讓邵雍的「觀物」得以開顯聖人掌握知
識、知造化之迹的可能性。

　　透過「觀」概念的探源，實可覺察出「觀」與時代發展、人的生命情調
有著相互牽引的關係，面對體制極欲建立的時代，「觀」須發揮神聖集合的
力量，因之有〈觀〉卦的「可觀」與「觀仰」之意，而在上位的聖人則須有
自我觀省的能力，以突顯人的主體精神；遇著禮樂制度崩壞的年代，有志的
思想家便重新思考人的價值與存在，所對應的「觀」便帶有價值實踐與觀照
的意涵，而《易傳》更以「觀物取象」的思維與精神，加以表現「觀」的認
知與感應的蘊義；顯然，「觀」藉著人類原初的能力而與生活世界作接觸，
並以人所託身的宇宙及其相應的生命情調間的相互感應，從而理解與體會此
生活世界，而身處北宋時代的邵雍，對於世界的認識更爲廣闊，加以有儒、

〔註92〕同上，卷六，頁26。

道思想的積澱，其「觀」勢必帶著前見與其自身的生命情調相融會，從而發展出觀物思想，爲我們提供了人能把握、梳理、並繆思出存在於宇宙天地之間、萬事萬物之中的理。

第三章　邵雍觀物思想的開展

　　在明白了邵雍觀物思想中「觀」與「觀物」的涵義與定位後，便可正式探討邵雍觀物思想的內容，而其內容主要呈現在《皇極經世書・觀物篇》中，是以，於此之前，須先究明《皇極經世書・觀物篇》對觀物思想的意義。《皇極經世書》的內容是邵雍先天易學思想的文字表現，在揭揚宇宙自然理則的前導下，邵雍以「先天之學」名其易，《皇極經世》言其書，〈觀物〉述其篇〔註1〕，統貫起一套物理性命之學。其子邵伯溫繼志述事，曾為《皇極經世書》書名的涵義作解曰：「至大之謂皇，至中之謂極，至正之謂經，至變之謂世，大中至正，應變無方之謂道。」〔註2〕其對「皇極」二字的解釋源自《尚書》中「皇建其有極」〔註3〕的意涵，寓有「大中」的象徵意蘊，亦即

〔註1〕參見高懷民先生，《邵子先天易哲學》，〈先天易在易學中的定位及其價值〉，頁13～14。高懷民先生說：「邵子先天易意在揭揚天道思想以彌補三聖易學之不足，他不止以『先天』稱名其易，且以『皇極經世』名其書，以『觀物』名其篇。」

〔註2〕語見【明】胡廣等編，《性理大全書》（一），卷之八，〈皇極經世書二〉，頁649。

〔註3〕語見《尚書・周書・洪範》：「五、皇極：皇建其有極，斂時五福，用敷錫厥庶民。惟時厥庶民于汝極，錫汝保極。凡厥庶民，無有淫朋；人無有比德，惟皇作極。凡厥庶民，有猷、有為、有守，汝則念之。不協于極，不罹于咎，皇則受之。而康而色，曰『予攸好德。』汝則錫之福。時人斯其惟皇之極。無虐煢獨，而畏高明。人之有能有為，使羞其行，面邦其昌。凡厥正人，既富方穀；汝弗能使有好于而家，時人斯其辜。于其無好德，汝雖錫之福，其作汝用咎。無偏無陂，遵王之義；無有作好，遵王之道；無有作惡，遵王之路。無偏無黨，王道蕩蕩；無黨無偏，王道平平；無反無側，王道正直。會其有極，歸其有極。曰皇極之敷言，是彝是訓，于帝其訓。凡厥庶民，極之敷言，是訓是行，以近天子之光。曰天子作民父母，以為天下王。」可參見【漢】孔安國傳、【唐】孔穎達正義、許錟輝分段標點，《十三經注疏2尚書

建立「大中」爲自天子以至於庶民的秉彝與常訓〔註4〕，將之對應於邵雍構思《皇極經世書》的用心，其乃欲創造出一套從宇宙天地的生化到人事物象的發展皆能解釋、兼容並包的準衡與範式，而邵伯溫將此準衡與範式理解爲「道」，同時「皇極經世」的意義便等同於「道」，意味著《皇極經世書》爲「道」的化身。「道」在古聖先賢的認知中是無形無象、無可名諱，然卻遍在於宇宙天地之中，而邵雍選擇以「觀物」的視角來開顯，從日月星辰說到皇帝王霸，其子邵伯溫說：「窮日月星辰，走飛動植之數，以盡天地萬物之理；述皇帝王霸之事，以明大中至正之道。陰陽之消長、古今之治亂，較然可見矣。故書謂之《皇極經世》，篇謂之〈觀物〉焉。」〔註5〕實道盡《皇極經世書》裡的內容，也揭露了邵雍「觀物」的取材依據。

〈觀物篇〉係《皇極經世書》中最重要的篇章，不僅提示其書的途徑，賅括其書的意旨，亦爲邵雍先天易圖與易數理論的表現。就其形式而言，可分爲〈觀物內篇〉與〈觀物外篇〉；就其結構與內容而觀，前者完整地呈現一套具有系統性的觀物學說，後者則針對不同的主題做討論，由於〈觀物外篇〉爲邵雍弟子在課堂聽講所做的語錄。此二者皆反映了邵雍觀物思想的大義。清人王植嘗語曰：「篇有內外，內以明圖，外以明內也。非觀物，則皇極不晰；非經世，則觀物不大也。非內篇，則《皇極經世》之理終晦；非外篇，則內篇未盡之蘊猶藏也。內篇首言天地，人知其言天地也，而不知其爲觀物也。」〔註6〕分別釐清〈觀物內篇〉與〈觀物外篇〉、〈觀物內篇〉與《皇極經世書》的關係，再以總括三者的方式，帶出〈觀物〉內外篇的重要性，而其旨要均不出觀物之思的範圍。

本章便以《皇極經世·觀物篇》裡的立論爲材料，分成先天易圖、易數的經世演繹說、天地體用說、元會運世說與皇帝王伯說等面向，加以梳理與討論；即從宇宙天地談到政治人事，間以歷史時間的探討，爲邵雍的觀物思想繪出輪廓。

正義》，卷第十二，〈洪範第六〉，頁456。
〔註4〕參見方東美先生，《中國哲學精神及其發展》（上冊），〈原始儒家—第一期從神秘宗教到理性哲學〉，頁130～133、142～144。
〔註5〕語見【明】胡廣等編，《性理大全書》（一），卷之八，〈皇極經世書二〉，頁649～650。
〔註6〕語見【清】王植，《皇極經世書解》，卷首上，〈臆說〉，頁805～254。

第一節　先天易圖、易數的經世演繹說

　　邵雍憑據先天易圖的基本圖象作經世演用，而有「經世天地四象圖」與日月星辰配之元會運世的歷史年表，朱伯崑先生將後者名之為「皇極經世圖」，同時，邵雍並藉以發明天地體用之數與元會運世之數，擬於底下略述其要：

一、「經世天地四象圖」與天地體用之數

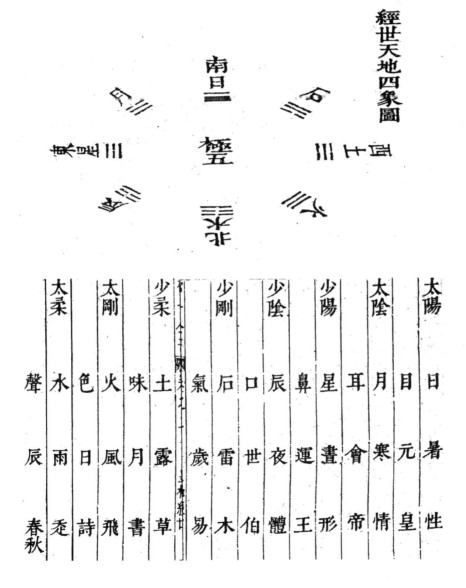

圖一

此圖標明出邵雍所觀察到的天地四象、天地之體與行諸於人事上的對應。陰陽太少四象為邵雍所謂的「天之四象」，剛柔太少四象則為「地之四象」，而天地四象的交感互應，形成日、月、星、辰、水、火、土、石等具體形象，亦即為〈觀物內篇〉中「日月星辰交而天之體盡之矣」、「水火土石交而地之體盡之矣」一段文字的表現。用於人事方面則體現為耳、目、鼻、口的感官區辨、性、情、形、體的人體表徵、皇、帝、王、霸的政治交替、元、會、運、世的時間演變、雨、風、雷、露的物候變化、走、飛、草、木的各樣物種以及《易》、《書》、《詩》、《春秋》的經典意義，統而言之，可以發現其以四四相陳的方式來構思，實亦展示出邵雍「天地之體數四」〔註7〕的思想。

從「元、亨、利、貞」乾卦卦辭的價值判語、〈文言傳〉中以「仁、義、禮、智」四德界說乾卦卦義，到其後易學家比附「春、夏、秋、冬」的說法，皆以四為之，邵雍或由此而體悟，提出「天地之體數四」，並更深一層地發掘出「體四而用三」說，是為天地體用之數〔註8〕。擬節錄數條〈觀物外篇〉中的言論談之：

> 天數五，地數五，合而為十數之全也。天以一而變四，地以一而變四，四者有體也，而其一者無體也，是謂有無之極也。天之體數四而用者三，不用者一也；地之體數四而用者三，不用者一也。是故無體之一以況自然也，不用之一以況道也，用之者三以況天地人也。〔註9〕

> 天有四時，一時四月，一月四十日，四四十六而各去其一，是以一時三月，一月三十日也。四時體數也，三月、三十日用數也。體雖具四，而其一常不用也，故用止於三而止於九也。體數常偶，故有四有十二；用數常奇，故有三有九。〔註10〕

邵雍通過觀物，發現四為天與地的體數，然用者僅三，乃比況天、地、人；至於不用的一則比類於道，於是，邵雍舉四時運行、月日天數的例子證明，頗符合宇宙自然之理的流行。

〔註7〕 參見高懷民先生，《邵子先天易哲學》，〈先天易經世演用之二──推天地造化之數〉，頁179。其說：「經世天地四象圖充分表現出邵子『天地之體數四』的思想，他敢於肯定『四』這個數字是天地萬物之體數，而將物象各依其數分類，當然主要是來自他的『觀物』，但也可以說是來自易學思想的繼承。」

〔註8〕 同上，頁179～181。

〔註9〕 語見【北宋】邵雍，《皇極經世書》，卷七上，頁1。

〔註10〕 語見【北宋】邵雍，《皇極經世書》，卷七上，頁9。

二、「皇極經世圖」與元會運世之數

「皇極經世圖」出自於邵雍的創見，將天地運行的規律轉化爲歷史時間的演進，試圖以元、會、運、世的抽象序列統會整個宇宙歷史，尋出其中的秩序，邵雍說：

> 日經天之元，月經天之會，星經天之運，辰經天之世。以日經日，則元之元可知矣。以日經月，則元之會可知矣。以日經星，則元之運可知矣。以日經辰，則元之世可知矣。以月經日，則會之元可知矣。以月經月，則會之會可知矣。以月經星，則會之運可知矣。以月經辰，則會之世可知矣。以星經日，則運之元可知矣。以星經月，則運之會可知矣。以星經星，則運之運可知矣。以星經辰，則運之世可知矣。以辰經日，則世之元可知矣。以辰經月，則世之會可知矣。以辰經星，則世之運可知矣。以辰經辰，則世之世可知矣。〔註11〕

日、月、星、辰爲天之四象，各配有元、會、運、世的時間單位，朱伯崑先生對此有所解釋：「太陽一年繞天一周，故以日配元；日月交會，一年十二次，故以月配會。經星一年運行三百六十度，故以星配運；一日十二時辰，故以辰配世。」說明其理論的依據，乃憑藉宇宙、天文運動的現象。而元、會、運、世的時間序列有其層級性，以元爲單位，一元之中包含元會運世；以會爲單位，一會之中包括元會運世；以運爲單位，一運之中囊括元會運世；以世爲單位，一世之中亦有元會運世，而其層級逐步下降，邵雍並因之而發展出元會運世之數：

> 元之元一，元之會十二，元之運三百六十，元之世四千三百二十。會之元十二，會之會一百四十四，會之運四千三百二十，會之世五萬一千八百四十。運之元三百六十，運之會四千三百二十，運之運一十二萬九千六百，運之世一百五十五萬五千二百。世之元四千三百二十，世之會五萬一千八百四十，世之運一百五十五萬五千二百，世之世一千八百六十六萬二千四百。〔註12〕

於一元統會的時間序列內，其會爲十二，其運爲三百六十，其世爲四千三百二十，沿著此序列往下發展，則以會爲單位，會之元所得出的數爲十二，其

〔註11〕同上，卷六，頁11。
〔註12〕語見【北宋】邵雍，《皇極經世書》，卷六，頁11～12。

式子可表現為十二乘以一等於十二；會之會所得出的數為一百四十四，其式子可表現為十二乘以十二等於一百四十四；會之運所得出的數為四千三百二十，其式子可表現為十二乘以三百六十等於四千三百二十；會之世所得出的數為五萬一千八百四十，其式子可表現為十二乘以四千三百二十等於五萬一千八百四十。以運、世為單位的時間序列亦能以此類推，係邵雍的觀物成果，亦是其自然「理數」的展現。

第二節　天地體用說

　　天與地是萬事萬物之所從出的場所，自《周易》思想發端以來，易卦的排序、《易傳》裡的價值敷陳均肯認天與地的意義與作用，邵雍承此意緒，於〈觀物篇〉中假定萬物的源頭出自於天地，而天地盡括所有的萬物，因之，有「天之四象」與「地之四象」的安排與分佈，其各自相交的結果為天之體與地之體的展現，此為對天地中萬事萬物形體的描述，而其如何相交、如何作用，以致於形成天之體與地之體的原因，邵雍則以一陰一陽、一剛一柔的交用與變化來說明，反映了天與地如何行用，有著《易傳》裡「《易》无思也，无為也，寂然不動，感而遂通天下之故」的思想根源，藉由陰陽相感來表現《易》的神妙變化。然而，邵雍對於天與地的體用關係，不僅止於其現象與事理上的討論，亦作理數方面的思考與推演，所謂「體四而用三」說即為顯例。就此而觀，邵雍將天與地的體用關係分別而論，並以數概念作具體的推證，其體用說，不論在思想上或是方法上，都與自魏晉王弼的「體用一如」到宋代程頤的「體用一源」觀〔註13〕走了相異的路徑。本節擬就現象與事理以及理數等面向展示邵雍的天地體用說。

一、就現象與事理說天與地的體用關係

　　邵雍在〈觀物內篇〉首陳天與地的內涵，並以動、靜的概念分開表現天、地之體與天、地之用：

〔註13〕魏人王弼立基於道家思想之上而解《易》，透過對〈象傳〉的解釋，將《易》典籍中的「一」、「多」概念，與老子思想裡的「有」、「無」概念嵌結起來，從而提出體用、體用一如的觀念與思想，以為一為體為無，多為用為有，一為成用之體，多為運體之用。而北宋時代程頤所謂的「體用一源」，則就著《易‧繫辭上傳》：「顯諸仁，藏諸用」發微，並以此發展出「即體顯用」說。

物之大者，無若天地，然而有所盡也。天之大，陰陽盡之矣；地之大，剛柔盡之矣。陰陽盡而四時成焉，剛柔盡而四維成焉。夫四時四維者，天地至大之謂也。凡言大者，無得而過之也，亦未始以大為自得，故能成其大，豈不謂至偉至偉者與？天生於動者也，地生於靜者也，一動一靜交，而天地之道盡之矣。動之始則陽生焉，動之極則陰生焉，一陰一陽交而天之用盡之矣；靜之始則柔生焉，靜之極則剛生焉，一剛一柔交而地之用盡之矣。動之大者謂之太陽，動之小者謂之少陽；靜之大者謂之太陰，靜之小者謂之少陰。太陽為日，太陰為月，少陽為星，少陰為辰，日月星辰交而天之體盡之矣。靜之大者謂之太柔，靜之小者謂之少柔；動之大者謂之太剛，動之小者謂之少剛。太柔為水，太剛為火，少柔為土，少剛為石，水火土石交而地之體盡之矣。日為暑，月為寒，星為晝，辰為夜，暑寒晝夜交而天之變盡之矣。水為雨，火為風，土為露，石為雷，雨風露雷交而地之化盡之矣；暑變物之性，寒變物之情，晝變物之形，夜變物之體，性情形體交而動植之感盡之矣；雨化物之走，風化物之飛，露化物之草，雷化物之木，走飛草木交而動植之應盡之矣。〔註14〕

根據《易・說卦傳》：「立天之道曰陰與陽；立地之道曰柔與剛」〔註15〕的說法，邵雍為天、地的內涵界義，言明天有陰陽而成四時，地有柔剛而致四維，由於天、地不以其大為自得，因此能成就其大，頗有《老子・三十四章》：「是以聖人終不為大，故能成其大」〔註16〕的涵義，在於其不有、不恃與不宰，間接說明此乃宇宙天地自然而然的發展。接著，邵雍以動、靜的概念解釋天、地之生的看法，與《易》經傳中本陰陽而立言大異其趣，實為區判天與地的體用關係。天、地分別生於動、靜，動、靜之始與極而生陰陽與柔剛，陰陽相交盡天之用；柔剛相交盡地之用，以此表明天、地的運動與作用；而動、靜之大、小則成「天之四象」與「地之四象」，「天之四象」相交盡天之體；「地之四象」相交盡地之體，太陽、太陰、少陽、少陰「天之四象」則成天上的日、月、星、辰，對應到自然變化而為暑、寒、晝、夜，其可變為物的性、

〔註14〕 語見【北宋】邵雍，《皇極經世書》，卷五，頁1～3。
〔註15〕 語見【魏】王弼注、【唐】孔穎達疏，《周易正義》，卷九，〈說卦〉，頁83。
〔註16〕 參見朱謙之先生釋、任繼愈先生譯，《老子釋譯》，〈老子道經三十四章〉，頁139。

情、形、體；太柔、太剛、少柔、少剛「地之四象」則成地上的水、火、土、石，對應至自然變化而為雨、風、雷、露，其可化為物的走、飛、草、木，而天地之間各物的相感與互應便由此起始，層遞道出天、地的形體與內容。

二、就理數說天與地的體用關係

細觀邵雍於〈觀物內篇〉中對天地萬物生成、變化的描述，可以發現其以四為體數的思維，此有《經世天地四象圖》作印證。然邵雍進一步地從數概念的思想發展「體四而用三」的天地體用說，除了反映在實際的天文現象上，邵雍亦舉卦數為例，體現其觀物的哲思。

〈觀物內篇〉云：

> 太陽之體數十，太陰之體數十二；少陽之體數十，少陰之體數十二；少剛之體數十，少柔之體數十二；太剛之體數十，太柔之體數十二。進太陽少陽太剛少剛之體數，退太陰少陰太柔少柔之體數，是謂太陽少陽太剛少剛之用數。進太陰少陰太柔少柔之體數，退太陽少陽太剛少剛之體數，是謂太陰少陰太柔少柔之用數。太陽少陽太剛少剛之體數一百六十，太陰少陰太柔少柔之體數一百九十二；太陽少陽太剛少剛之用數一百一十二，太陰少陰太柔少柔之用數一百五十二。〔註17〕

關於體數與用數的意涵，邵雍於〈觀物外篇〉中曾作界說，其道：「體數何為者也？生物者也。用數何為者也？運行者也。運行者，天也，生物者，地也。天以獨運，故以用數自相乘，而以用數之用為生物之時也。地偶而生，故以體數之用陽乘陰，為生物之數也。」〔註18〕這段陳述從天的運行與地的生物角度而謂，前者展示用數，後者呈現體數，實則，體數係指本具之數，用數則為發揮功能或作用之數。〔註19〕邵雍將太陽少陽太剛少剛圈為一組，太陰少陰太柔少柔歸為另一組，每組皆有其體數的總和，通過彼此的進退互動，而得其用數。譬若太陽少陽太剛少剛體數的總和為四十，其用數乃由「進太陽少陽太剛少剛之體數，退太陰少陰太柔少柔之體數」所演成，所謂的「進」，為加四倍的意思；「退」，為減去之意，四十加四倍為一百六十，減去太陰少陰太柔少柔體數的總和四十八，則為一百一十二，是太陽少陽太剛少剛的用

〔註17〕語見【北宋】邵雍，《皇極經世書》，卷六，頁17。
〔註18〕同上，卷八上，頁26。
〔註19〕參見朱伯崑先生，《易學哲學史》，〈宋易的形成和道學的興起〉，頁151。

數，而太陰少陰太柔少柔的用數亦能以此作類推。此外，在〈觀物外篇〉裡亦載記一段關於六十四卦用數的說明：

> 體有三百八十四，而用止於三百六十，何也？以乾坤坎離之不用也。
> 乾坤坎離之不用，所以成三百六十之用也。故物變易，而四者不變也。夫惟不變，是以能變也。〔註20〕

一卦六爻，六十四卦即有三百八十四爻，乃其體數的展現，然因乾、坤、坎、離四卦爲四正卦，是以不用，在減去其爻數後，所得的三百六十之數便爲六十四卦的用數。邵雍並以之解說四正卦與六十四卦之間的關係，由於四正卦的不變，反而成就六十四卦的生生變化，蘊含《莊子》裡從無用之用中看出大用的存在之寓意。以上咸爲邵雍「體四而用三」說理論的充擴與應用，高懷民先生嘗謂：「天地之由體而變爲用，約爲『體四而用三』，其間稍有伸縮，不離大體，此爲天地變化之常道。」〔註21〕用以強調此非出於人智的推算與安排，係天地變化的常道。

　　邵雍就現象與事理的面向說天與地的體用關係，主要表現在天與地的運動作用與形體內容上，其區別的依據與發生的動機則以動、靜概念來開展；而就理數的面向談天與地的體用關係，邵雍乃發展出一套「體四而用三」的理論，透過實際的天文現象的印證與卦數應用的對照，藉以申論天地在運行變化之中寓含理序之不虛。

第三節　元會運世說

　　邵雍取天象日、月、星、辰與其所發展出來的元、會、運、世的概念，重構以往的時間觀。其將時間置於歷史進程與偌大宇宙中加以審視，提出「以日經天」爲元、「以月經天」爲會、「以星經天」爲運與「以辰經天」爲世的新的計算時間的單位，並以之推演出元、會、運、世之數，藉其數的發展規律與流衍，得到終而復始的宇宙週期論，亦反視出「時間的相對性」。

　　實然，在經世演用的企求下，由邵雍所創思的宇宙週期論有其推衍的基源，即得自於六十四卦方位圖的啓示。其爲一圓圖，圖中又別爲八宮，從〈乾〉一到〈坤〉八，符合先天八卦的生成次序，而每宮之內各有八個卦，譬如：〈乾〉

〔註20〕語見【北宋】邵雍，《皇極經世書》，卷八上，頁20。
〔註21〕參見高懷民先生，《邵子先天易哲學》，〈先天經世演用之三—明萬物變化之情〉，頁243。

一底下分別跟隨〈乾〉、〈夬〉、〈大有〉、〈大壯〉、〈小畜〉、〈需〉、〈大畜〉、〈泰〉
八卦，其下卦皆爲〈乾〉天的卦象；〈兌〉二之下有〈履〉、〈兌〉、〈睽〉、〈歸
妹〉、〈中孚〉、〈節〉、〈損〉、〈臨〉八卦，皆以〈兌〉澤的卦象爲下卦。邵雍
在其詩作〈觀物吟〉中道：

> 耳目聰明男子身，洪鈞賦與不爲貧。因探月窟方知物，未躡天根豈
> 識人？乾遇巽時觀月窟，地逢雷處看天根。天根月窟閒來往，三十
> 六宮都是春。〔註22〕

以七言詩的形式表達圓圖的內涵。「男子身」的意象代表陽，亦謂其圖由復卦
始生，其陽由左旋而漸升；「洪鈞」的意象表爲宇宙大化，其圖便在宇宙大化
之中展開；「月窟」與「天根」的意象則分別表現圓圖中乾、姤二卦之間的午
中之位與坤、復二卦之間的子中之位，意味著「月窟」爲一陰之生於乾陽，
象徵在萬物極盛之後，而「天根」爲一陽之生於坤陰，象徵在天地開闢萬物
未成象之前〔註23〕，因而探視「月窟」能知物之性，討究「天根」能識之人
性，由於人爲萬物之最。「乾遇巽時觀月窟，地逢雷處看天根」則對前述作進
一步的解釋。至於「三十六宮」的意象，乃歸納自六十四卦卦象正反相同或
兩兩相錯的情況而來〔註24〕，主要說明其爲易理自然而然發展的結果，亦顯
出其循環往復的特性。

　　邵雍且配之以元、會、運、世、歲、月、日、時等概念，以〈乾〉一爲
元，〈兌〉二爲會，〈離〉三爲運，〈震〉四爲世，〈巽〉五爲歲，〈坎〉六爲月，
〈艮〉七爲日，〈坤〉八爲時，而每宮底下的八個卦再分別應之以元、會、運、
世、歲、月、日、時等概念，比如〈乾〉一中的八個卦：〈乾〉爲元之元，〈夬〉
爲元之會，〈大有〉爲元之運，〈大壯〉爲元之世，〈小畜〉爲元之歲，〈需〉
爲元之月，〈大畜〉爲元之日，〈泰〉爲元之時。由是，形成一套以六十四卦
方位圖爲基底的歷史時間運程，化爲數概念後，則乾一中的八個卦爲一元之
數，而乾爲一元，兌爲十二會，大有爲三百六十運，大壯爲四千三百二十世，
小畜爲十二萬九千六百歲，需爲一百五十五萬五千二百月，大畜爲四千六百
六十五萬六千日，泰爲五億五千九百八十七萬二千時，其計算的方式具一定

〔註22〕語見【北宋】邵雍，《伊川擊壤集》，卷十六，頁115。
〔註23〕參見高懷民先生，《邵子先天易哲學》，〈先天易經世演用之一——驗歷史治亂之
　　　跡〉，頁90。
〔註24〕〈觀物外篇〉云：「重卦之象，不易者八，反易者二十八，以三十六變而成六
　　　十四也。」語見【北宋】邵雍，《皇極經世書》，卷七上，頁29。

的規律，即由每卦的卦數乘以十二或三十的模式為之，卦的次序居於奇位的乘以十二，處於偶位的乘以三十〔註25〕，此「十二—三十—十二—三十……」的數的規律源於對年、月、日、時之數的相互關係推求而出。實際上，〈觀物外篇〉裡亦有相關的文字敘述：「一生二為夬，當十二之數也。二生四為大壯，當四千三百二十之數也。四生八為泰，當五億五千九百八十七萬二千之數也。」〔註26〕又：「乾為一，乾之五爻分而為大有，以當三百六十之數也。乾之四爻分而為小畜，以當十二萬九千六百之數也。」〔註27〕按照「一生二」、「二生四」、「四生八」的八卦生成理序與卦爻的陰陽變化，其數亦有相應的發展。若再配合人類發展的歷史文明，則將宇宙週期、在宇宙中生成與消逝的萬物、人類的活動等聯貫起來，織就出一張彌天蓋地、古往今來、生成變化的大網，裡頭的元素彼此相因而互存，彼此循環以致於無窮。

　　然而，邵雍亦在此宇宙週期論中，發現了「時間的相對性」，其說：

　　　夫古今者，在天地之間猶旦暮也。以今觀今，則謂之今矣；以後觀今，則今亦謂之古矣。以今觀古，則謂之古矣；以古自觀，則古亦謂之今矣。是知古亦未必為古，今亦未必為今，皆自我而觀之也。

　　　安之千古之前，萬古之後，其人不自我而觀之也？〔註28〕

因著觀物的角度不同，而造成相異的時間觀，如以宇宙週期論為例，就日統治日、月、星、辰而言，其時間歷程的開展規範在日之下；相對地，就月治理日、月、星、辰而說，其時間歷程便在以月為一會之元的原則下展開；同理可證，以星或辰統會的時間歷程亦可比況。方東美先生曾謂：「邵康節以十二萬九千六百年做一個單位，而後把它推展到廣大的宇宙裡面去變成了相對的時間。」〔註29〕由於以一世三十年來計算，可以得出十二萬九千六百年，而此正為「皇極經世一元之數」〔註30〕，而將此放在宇宙的時間運程中推展，反而成為了相對的時間觀，是為邵雍觀物思想的表現。

　　邵雍的元會運世說，展示了其對時間的看法，也提出了一套計算時間的

〔註25〕參見朱伯崑先生，《易學哲學史》，頁175。
〔註26〕語見【北宋】邵雍，《皇極經世書》，卷八上，頁3。
〔註27〕同上，頁2。
〔註28〕同上，卷五，頁14。
〔註29〕參見方東美先生，《新儒家哲學十八講》，〈從邵康節到張橫渠〉，頁270。
〔註30〕語見邵伯溫，《觀物內外篇解》，頁。其道：「經世一元十二會，三百六十運，四千三百二十世。一世三十年，是為一十二萬九千六百年，是為皇極經世一元之數。」

方式,然此並非當時實際的時間運算,而是從年、月、日、時之數的相互關係中所抽象而出的時間序列,其目的在於為天地萬物的生成變化與人類社會的歷史演進作經世演用,以顯每個階段、各個時程都有其應發展的目標與任務。此說得自於六十四卦方位圖的啟發,係自然而然推衍出來的理則,邵雍並因之而發現「時間的相對性」,亦即由不同的觀物視角切入,便會得出不同的時間觀,此為邵雍對其說所做的後設思考與反省。

第四節　皇帝王伯說

在元會運世所鋪舒的宇宙時間運程底下,有多個子運程不斷輪轉,而象徵著人類文明開展的歷史便為其中之一,於宇宙時間的長流裡不捨晝夜地運轉,運轉出「三皇」、「五帝」、「三王」、「五伯」的歷史階段與政治型態,此乃邵雍在漫長的中國歷史發展中所標出的歷史範式,其間的治亂興衰可作為以後朝代政治交替的前見。其歷史觀點除了延續自邵雍從六十四卦方位圖入思而發現到宇宙時間運程循環往復的特性外,亦承襲了先秦以來傳統的歷史循環論與道家的歷史衰退說〔註31〕。

關於宇宙時間運程循環往復的特性,邵雍曾以「天根」、「月窟」的概念表達一元之始與一元之終的思想,其思想背後乃假定六十四卦方位圖一周為一元,這是就六十四卦卦位的循環而謂;以天地開闢而物生來說,邵雍之子邵伯溫拿「開物」與「閉物」的概念為之作注,並與先天卦氣圖相應。圖中將乾、坤、坎、離四正卦以外的六十卦與十二地支相配,每一地支分得五卦,形成十二會,由於視其圖一周為一元的關係,而每會底下再統三十運,每運之下又紀十二世,各運各世亦配有相應的卦,分別表義宇宙萬物初生與發展、人類文明自肇端到成熟的各個階段,無不說明事物變化推移的規律性與連續性。邵雍繼之開展其皇、帝、王、伯的歷史觀。

邵雍對皇、帝、王、伯的鋪述,本著古時傳說歷史、各階段天下共主的在位事蹟與統理方式等而謂。其在〈觀物內篇〉中首先揭示出所謂的「三皇」、「五帝」、「三王」與「五伯」:

〔註31〕張永儁先生在《哲學大辭書》〈邵雍〉一條中,對邵雍的元會運世的歷史觀加以說明到:「邵雍的歷史觀與先秦以來傳統的歷史觀如鄒衍的『五行終始』、《公羊春秋》的『三統、三正』說,有著繼承的關係,皆是歷史循環論並夾雜著道家的『道之淪降』的歷史衰退說。」頁 2399。

> 孔子贊《易》自義軒而下，序《書》自堯舜而下，刪《詩》自文武
> 而下，修《春秋》自桓文而下。自義軒而下，祖三皇也；自堯舜而
> 下，宗五帝也；自文武而下，子三王也；自桓文而下，孫五伯也。
> 〔註32〕

邵雍引孔子整理經典的看法為重言，說明各階段在位者於文化上的重要事
蹟，並以之標明出「三皇」、「五帝」、「三王」與「五伯」的範圍。根據「《易》
自義軒而下」一語，可見伏羲氏為三皇之首，接著便是神農與黃帝二氏。按
照古時傳說歷史的記載，倘若以上三皇無誤，則五帝分別為少昊、顓頊、高
辛、堯與舜，而三王係家天下後的夏禹、商湯與周文武，五伯則是春秋時代
的五霸—秦穆公、齊桓公、楚莊王、晉文公與宋襄公。此歷史觀不僅體現了
先秦時代由陰陽家所提出的「三五循環論」的思想，亦展現了道家「道之淪
降」的歷史衰退觀。

《漢書·律歷志》中曾針對「三五循環論」的思想作統合的說明：

> 傳曰：「天有三辰，地有五行」，然則三統五星可知也。《易》曰：「參
> 五以變，錯綜其數。通其變，遂成天下之文；極其數，遂定天下之
> 象。」太極運三辰五星于上，而元氣轉三統五行于下。其于人，皇
> 極統三德五事。故三辰之合于三統也，日合于天統，月合于地統，
> 斗合于人統。五星之合于五行，水合于辰星，火合于熒惑，金合于
> 太白，木合于歲星，土合于填星。三辰五星而相經緯也。〔註33〕

其「三五」的意涵，在天為三辰、五星，在地為三統、五行，在人為三德、
五事，彼此之間存在著相應與相合的關係，如天之三辰、五星、地之三統、
五行與人之三德、五事既相經緯亦相錯，而三辰、三統與三德則可相匹配等，
乃順著《易傳》思想描繪出帶有陰陽家色彩的終始循環說，應用於人類歷史
上，則引申出歷史循環論，「三皇—五帝—三王—五伯」的發展規律可為印證。

然而，從邵雍對皇、帝、王、伯稱名的遞降，以及用春、夏、秋、冬四
季來比喻「三皇」、「五帝」、「三王」、「五伯」的時代〔註34〕，皆透露出道家

〔註32〕語見【北宋】邵雍，《皇極經世書》，卷五，頁18。
〔註33〕語見【東漢】班固，《漢書·律歷志》，第一上，頁1273～1274。
〔註34〕參照邵雍的詩作〈三皇吟〉：「三皇之世正熙熙，鳥鵲之巢俯可窺，當日一般
　　　情味好，初春天氣早晨時。」〈五帝〉：「五帝之時似日中，聲名文物正融融，
　　　古今世盛無如此，過此其來便不同。」〈三王〉：「三王之世正如秋，權重權輕
　　　事有由，深谷為陵岸為谷，陵遷谷變不知休。」〈五伯〉：「五伯之時正似冬，

「道之淪降」的歷史觀點，此以《老子‧三十八章》率先發聲，其謂：「故失道而後德，失德而後仁，失仁而後義，失義而後禮。夫禮者，忠信之薄，而亂之首。」〔註35〕藉由道—德—仁—義—禮的層層下墜，反顯出以道治國的重要性。在《莊子》裡則以各種形態的描述來呈現「道之淪降」，諸如從言語的形態來說，《莊子‧齊物論》道：「夫道未始有封，言未始有常，爲是而有畛也，請言其畛：有左，有右，有倫，有義，有分，有辯，有競，有爭，此之謂八德。六合之外，聖人存而不論；六合之內，聖人論而不議。春秋經世先王之志，聖人議而不辯。故分也者，有不分也；辯也者，有不辯也。曰：何也？聖人懷之，眾人辯之以相示也。故曰辯也者有不見也。」〔註36〕自道未始有封、言未始有常說起，待有畛域出現，遂有辨同分異之別，表現在聖人存而不論—論而不議—議而不辯的言語的逐步顯露，不若最初「未始有封」、「未始有常」的形態；就帝王的治理形態而言，《莊子‧天運》曰：「黃帝之治天下，使民心一，民有親死不哭而民不非也。堯之治天下，使民心親，民有爲其親殺其殺而民不非也。舜之治天下，使民心競，民孕婦十月而生子，子生五月而能言，不至乎孩而始誰，則人始有夭矣。禹之治天下，使民心變，人有心而兵有順，殺盜非殺，人自爲種而天下耳，是以天下大駭，儒墨皆起。」〔註37〕由黃帝—堯—舜—禹治理天下的情狀，逐層表達出「道之淪降」的見解，形成後世的歷史衰退說。

邵雍在歷史循環論與歷史衰退說的觀點籠罩下，從宇宙時間運程中析出皇帝王伯的歷史觀，加以考察與辨異，其說：

> 善化天下者，止於盡道而已。善教天下者，止於盡德而已。善勸天下者，止於盡功而已。善率天下者，止於盡力而已。以道、德、功、力爲化者，乃謂之皇矣。以道、德、功、力爲教者，乃謂之帝矣。以道、德、功、力爲勸者，乃謂之王矣。以道、德、功、力爲率者，乃謂之伯矣。〔註38〕

雖然三代莫同風，當初管晏權輕重，父子君臣尚且宗。」語見【北宋】邵雍，《伊川擊壤集》，卷十三，頁96～97。

〔註35〕參見朱謙之釋、任繼愈譯，《老子釋譯》，〈老子德經三十八章〉，152。

〔註36〕語見【清】郭慶藩撰、王孝魚點校，《莊子集釋》，卷一下，〈齊物論第二〉，頁83。

〔註37〕語見【清】郭慶藩撰、王孝魚點校，《莊子集釋》，卷五下，〈天運第十四〉，頁527。

〔註38〕語見【北宋】邵雍，《皇極經世書》，卷五，頁14。

又言：

> 三皇同意而異化，五帝同言而異教，三王同象而異勸，五伯同數而異率。〔註39〕

> 三皇同仁而異化，五帝同禮而異教，三王同義而異勸，五伯同智而異率。〔註40〕

> 三皇同性而異化，五帝同情而異教，三王同形而異勸，五伯同體而異率。〔註41〕

> 三皇同聖而異化，五帝同賢而異教，三王同才而異勸，五伯同術而異率。〔註42〕

透過在上位者盡道、盡德、盡功與盡力的統理方針的不同，劃分出「以道化民」、「以德教民」、「以功勸民」與「以力率民」的四種政治型態，其所代表的時期各爲「三皇」、「五帝」、「三王」與「五伯」。三皇時代的統理者「以道化民」，以不固爲、不固有的方式，讓人民自然而爲，具有《老子・五十七章》：「我無爲，人自化；我好靜，人自正；我無事，人自富；我無欲，人自樸」〔註43〕的政治化境；五帝時代的統理者「以德教民」，讓天下人持有先人後己的辭讓胸懷，而不以己利爲優先，於是乎，這時代出現了禪讓政治，即「以天下授人而不爲，輕若素無之也，受人之天下而不爲，重若素有之也」〔註44〕而謂；至三王時代，統理者「以功勸民」，以政治上的正與不正作爲利民與害民的規準，凡對人民有利的，都應崇效；於民有害的，都該推翻，因而產生順天應人的革命以確保政權統治的合理性；到五伯時代，統理者「以力率民」，借周天子的名義行爭利之實，導致弱肉強食與大爭小爭不斷的局面，是以由上到下爭相競逐，邵雍曾對之評論到：「五伯者，借虛名以爭實利者也，帝不足則王，王不足則伯，伯又不足則夷狄矣，若然，則五伯不謂無功於國中，語其正則未也，過戎翟則遠矣。〔註45〕顯盡五伯的貪得無饜與治道的每況愈下。此外，邵雍也以意、言、象、數；仁、禮、義、智；性、

〔註39〕同上，頁10。

〔註40〕同上，頁10～11。

〔註41〕語見【北宋】邵雍，《皇極經世書》，頁11。

〔註42〕同上，頁12。

〔註43〕參見朱謙之釋、任繼愈譯，《老子釋譯》，〈老子德經五十七章〉，頁232。

〔註44〕語見【北宋】邵雍，《皇極經世書》，卷五，頁11。

〔註45〕同上，頁12。

情、形、體；聖、賢、才、術等四組概念比況「三皇」、「五帝」、「三王」、「五伯」的政治型態，分別呈現出其「化」、「教」、「勸」、「率」統治精神的差異。

邵雍的論述，反映了其將天地萬物、歷史時間與政治人事視爲不可分割的整體，彼此的關係乃相因相陳、相感相應，係邵雍觀物思想的成果，誠如其於〈觀物外篇〉所言：「天有四時，地有四方，人有四支，是以指節可以觀天，掌文可以察地。天地之理具乎指掌矣，可不貴之哉！」〔註46〕亦特出了人在天地萬物中的靈秀；而邵雍對皇帝王伯的歷史鋪陳，則突出了聖人與道的優位性。

藉由對邵雍觀物思想中先天易圖、易數的經世演繹說、天地體用說、元會運世說與皇帝王伯說的討論，可以發現到其思結合形上之理與形下之圖象及數概念，目的在於將其先天易學思想作經世演用，以抉發出先天易之道、易之理的所在，因之，邵雍的觀物思想是入徑的精髓。

〔註46〕語見【北宋】邵雍，《皇極經世書》，卷八下，頁6～7。

第四章　邵雍反觀思想的探究

　　周遍萬有、包羅萬象的觀物思想，是邵雍自體其存在，欲於多而紛繁、熙熙攘攘的宇宙天地間，掘出其本具的共理。在「觀」的前理解之覆蓋下，邵雍由《易》入思，發揮「觀」的創意與繆思，企圖揭開宇宙天地的發生、萬事萬物的生化以及政治人事演變的理則，既有形上學的關懷，亦有認識論的建構，透過先天易圖與易數的演用而作出相應的理解；然而，邵雍也注意到在宇宙天地之間能夠上通天文、下曉地理、中盡物事與人情的，唯有靈於萬物、爲人之至者的聖人，由於其能「以一心觀萬心，一身觀萬身，一世觀萬世」而謂，因而，邵雍在「觀物」的視域內，順勢提出聖人的「反觀」，以作爲其理想人格的在世實踐，係回扣至欲窮盡先天易之道、易之理的理念。

　　反觀思想由「以物觀物」爲發端，心性之說爲橋樑，兼及心與太極的類比與究義，藉以發明「窮理盡性以至於命」的微言精義，可謂爲邵雍從先天之學、觀物思想所發展而出的心性論與修養論。其胸懷可比配孟子。孟子在人禽之辨的要求下，導引出性善的心性論，並以之延伸出義利之辨與王霸之辨的學說，而後以養氣的修養功夫爲臻於成德境界的途徑，就此串聯成一套盡心知性以知天的思想，無怪乎〈觀物外篇〉曾載錄邵雍之語曰：「知《易》者，不必引用講解，是爲知《易》。孟子之言，未嘗及《易》，其間《易》道存焉，但人見之者鮮耳。人能用《易》，是爲知《易》，如孟子可謂善用《易》者也。」所謂的「善用《易》」，當直指孟子透過心性修養而溝通天人的思維理路，或許邵雍在推出其理論的本初，便欲顯此氣度，因之，其發現到能會通宇宙天地、人事物象與歷史時間的樞紐就在於聖人的「反觀」，如此，其理論方有踐履的空間。

　　本章將探究邵雍的反觀思想，沿著其對「觀物」、「觀」概念的詮釋脈絡溯行，擬先析論觀與反概念的意涵，及其與邵雍先天易學的聯繫，由於邵雍思想以先天易學為基調。而後立足於人的立場上，檢討反與反觀如何可能。「窮理盡性以至於命」的最終目的為指向天人關係的上下貫通，亦即對「觀物」、對人、對聖人、對心性的討論仍得回扣住先天易之道、易之理的闡揚，是以，針對反觀與心在邵雍學說中的含義、及彼此的關係作探討，實屬必須，以體現其反觀思想。

第一節　觀與反

　　「觀」作為洞悉萬事萬物之情實的媒介，早在《易》經傳裡便已開其端，然其「觀」帶著意識與認知，以便依憑適當的物象，隨時而動；在儒家的典籍中，則有《論語》裡孔子藉由深觀天地萬物的變化流行而體道的「觀」，雖則具有洞見天命與人之間似即若離的關係，其「觀」卻並非孔子學說的焦點所在；至於道家思想中的「觀」，乃深切發明其修養主體—心的虛靈鑑照，以映顯出宇宙天地與萬事萬物的各自存在，而其同體互攝的道理便在其中，不過，卻流於「蔽於天而不知人」﹝註1﹞的景況，亦即過於強調宇宙天地萬物的真實，而無視於人本身的價值實踐，於是乎，如何在提挈宇宙萬物之中的道理與實現人的價值之間取得「觀」的協調與共識，成了邵雍思想的關切處。

　　唐君毅先生在《中國哲學原論　導論篇》中指出：「吾人如謂周子之教在立誠，橫渠之教在窮神知化，則邵子之學在觀象、觀數、觀物。」﹝註2﹞一語道破邵雍思想別異於周敦頤與張載學說的精華所在，而「觀象」、「觀數」、「觀物」三者統而言之可名為「觀物」，即邵雍由物理之學的視角啟程，將存在於宇宙天地之間的萬事萬物等量齊觀，皆視為「物」來做象、數、理的推演與深究，進而發現天地萬物四四相因的感應結構，以及「人」在天地萬物中的特殊位置，其謂：

　　　　日月星辰者，變乎暑寒畫夜者也；水火土石者，化乎雨風露雷者也；

﹝註1﹞　語見【唐】楊倞注、【清】王先謙集解，《荀子集解》，卷十五，〈解蔽篇第二十一〉，頁262。

﹝註2﹞　參見唐君毅先生，《中國哲學原論　導論篇》，〈原太極上：朱陸太極之辯與北宋理學中太極理氣思想之發展〉，頁440。此書收錄於唐君毅先生，《唐君毅全集》，卷十二。

暑寒晝夜者，變乎性情形體者也；雨風露雷者，化乎走飛草木者也。
暑變飛走草木之性，寒變飛走草木之情，晝變飛走草木之形，夜變
飛走草木之體；雨化性情形體之走，風化性情形體之飛，露化性情
形體之草，雷化性情形體之木。性情形體者，本乎天者也；走飛草
木者，本乎地者也。本乎天者，分陰分陽之謂也；本乎地者，分柔
天地萬物之謂也。備天地萬物者，人之謂也。〔註3〕

邵雍試圖析理出天地萬物之所由出，透過「四象」相感互應的結構，展示宇
宙天地的內涵，而「人」在其中卻是備天地萬物而存在，基於其「暑寒晝夜
無不變，雨風露雷無不化，性情形體無不感，飛走草木無不應，所以目善萬
物之色，耳善萬物之聲，鼻善萬物之氣，口善萬物之味」，由是靈秀於萬物之
上，邵雍於詩作

〈觀物吟〉裡抒詠到：

一氣才分，兩儀巳備。圓者爲天，方者爲地。變化生成，動植類起。
人在其間，最靈最貴。〔註4〕

將宇宙初化、天地萬物生成的秩序，以四言體的形式簡捷表出，其中，人置
於最末，說明其爲宇宙天地萬物發展的極致，亦表露人是宇宙天地間最靈最
貴的存在。然而，邵雍又更深一層地追問：在億兆人之中是否有人之至者？
能「觀之以理」地「觀物」，甚且「以物觀物」地「反觀」，而不僅止於開啓
感官感受的通孔與心智辨識的運作？如此其「觀物」與「反觀」的理論才有
個落腳處，而「聖人」的提出便回應了上述的發問，亦讓邵雍從物理之學的
探索走向性命之學的窮究，注意到人應如何將存在於天地萬物之中的道理體
察而出。那麼聖人應該如何啓動其「觀」的機制呢？擬引相關篇章於其下：

然則人亦物也，聖人亦人也，有一物之物，有十物之物，有百物之
物，有千物之物，有萬物之物，有億物之物，有兆物之物，爲兆物
之物，豈非人乎？有一人之人，有十人之人，有百人之人，有千人
之人，有萬人之人，有億人之人，有兆人之人，爲兆人之人，豈非
聖乎？〔註5〕

是知人也者，物之至者也；聖也者，人之至者也，物之至者，始得

〔註3〕 語見【北宋】邵雍，《皇極經世書》，卷六，頁19～20。
〔註4〕 語見【北宋】邵雍，《伊川擊壤集》，卷十六，頁122。
〔註5〕 語見【北宋】邵雍，《皇極經世書》，卷五，頁5。

謂之物之物也；人之至者，始得謂之人之人也。夫物之物者，至物
之謂也；人之人者，至人之謂也，以一至物而當一至人，則非聖人
而何？人謂之不聖，則吾不信也。何哉？謂其能以一心觀萬心，一
身觀萬身，一物觀萬物，一世觀萬世者焉。〔註6〕

是知道爲天地之本，天地爲萬物之本。以天地觀萬物，則萬物爲萬
物；以道觀天地，則天地亦爲萬物。道之道盡之于天矣，天之道盡
之于地矣，天地之道盡之于物矣，天地萬物之道盡之于人矣。〔註7〕

夫古今者，在天地之間猶旦暮也。以今觀今，則謂之今矣；以後觀
今，則今亦謂之古矣。以今觀古，則謂之古矣；以古自觀，則古亦
謂之今矣。是知古亦未必爲古，今亦未必爲今，皆自我而觀之也。

安知千古之前，萬古之後，其人不自我而觀之也？〔註8〕

邵雍藉由一、十、百、千、萬、億、兆的演繹，推論出在億兆萬物之中，人
是物之至者；在億兆萬人之中，聖人是人之至者，彰顯聖人在宇宙天地間的
角色。聖人既爲人之至者，是以能立於萬心、萬身、萬事之上而觀，能如此
斷定的原因在於聖人能秉持《易傳》中「窮理盡性以至於命」的精神而「觀
之以理」，譬如：就天地之道觀萬物之性，則萬物爲物；就道之道觀天地之性，
則天地亦爲萬物；又：以今日觀今日，則今日是爲今日；而以來日觀今日，
則今日便爲舊日了；若以古代自身而觀，則古代也可以說是當下等，係泯除
了感官與心的知覺的干擾，而盡可能地隨順萬事萬物之性以觀，實帶著《老》、
《莊》中「觀」的觀照的意涵，亦包羅了《易傳》裡古者、聖人「觀物取象」
的智慧，然更爲重要的是，邵雍藉由對「觀物」的思考而做的「上盡天時，
下盡地理，中盡物情，通照人事」〔註9〕的鋪陳與安排，其突顯了人的創造性，
尤其肯定其所以爲的理想人格—聖人能以其繆思來兼備萬物，基於其「能一
萬物之情」，此之謂「反觀」，此於〈觀物內篇〉揭明：

夫鑑之所以能爲明者，謂其不隱萬物之形也；雖然鑑之能不隱萬物
之形，未若水之能一萬物之形也；雖然水之能一萬物之形，又未若
聖人能一萬物之情也，聖人之所以能一萬物之情者，謂其能反觀也。

〔註6〕同上，頁5。
〔註7〕同上，卷五，頁7。
〔註8〕同上，頁14。
〔註9〕語見【北宋】邵雍，《皇極經世書》，卷五，頁5～6。

　　所以謂之反觀者，不以我觀物也。不以我觀物者，以物觀物之謂也。
　　既能以物觀物，又安有於其間哉！

鏡子與水同樣能照見萬物的本貌，然而鏡子畢竟是個物，且出自於工匠之手，以之照物時，難免有物形上的毫釐之差，不若水的自然；但水卻易隨著自然風候的起伏而有變化，所照之物自然不能盡其物性，而唯有聖人，其能反觀，「以物觀物」，不藏私情私意於其中，亦不隨外物外境而變遷，反而能照見萬物的情實，此觀點較《老》、《莊》中的「觀」升進一步，如同邵雍於〈觀物吟〉一詩中賦誦：「畫工狀物，經月經年；軒鑑照物，立寫于前。鑑之為明，猶或未精；工出人手，平與不平。天下之平，末若於水；只能照表，不能照裏。表裏洞照，其唯聖人。察言觀行，罔或不眞；盡己之性，去己之情。」〔註10〕其「盡己之性，去己之情」二句透露了「反觀」修養工夫的內容，不僅收攝老莊思想裡「觀」主體修養的意義，亦隱含〈觀〉卦中「觀」義的自省意味與儒家思想中價值實踐的意涵，有其值得討論的地方。
　　實則，此想法早在先秦時代便有端倪，諸如《莊子》所謂「聖人者，原天地之美而達萬物之理」、《易‧繫辭傳》所言「聖人有以見天下之賾，而擬諸其形容，象其物宜，是故謂之象。聖人有以見天下之動，而觀其會通，以行其典禮，繫辭焉以斷其吉凶，是故謂之爻」〔註11〕等，將聖人看成觀道體道者，而道就遍在於天地萬物之中，邵雍便沿著此觀道體道的進路，以探尋先天易之道、易之理為企求，帶出「觀物」的體道路逕與「反觀」的實踐方式，「聖人」正為執行的主體。鄭雪花先生曾於〈試析邵雍「以物觀物」的詩歌理念〉一文中說到：「筆者認為邵雍的『觀物』必須聯繫著『聖人』的觀念來理解，見道體道之人（聖人）的『以物觀物』並非如何認識世界萬物的問題，而是如何開顯萬物存有的問題，在此問題上，邵雍會通儒道而成一家之言。」〔註12〕言明「觀物」之所以必須連繫著「聖人」來理解，原因在於「聖人」是見道體道的人，而聖人「以物觀物」的思考其來有自，且焦點置於如何開顯萬物，換言之，邵雍由研習儒道學說的過程而撞出思想的火花，在思忖如何揭示先天易之道、易之理的同時，亦考量到如何讓先天易之道、易之理如實呈現，因而在「觀物」的規模下，邵雍提出「眞知」，為聖人於「窮理

〔註10〕語見【北宋】邵雍，《伊川擊壤集》，卷十七，頁124。原詩之末尚有「有德之人，而必有言；能言之人，未必能行」四句。
〔註11〕語見【魏】王弼注、【唐】孔穎達疏，《周易正義》，卷七，〈繫辭上〉，頁69。
〔註12〕參見鄭雪花先生，〈試析邵雍「以物觀物」的詩歌理念〉，頁29。

盡性以至於命」之後所得的「知」，並以此牽合「反觀」的思想。邵雍說：

> 天下之物，莫不有理焉，莫不有性焉，莫不有命焉。所以謂之理者，
> 窮之而後可知也。所以謂之性者，盡之而後可知也。所以謂之命者，
> 至之而後可知也。此三者，天下之真知也。雖聖人無以過之，而過
> 之者，非所以謂之聖人也。〔註13〕

經過「觀之以目」、「觀之以心」、「觀之以理」的辨析，邵雍發現以理觀物才是觀物的正道，並由此洞悉出天下之物各有其理、其性與其命，唯有窮之、盡之與至之方能體貼，而其正為邵雍所謂的「真知」，可從聖人「以物觀物」的觀物路徑中彰顯，至於如何「以物觀物」呢？則有「反觀」思想的闡幽，是以「真知」為聖人賴以進行反觀的機緣。

邵雍在逆求宇宙萬物背後的道理與順觀天地萬物的變化與流行之後，找到聖人的「反觀」，以為其實行的途徑，然從「觀物」的思考過渡到「反觀」的抉微，其間有個關鍵的字眼—「反」，其義為何將影響到對「反觀」思想的理解，加以邵雍的思想由《易》入思，且受到儒道學說的影響甚大；因之，在探討邵雍「反觀」思想中的「反」概念之前，仍須針對其於先秦時代儒道思想典籍中的意蘊作一梳理。

「反」作為哲學思想上的概念，可溯源至《易經》，其本著天、地、人三才之道的關懷與卦象所透顯出的信息，以「反」來解釋〈復〉卦，使「反」具有形上的意涵，而《易傳》的詮解則導引至人生價值方面。以後老子循道而進，充擴「反」概念的內涵，將之覆蓋於對道的理解及其施用在政治人事的範圍之下；稍後的孟子，則立基於儒家的君子、道德倫理的觀點上，賦予「反」概念自省的意義；由是，「反」概念在先秦時代儒道思想的激盪中，既有宇宙運行、天道變化的認識，亦有人身修養的價值，實與「觀」概念的發展殊途而同歸。

一、反復其道

〈復〉卦卦辭曰：「亨。出入无疾。朋來无咎；反復其道，七日來復。利有攸往。」〔註14〕根據〈復〉卦卦象與卦體的配置，可推究出其卦辭所欲表現的象徵意涵。〈復〉卦卦象為震下坤上，表露震雷在地殼之中微幅震動，準

〔註13〕語見【北宋】邵雍，《皇極經世書》，卷六，頁26。
〔註14〕語見【魏】王弼注、【唐】孔穎達疏，《周易正義》，卷三，〈復卦〉，卦辭，頁30。

備釋放能量，對應至其一陽初萌，五陰來附的卦體結構，可知一陽初動，將往外擴展使五陰發生變化；然一陽並非憑空萌動，由於前一卦〈剝〉卦羣陰剝陽〔註15〕至極盛，使路走到盡頭；於是，在陽剝盡之後一陽復始，乃立足於《易經》本身所預設的否極泰來、周流不息的精神。在《易‧序卦傳》中亦有相似的解讀，其謂：「物不可以終盡，〈剝〉窮上反下，故受之以〈復〉。」〔註16〕直接以「反」來說明〈剝〉卦之後，隨之來的便是〈復〉卦，亦隱然呈現出〈復〉卦的卦體結構；而《易‧雜卦傳》同樣用「反」來解釋〈復〉卦，其曰：「〈復〉反也。」〔註17〕近人徐志銳先生曾爲之作注：「復（☷☳），爲反復，剝落的一剛又返歸回來，重新與五柔結成了一個統一體，這意味著事物的新生有發展前途。」〔註18〕〈復〉卦所顯示出「反復」的象徵意涵至此明朗，其一陽不論是外長或內生，對五陰的發展皆無咎害，而一陽來復如同友朋前來，預示其後將亨通無礙，對照至天地運行的情況，亦復如是，透過陰陽反復消息的運動，讓萬事萬物的生化更爲亨暢，由是，〈復〉卦的象辭進一步說到：「復，其見天地之心乎？」〔註19〕乃從〈復〉卦一陽反復的結構，體貼出天地生物的用心，在反與復互訓的理解下，「反」具有「反復其道」的形上含義。

「反復其道」的「道」係指陰陽消息、天地運行之道，而將道落實於人間，則〈復〉卦「反復」的象徵意涵可應用至人的修爲上。《易‧繫辭傳》站在古者聖賢作《易》的角度，延伸〈復〉卦的意義：

　　　〈復〉，德之本也。〔註20〕

　　　〈復〉，小而辨於物。〔註21〕

　　　〈復〉以自知。〔註22〕

〔註15〕語見【漢】李鼎祚，《周易集解》，卷第六，〈周易上經〉，頁1。其引何妥之語曰：「復者，歸本之名。羣陰剝陽，至於幾盡；一陽來下，故稱反復。陽氣復返，而得交通，故云：『復，亨也。』」

〔註16〕語見【魏】王弼注、【唐】孔穎達疏，《周易正義》，卷九，〈序卦〉，頁85。

〔註17〕同上，〈雜卦〉，頁85。

〔註18〕參見徐志銳先生，《周易大傳新注》（下），頁696。

〔註19〕語見【魏】王弼注、【唐】孔穎達疏，《周易正義》，卷三，〈復卦〉，象辭，頁30。

〔註20〕語見【魏】王弼注、【唐】孔穎達疏，《周易正義》，卷八，〈繫辭下〉，頁78。

〔註21〕同上，頁79。

〔註22〕同上。

在第一則文字中，說明〈復〉卦是修道進德的根本，唯有人反歸於正道方能臻致。第二則隱含細觀微察的意義，唐人孔穎達於《周易正義》疏曰：「言〈復〉卦於初細微小之時，即能辨於物之吉凶，不遠速復也。」〔註 23〕昭示〈復〉卦有睹微知著、見不善則速復的意涵，實再進一層地講解人如何反歸於正道；雖則，清人王引之有不同的詮解，其說：「小，謂一身也。對天下國家言之，則身爲小矣。辨，讀曰徧，古字辨與徧通。」〔註 24〕亦即反歸於己身而修道進德，再由己身推擴，遍及於天下國家、萬事萬物；其門徑不同，其目的卻都指向使人反歸於正道。而第三則直截地道出〈復〉卦的含義在自知，元人俞琰嘗謂：「〈復〉以自知者，反求諸己而內自省也。」〔註 25〕將「反復」的象徵意涵引申至「反求諸己而自省」的修養意義上。

二、「道」之反

老子思想中的「反」，扣緊「道」的本體與發用而開展。就《老子》文本來看，其所發展出來的「反」的意涵具有與〈復〉卦相類的「反復」義、「反者，道之動」的循環變動義，以及「正言若反」的言相反而理相成義。

（一）反復義

〈復〉卦「反復」的意涵可以反歸、復歸爲表徵，老子與之不謀而合，提出「復」的概念，以發揮「反復」的意義；不過，此意義的標舉乃爲闡明其所謂道的內容而來，其說：

> 有物混成，先天地生。寂漠！獨立不改，周行不殆，可以爲天下母。
> 吾不知其名，字之曰道，吾強爲之名曰大，大曰逝，逝曰遠，遠曰
> 返。〔註26〕致虛極，守靜篤。萬物並作，吾以觀其復。夫物云云，
> 各歸其根。歸根曰靜，靜曰復命，復命曰常，知常曰明。〔註27〕

〔註23〕 語見【唐】孔穎達，《周易正義》，卷第八。其收錄於【清】阮元校勘，《十三經注疏》周易、尚書（一），頁 173。

〔註24〕 語見【清】王引之，《經義述聞》，弟二，周易下五十二條，頁 60。

〔註25〕 語見【元】俞琰，《俞氏易集說》（上），頁 502。

〔註26〕 此處的原文據朱謙之先生考釋，應爲「有物混成，先天地生。寂漠！獨立不改，周行不殆，可以爲天下母。吾不知其名，字之曰道，吾強爲之名曰□，□□逝，逝曰遠，遠曰返。」由於碑本在「吾強爲之名曰」等字之下有「大」字，在「逝」之先有「大曰」二字，然皆漫漶不明，因此，朱謙之先生建議「當據他本補之」。可參見朱謙之先生釋、任繼愈先生譯，《老子釋譯》，〈老子道經二十五章〉，頁 100～102。

〔註27〕 同上，〈老子道經十六章〉，頁 65～66。

> 知其雄，守其雌，爲天下蹊。爲天下蹊，常德不離，復歸於嬰兒。
> 知其白，守其黑，爲天下式。常得不忒，復歸於无極。知其榮，守
> 其辱，爲天下谷。爲天下谷，常得乃足，復歸於朴。朴散爲器，聖
> 人用爲官長，是以大制无割。〔註28〕

由於道無常名，亦無常形，莫可名諱且難以描述，因而老子藉由觀道而體
道的進路，試圖以描述語言、心的修養工夫來呈現道的內容。在《老子・
二十五章》裡，老子用道作爲其前述「有物混成，先天地生」等描述語言
的總括之名，然此名不能盡現道的所有內容，於是，老子又以大、逝、遠、
返來說明，描繪出道本身的運動情狀，乃有往有返、有行遠有還歸，顯其
周流不止的特質，其返與反相通，均指還歸、反復之意。既然反與復互訓，
老子亦以復來表現道的內容。於《老子・十六章》中，老子提出心的修養
工夫—「致虛極，守靜篤」，以爲觀道的方法，魏人王弼曾注曰：「以虛靜
觀其反復」〔註29〕，正爲此謂，其後「歸根」、「靜」、「復命」、「常」、「明」
等語爲擴寫如何「觀其復」而說。至於《老子・二十八章》則以「復歸於
嬰兒」、「復歸於無極」、「復歸於朴」言明「長德不離」、「常得不忒」、「常
德乃足」之方，亦即反歸於「嬰兒」、「無極」與「朴」的狀態，聖人以此
爲治世之道，將「大制無割」，一如魏人王弼所謂：「以天下之心爲心，故
無割也」，因著聖人能充分掌握道的內容，發揮其不桎梏、往而反復的精神，
讓萬事萬物回歸其自身，施展其才能，爲反復義的殊勝表現。

（二）循環變動義

《老子・四十章》曰：「反者道之動，弱者道之用。天下万物生於有，有
生於無。」〔註30〕開宗明義地就「道之動」來說「反」，使「反」具有變動的
意味，係依據道本身的運動變化而言。學者勞思光先生嘗對之解說：『『動』
即『運行』，『反』則包含循環交變之義。『反』即『道』之內容。就循環交變
之義而言『反』以狀『道』，故老子在《道德經》中再三說明『相反相成』與
『每一事物或性質皆可變至其反面』之理。」〔註31〕其提挈出「反」即是道
的內容，實將反復義擴充爲循環變動的意涵，直接以「反」訓道的內容，而

〔註28〕同上，〈老子道經二十八章〉，頁112～114。
〔註29〕語見【魏】王弼注、【明】孫鑛評，《老子道德真經》，卷之一，上篇〈歸根第
　　　十六〉，頁35。
〔註30〕參見朱謙之先生釋、任繼愈先生譯，《老子釋譯》，〈老子德經四十章〉，頁165。
〔註31〕參見勞思光先生，《新編中國哲學史（一）》，〈道家學說〉，頁228。

非僅是道的內容的一部份，如此一來，關於勞思光先生於《老子》一書中所發現到的「相反相成」與「每一事物或性質皆可變至其反面」的「反」的道理，有其著理的根據。

（三）言相反而理相成義

老子常在書中臚列其於人間世的紛繁現象中所發現到的對反概念，來表達「道」運動變化的法則，諸如「曲則全，枉則正；窪則盈，弊則新」（《老子‧二十二章》）、「夫物或行或隨，或噓或吹，或強或羸，或接或隳」（《老子‧二十九章》）、「故物或損之而益，或益之而損」（《老子‧四十二章》）等，利用相反的言說展現道理，使言相反而理相成，此意於《老子‧七十八章》明確揭露：「天下柔弱莫過於水，而攻堅；強莫之能先。其无以易之。故弱勝強，柔勝剛，天下莫能知，莫能行。故聖人云：『受國之垢，是爲社稷主；受國不祥，是爲天下王。』正言若反。」老子以柔、弱、垢、不祥等被世人視爲不好的價值用語闡微「正言若反」的要義，清人高延第於《老子證義》書內說到：「此語並發明上下篇玄言之旨。凡篇中所謂『曲則全，枉則直，窪則盈，敝則新』，『柔弱勝強堅』，不益生則久生，無爲則有爲，不爭莫與爭，『知不言，言不知』，損而益，益而損，言相反而理相成，皆正言也。」〔註32〕意即老子使用反語的目的在於說明宇宙天地間萬事萬物的發展有其循環往復的特性，言雖相反而理卻相成，因之，《老子》書中正反語言的關係相即而相成。

三、反求諸己

〈復〉卦經過《易‧繫辭傳》中思想的洗禮，而有反求諸己以自省的意涵，孟子隨之發揚，將之納入性善說的體系中，冀使人能反求其身、復歸其性，作爲心性修養的起始，亦爲待人接物的先備之方。茲引數條爲例：

> 愛人不親反其仁，治人不治反其智，禮人不答反其敬，行有不得者，皆反求諸己，其身正而天下歸之。《詩》云：「永言配命，自求多福。」〔註33〕

> 君子所以異於人者，以其存心也。君子以仁存心，以禮存心。仁者愛人，有禮者敬人；愛人者人恆愛之，敬人者人恆敬之。有人於此，

〔註32〕語見【清】高延第，《老子證義》，此轉引自朱謙之先生釋、任繼愈先生譯，《老子釋譯》，〈老子德經七十八章〉，頁303。

〔註33〕語見【清】焦循，《孟子正義》，卷十五，〈離婁上〉，頁492～493。

其待我以橫逆，則君子必自反也：我必不仁也，必無禮也，此物奚
宜至哉？其自反而仁矣，自反而有禮矣，其橫逆由是也，君子必自
反也：我必不忠。自反而忠矣，其橫逆由是也，君子曰：此亦妄人
也已矣！如此則與禽獸奚擇哉？於禽獸又何難焉？是故君子有終身
之憂，無一朝之患也。〔註34〕

萬物皆備於我矣，反身而誠，樂莫大焉。強恕而行，求仁莫近焉。
〔註35〕

堯舜，性者也。湯武，反之也。〔註36〕

由上可知，有關「反」反求諸己的意涵泰半集中在《孟子》一書中的〈離婁〉
與〈盡心〉二篇，且抓住心性的修養而發。第一條明言使其身正的關鍵在「反
求諸己」，此可透過行為的涵養而踐履，其內容包括「反其仁」、「反其智」
與「反其禮」，在上位者如能切實做到，則天下歸服；第二條以君子所以異
於人的討論做引子，帶出「君子必自反」的修為，其反映在君子的「存心」
上，由於其有終身之憂而無一朝之患，因而時時刻刻自反其身，見不善便自
省，孟子以其為君子之所以異於人的所在；於第三條中，孟子將對萬事萬物
之道的體貼寄寓於人自身，由於人能反求其身，領會萬事萬物之情實，而萬
事萬物之道便於此展現；在第四條裡，堯舜與湯武的對舉，揭示「性者」與
「反之」的含義，亦反顯其作為的不一，宋人朱熹嘗注曰：「性者，得全於
天，無所汙壞，不假修為，聖之至也。反之者，修為以復其性，而至於聖人
也。」〔註37〕基於堯舜之時有禪讓政治，而湯武時代卻以革命更朝，然亦建
立起天下治的局面，由此推說堯舜與湯武成性的不同，「反」於此處具有復
歸其性以反求諸己的意涵。

　　「反」在《易》經傳中的意涵有形上的「反復」義與落實至人身修養上
的自省義，前者由老子引而伸之，並發展出循環變動與相反相成的意涵，然
皆對著道的內容而談；後者則有孟子的接承，以此說明心性修養工夫的可能，
不僅拈出「萬物皆備於我矣，反身而誠，樂莫大焉」的意蘊，且更深一層地
提示反求諸己的途徑，亦即復歸其性。顯然其「反」概念的意涵，與聖人觀

〔註34〕同上，卷十七，〈離婁下〉，頁595～596。
〔註35〕同上，卷二十六，〈盡心上〉，頁882～883。
〔註36〕同上，卷二十九，〈盡心下〉1012。
〔註37〕語見【南宋】朱熹，《四書章句集註》，頁373。

道體道有關，不論是通過對道的運行、內容的觀照，體察出萬事萬物存在的道理；還是經由古聖先賢的作爲反推出人應行的方向。其皆與邵雍「觀物」、「觀」的思維有著異曲同工之妙，而邵雍繼之提出的「反觀」，便有了思想上的聯繫。

第二節　反與先天之思

　　邵雍以「觀」作爲認識世界、推求存在於宇宙萬事萬物之中的先天易之道、易之理與開展世界的方法，因而既有認識論的意義，也有追尋形上之理的內涵，「反」義的提出，乃昭示其從自然哲學的討論反歸至人生哲學的探尋。由《易》經傳、《老子》、《孟子》裡對「反」概念的發揮可知，「反」在反復、循環變動、反求諸己等意涵逐步積澱的過程中，寓有思想家透過聖人觀道體道的路徑而逆知、反推的觀點，然此逆知、反推的思想於這時期仍隱而未顯，至邵雍忖出「先天之學」與「反觀」的理論後，方發展充實。

　　唐君毅先生曾於〈邵康節之易學與心學〉一文裡提到：

> 康節喜言其「先天之學，心也。」（卷七下）然必先觀乎天地，乃知
> 有此能觀之心；而觀乎天地，則須先經此以易卦、易理，囊括天地
> 萬物之一思路。

其意謂著須先理解此以易卦、易理囊括天地萬物的先天思維，方能觀乎天地而知此能觀之心；易言之，不明由邵雍所逆推出的「先天之學」，則無以知曉其在觀乎天地背後的能觀之心，而此能觀之心正是邵雍反觀思想的精微所在。所謂「天向一中分造化，人於心上起經綸」〔註38〕，「一中」與「心」的對觀，透露了邵雍觀物的體會，然其卻源自於對先天易圖的領略，「圖皆自中起」一語即爲明證；因此，在探究邵雍反觀思想的要義之前，猶須針對邵雍「先天之學」的內涵及其所反推出的先天易之道、易之理作一疏理與解詁。

　　邵雍「先天之學」的框架，建立在先天易圖與易數的敷演上，而後逐層上達至「窮理盡性以至於命」的思想制高點。其於設計之初便預設了自然理數的存在，依憑邵雍的詮釋，此自然理數由宇宙自然之理的流行所反映，即其在變化之中蘊含理序，在推演之中顯現物理，而邵雍以「內象內數」名之，

〔註38〕語見【北宋】邵雍，《伊川擊壤集》，卷十五，〈觀易吟〉，頁108。其原詩爲：
　　　　「一物其來有一身，一身還有一乾坤。能知萬物備於我，肯把三才別立根。
　　　　天向一中分造化，人於心上起經綸。天人焉有兩般義，道不虛行只在人。」

其謂：

> 易有內象，理數是也；有外象，指定一物而不變者是也。〔註39〕

> 自然而然不得而更者，內象內數也，他皆外象外數也。〔註40〕

邵雍用內、外區別出先天與後天的涵義。第一則就取象比類之前、之後而說，所謂的內象係指觀物取象之前業已存在的理數，有其定理定數、不得而更者；外象則就比類一物、擬諸其形容而行諸於文字而發；第二則乃明白地標顯出內象內數的真義，即「自然而然不得而更者」，不僅與先天之思連接起來，亦提出內象內數的優位性，邵雍的「先天之學」便以內象內數為理核，藉由先天易圖與易數來發揮。

根據高懷民先生對邵雍「先天之學」中的基本圖象所做的分類，大致有三種：「(一) 八卦及六十四卦次序圖，簡稱橫圖。(二) 八卦及六十四卦方位圖，簡稱圓圖。(三) 六十四卦之方形排列，簡稱方圖。」〔註41〕按照明末黃宗羲在《宋元學案》裡的歸類，上述三種基本圖象可稱為「先天卦位圖」，皆秉宇宙自然理則而展開；至於對圖象的名稱與形式的界定，其則取朱熹與黃宗羲的說法。此外，各圖皆有其所對應的先天易數，可引為討論的軌範。

一、「橫圖」與先天卦位之數

邵雍的「橫圖」，關乎易卦的發展次序，透過〈繫辭傳〉中「易有太極，是生兩儀，兩儀生四象，四象生八卦」的生成理序，體悟其內俱的理數及陰陽相交的變化結果，從而描繪出八卦次序圖與六十四卦次序圖，非刻意安排，乃物象自然而然的發展結果。其謂：

> 陰陽生而分兩儀，二儀交而生四象，四象交而生八卦，八卦交而生萬物，故二儀生天地之類，四象定天地之體；四象生日月之類，八卦定日月之體；八卦生萬物之類，重卦定萬物之體。類者，生之序也；體者，象之交也。推類者必本乎生；觀體者必由乎象，生則未來而逆推，象則既成而順觀，是故日月一類也，同出而異處也，異處而同象也，推此以往，物焉逃哉！〔註42〕

〔註39〕語見【北宋】邵雍，《皇極經世書》，卷七下，頁 20。
〔註40〕同上。
〔註41〕參見高懷民先生，《邵子先天易哲學》，〈先天易經世演用之三—明萬物變化之情〉，頁 269。
〔註42〕語見【北宋】邵雍，《皇極經世書》，卷八下，頁 2。

此係邵雍針對陰陽、兩儀、四象、八卦、重卦的生成演進所做出的觀物思考。
按照「一分為二，二分為四，四分為八，八分為十六，十六分為三十二，三十二分為六十四」數的規則，每分衍一次，便代表了物類的生成與發展，而四、八、十六、三十二、六十四等數的內涵指涉物體的成象與定名，一、二則分別象徵天地萬物生發的源頭與基礎，順此而觀，可推至於無窮，其「同出而異處也，異處而同象也」〔註43〕足以明之，合乎宇宙自然發展的理序。邵雍並配之以乾一、兌二、離三、震四、巽五、坎六、艮七、坤八的自然數，而其數序符合八卦卦位的次序，為邵雍在先天易數方面的創思。

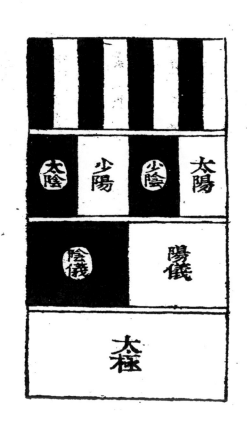

圖二

〔註43〕【南宋】張行成於《皇極經世觀物外篇衍義》卷四中為之疏解：「同出而異處者，分而生也；異處而同象者，交而成也。」其收錄於【清】永瑢、紀昀等編，《文淵閣四庫全書》，子部七，頁804〜111。

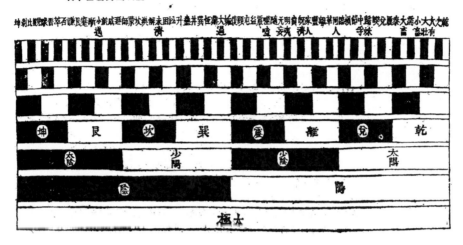

圖三

二、「圓圖」、「方圖」與天地圓方之數

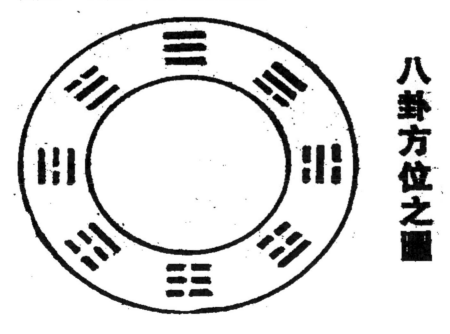

圖四

「圓圖」的構成有其天地萬物運動變化的規則，亦即對待與流行〔註44〕，藉以說明易卦的方位。邵雍以〈說卦傳〉裡「天地定位，山澤通氣，雷風相薄，水火不相射」啓思，尋出伏羲八卦的方位，其說：

> 離在天而當夜，故陽中有陰也。坎在地而當晝，故陰中有陽也。震始交陰而陽生，巽始消陽而陰生，兌陽長也，艮陰長也，震兌在天之陰也，巽艮在地之陽也。天以始生言之，故陰上而陽下，交泰之義也。地以既成言之，故陽上而陰下，尊卑之位也。〔註45〕

> 乾坤定上下之位，離坎列左右之門，天地之所闔闢，日月之所出入，是以春夏秋冬，晦朔弦望，晝夜長短，行度盈縮，莫不由乎此矣。〔註46〕

邵雍藉由八卦卦象的陰陽消長來說明其方位，同時也直截地道出乾、坤二卦分置北、南，坎、離二卦列於東、西的分布。因著陽下陰上的原理〔註47〕，震卦以一陽生而左旋前進，經過離卦、兌卦的二陽，至乾卦的三陽臻於極盛，不僅框廓出震、離、兌、乾四卦位居八卦方位圓圖的左方，亦表達出天道的流行以始生為之；同理可推，巽卦以一陰長而右旋逆反，經過坎卦、艮卦的二陰，至坤卦的三陰達到鼎盛，巽、坎、艮、坤四卦居於圖的右方，標明地道的流行在於既成的作用。此外，離卦與坎卦、震卦與巽卦、兌卦與艮卦、乾卦與坤卦具對待的關係，由於其彼此的方位相對，卦象相錯。引而申之，當八卦交相錯為六十四卦時，將之擴成「圓圖」，其流行與對待的關係仍能解釋：

> 先天圖者環中也。自下而上謂之升，自上而下謂之降。升者生也，降者消也，故陽生於下，陰生於上，是以萬物皆反生。陰生陽，陽生陰，陰復生陽，陽復生陰，是以循環而無窮。〔註48〕

> 無極之前陰含陽也，有象之後陽分陰也，陰為陽之母，陽為陰之父，

〔註44〕 【宋】朱熹曾說：「圓圖象天，一順一逆，流行中有對待，如震八卦對巽八卦之類。」由此啓發。語見【清】黃宗羲，《宋元學案》，卷十，〈百源學案下〉，先天卦位圖，頁395。

〔註45〕 語見【北宋】邵雍，《皇極經世書》，卷七上，頁26。

〔註46〕 同上。

〔註47〕 此可參照明人黃畹洲的說法：「震一陽而二陰在上，兌二陽而一陰在上，合之則三陽皆下、三陰在上，地天交泰之義，從可睹已。」係針對圖中震、兌二卦陰陽爻的分布（卦象的消長）及生成次序所觀察與歸納而來，擬以「陽下陰上的原理」稱之。語見【北宋】邵雍，《皇極經世書》，卷七上，頁26。

〔註48〕 同上，卷七下，頁1。

故母孕長男而爲復，父生長女兒爲姤，是以陽起於復而陰起於姤也。
〔註49〕

陽在陰中陽逆行，陰在陽中陰逆行。陽在陽中，陰在陰中，則皆順
行，此眞至之理，按圖可以見之矣。〔註50〕

復至乾，凡百有十二陽；姤至坤，凡百有十二陰。姤至坤，凡八十
陽；復至乾，凡八十陰。〔註51〕

首先，邵雍昭明六十四卦方位圓圖的基本性質—無論六十四卦陰陽消長、運動升降爲何，於此圖均不離乎中。或以一陽生於下的復卦，左上行至六爻皆陽的乾卦；或以一陰生於下的姤卦，右下行至六爻咸陰的坤卦，皆以中爲矩矱，做左上、右下的循環，分別顯出陽長陰消、陰長陽消的態勢。由於「陽起於復」，復卦以一陽始生的卦象，開展「有象之後陽分陰」的卦序與發展；而「陰起於姤」，姤卦則以一陰生於下的卦象，推展「無極之前陰含陽」的運動情狀，是以「陽在陰中陽逆行，陰在陽中陰逆行。陽在陽中，陰在陰中，則皆順行」的道理便寓於其中，端賴陰與陽不同的運行方式，符契宇宙自然之理的流行。另外，從復卦到乾卦，從姤卦至坤卦，其陰陽爻數相互對應，凡相錯之卦，皆秉中而相對，有其對待的關係。而「圓圖」所展示的理數便是六十四卦於空間上的消長分布與運動秩序，亦可謂是天地萬物在宇宙自然之間的生成與發展規律。

　　將六十四卦作方形排列，簡稱爲「方圖」，與「圓圖」合併起來即爲「六十四卦方圓圖」，象徵古人天圓地方的概念。單就「方圖」而言，其基本性質亦和「圓圖」一樣，以中爲樞要，茲引〈觀物外篇〉中的一段文字加以說明：

　　　先天之學心法也，故圖皆自中起，萬化萬事生乎心也，圖雖無文，

　　　吾終日言而未嘗離乎是，蓋天地萬物之理盡在其中矣。〔註52〕

標誌出「圖皆自中起」的關鍵，「中」亦寓含「心」義，可指涉天地生物之心、太極、人心等，隨順不同的立場而有不同的理解，諸如：以萬化萬事的生成而說，可詮解爲天地生物之心；就六十四卦的生發而觀，則可解釋爲太極，此雖無文字呈現，卻能透過圖的觀察有所領會。關於「方圖」的架構，《宋元學案·百源學案》引邵雍之語曰：

─────────────────

〔註49〕同上，卷七上，頁 25～26。
〔註50〕同上，頁 33～34。
〔註51〕同上，頁 32。
〔註52〕語見【北宋】邵雍，《皇極經世書》，卷七上，頁 34。

方圖中起震巽之一陰一陽，然後有坎離艮兌之二陰二陽，後成乾坤之三陽三陰，其序皆自內而外。內四卦四震四巽相配而近，有雷風相薄之象。震巽之外十二卦縱橫，坎離有水火不相射之象。坎離之外二十卦縱橫，艮兌有山澤通氣象。艮兌之外二十八卦縱橫，乾坤有天地定位之象。四而十二，而二十，而二十八，皆有隔八相生之妙。以交股言，則〈乾〉、〈坤〉、〈否〉、〈泰〉也，〈兌〉、〈艮〉、〈咸〉、〈損〉也，〈坎〉、〈離〉、〈既〉、〈未濟〉也，〈震〉、〈巽〉、〈恆〉、〈益〉也，爲四層之四隅。〔註53〕

圖以震、巽二卦爲起始，分別向外延展，震、巽、恆、益四卦位居最內層，坎、離、既濟、未濟四卦爲次內層的四隅，兌、艮、咸、損四卦爲再外一層的四隅，乾、坤、否、泰四卦則爲最外層的四隅，每一層皆有《易傳》中象的依據，各爲「雷風相薄」、「水火不相射」、「山澤通氣」與「天地定位」之象，與啓迪「圓圖」的思想相合，而四、十二、二十、二十八的卦數排列，形成以八爲等差的數列，可見「隔八相生」的奧妙，且任何一卦均能依中而尋出相對之卦。

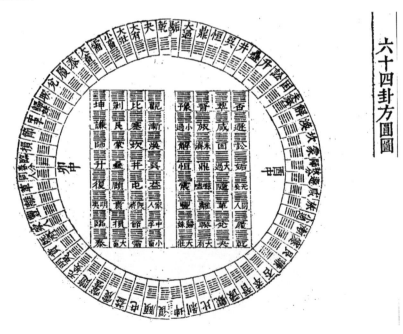

圖五

〔註53〕語見【清】黃宗羲，《宋元學案》，卷十，〈百源學案下〉，先天卦位圖，頁395。

「圓圖」與「方圖」在其構成的基本性質與思想根據上有雷同之處，而「六十四卦方圓圖」係邵雍將「方圖」置於「圓圖」中，不僅與古人天圓地方的概念相應，亦顯露出天包函地的思想〔註54〕。由此思想為肇端，邵雍發展出天地圓方之數。據〈觀物外篇〉裡說到：

> 圓數有一，方數有二，奇偶之義也。六即一也，十二即二也。天圓而地方，圓者之數起一而積六，方者之數起一而積八，變之則起四而積十二也。六者常以六變，八者常以八變，而十二者亦以八變，自然之道也。〔註55〕

圓數與方數的數理基礎在於奇與偶，奇與偶的數概念乃源自於和乾天之象與坤地之象的相配，乾天之象「一」表徵奇與一的概念；坤地之象「--」則表現偶與二的概念。「圓之數起一而積六」、「方之數起一而積八」可就天圓、地方所代表的乾象之數與坤象之數而說，亦能就其成圓與成方的周長而謂。前者可引高懷民先生的說法來理解，其道：「如就天圓與地方上說，圓之數即乾象之數，起一而進三，二其三則積六。方之數即坤之數，起一而為二，偶其二為四，二其四則積八。」後者可以朱伯崑先生所說為證：「『圓之數起一而積六』，是說，圓形其徑為一，其周為三，重之，其外周為六。『方之數起一而積八』，是說，方形其徑為一，其周為四，重之，其外周則為八。」由於天地圓方之數為自然之道的展現，無論從何種角度解釋都能成理，而可以肯定的是圓之數從一變三至六與方之數從一變四至八的衍數過程，反映了一切數的源頭為一，圓之數以三為數的基底，方之數以四為數的根柢，基於「圓者，徑一而圍三」、「方者，分一而為四」〔註56〕的原理；圓之數積六為用，方之數則積八為用，邵雍對於天地圓方之數的運用便由這些數概念的演繹與推究來呈現，欲揭示天體運行與地體生化的先天易之理〔註57〕

〔註54〕　參見高懷民先生，〈邵雍先天易演天地之數〉，頁57。高懷民先生在〈邵雍先天易演天地之數〉一文裡接櫫：「邵雍的先天易，從其卦圖的結構上，便一望而知與天圓地方思想的密切關係，它的八卦與六十四卦，各有方圖與圓圖，特別是六十四卦方位圖，將方圖置於圓圖之中，尤顯示出天包函地的思想。」

〔註55〕　語見【北宋】邵雍，《皇極經世書》，卷七下，頁7。

〔註56〕　同上，頁8。《周髀算經》為「商高曰：『數之法，出於圓方。』」一語注解時亦云：「圓，徑一而周三；方，徑一而匝四。」【漢】趙君卿注；【北周】甄鸞重述；【唐】李淳風注釋，《周髀算經》，卷上之一，其收錄於【清】永瑢、紀昀等編，《文淵閣四庫全書》，子部五，頁786～5。

〔註57〕　〈觀物外篇〉曰：「裁方而為圓，天所以運行；分大而為小，地所以生化。」語見【北宋】邵雍，《皇極經世書》，卷七下，頁8。

　　綜上對邵雍「先天之學」中基本圖象與其所對應的先天易數的界說，可以察知其「先天之學」非憑空造作，有其啟發的思想來源，諸如：「橫圖」起於《易・繫辭傳》裡「太極─兩儀─四象─八卦」的生成理序、「圓圖」、「方圖」構思於對待與流行的天地萬物運動變化之法則，而六十四卦方圓圖則啟思於古代天圓地方的概念；於是，邵雍沿著古時的思考推求最原初的易道或易理，發現物類生成、發展與消長變化的秩序，足以將之證成的憑據在於自然理數的演繹；其亦透過圖的思索與觀察，得知圖均不離乎中的道理；前述種種乃邵雍反歸自「先天之學本身」，對之發出是否存在著自然之理的疑問，從而逆推出所謂的先天易之道、易之理，與古代先聖前賢在面對宇宙天地、人間物事時，油然生起道何在、人何往的關懷有著雷同之思。

第三節　反觀

　　「反觀」思想是邵雍讓「先天之學」與觀物學說可能的充分條件，意即所有的「先天」、「觀」、「觀物」的思考皆回到人、聖人本身來忖度，人為天地之間最靈最貴者，亦為物之至者；而聖人為人之至者，能因性反觀，邵雍曾謂：

> 備天地，兼萬物，而合德于太極者，其唯人乎！日用而不知者，百姓也；反身而誠之者，君子也；因性而由之者，聖人也。故聖人以天地為一體，萬物為一身。〔註58〕

在天地萬事萬物之中，唯人能兼備天地萬物而合德於太極，然在人這個大分類項底下，卻又可細分為百姓、君子、聖人等修為程度不一的人格類型，其中，聖人能因性由之，是以反顯出其能「以天地為一體，萬物為一身」的優位性；不過，邵雍此語中的聖人能「因性而由之」的「性」究竟是什麼？與聖人「反觀」的思維有無關聯？如此其所謂「聖人以天地為一體，萬物為一身」的看法才有依據。

　　關於「性」的討論，邵雍曾於《伊川擊壤集》序言裡申言：

> 性者，道之形體也，性傷則道亦從之矣。心者，性之郭郭也，心傷則性亦從之矣。身者，心之區宇也，身傷則心亦從之矣。物者，身之舟車也，物傷則身亦從之矣。是知，以道觀性，以性觀心，以心

〔註58〕語見【清】黃宗羲，《宋元學案》，卷十，〈百源學案〉下，語錄，頁474。

　　觀身，以身觀物，治則治矣，然猶未離乎害者也，不若以道觀道，

　　以性觀性，以心觀心，以身觀身，以物觀物，則雖欲相傷，其可得

　　乎？若然，則以家觀家，以國觀國，以天下觀天下，亦從而可知之

　　矣。〔註59〕

邵雍透過對道、性、心、身、物之間關係的陳述，說明其彼此相互牽引而特質卻互有差異，由是引發出如何觀物的問題。若採「以道觀性」、「以性觀心」、「以心觀身」、「以身觀物」的方法而觀，則免不了會遭遇到因其彼此間利害關係相較所受的傷害；然而，「以道觀道」、「以性觀性」、「以心觀心」、「以身觀身」、「以物觀物」的方式卻能消除這樣的傷害，由於其以道之所然而觀道，以性之所然而觀性，以心之所然而觀心，以身之所然而觀身，以物之所然而觀物，至此，「以物觀物」的說法被提出，而此於〈觀物內篇〉中嘗用以解釋何謂反觀。其後「以家觀家，以國觀國，以天下觀天下」的言論，具有《老子》書中藉由致虛守靜的心靈設身處地盡觀天下的意味，此係老子抬出聖人進一步發揮觀照的意涵。雖則，「性」在此段言論中僅作為一種要素，以開展如何觀物的問題，然其被邵雍視為道的形體，且心為性的郭郭的措辭，指明性作為道能具體開顯的存在，亦即道須通過性的貫通而顯豁；心則作為性能開展運作的支持力量，能順性而發、依性而動。而道是所欲逆知與推求的，性與心皆具於人身，但心有心智功能，容易帶著價值評判與選擇，於是，在實行「以道觀道」、「以性觀性」、「以心觀心」、「以身觀身」、「以物觀物」時，勢必由「性」來擔之，此「性」的內涵為何呢？

　　〈觀物外篇〉載記邵雍之語曰：

　　以物觀物，性也；以我觀物，情也。性公而明，情偏而暗。〔註60〕

直截地以「以物觀物」理解「性」，與其對應的情況則為「以我觀物」的「情」，前者公而明；後者偏而暗，道出了「性」的內涵。學者唐君毅先生對此有所闡釋，其說：

　　邵康節以物觀物為性之說，乃由順人之「能體物，而然物之所然」，

　　以見得之人性。人因有此性，人之心乃能遍就物之所然，而客觀的

　　觀之。由此而人即能超出其私情之限制，而其心乃公而明。〔註61〕

―――――――――――

〔註59〕語見【北宋】邵雍，《伊川擊壤集》，〈序〉，頁2。

〔註60〕語見【北宋】邵雍，《皇極經世書》，卷八下，頁16。

〔註61〕參見唐君毅先生，《中國哲學原論　原性篇》，〈原性（十一）由佛在入儒之性論〉，頁335。

其從邵雍以物觀物為性的一段話中,解讀出所謂的「性」乃由人能體物並然物之所然的思慮下呈顯,預設了其性通曉存在於宇宙天地之間的自然之理。而人因有此性,其心方能順性、超越私情的限制而遍就物之所然,因此,其性公而明,實沿著邵雍於《伊川擊壤集》序中所論:「性者,道之形體也」、「心者,性之郭郭也」的思維來推究。值得一提的是,唐先生拿「心」概念來詮釋邵雍的「性」,細而察之,此「心」具有老子「致虛極,守靜篤」修養工夫的意涵,因心的虛靜自守,照見萬有的本然,而無私情私意介入其中,此番修養工夫係為了成就「吾以觀其復」而來,再從道運作時的反復的精神,體貼出讓萬事萬物回歸自身的道理。若然,邵雍的「性」,實亦涵攝修養工夫的意涵,而「以物觀物」說正回應了「性」的修養工夫義。

「以物觀物」對著聖人「反觀」而論,聖人能一萬物之情,洞悉萬物與我同在宇宙天地之中,領受是理是性與是命,並開展之,因而能以物之所然觀其所然,較鑑不隱萬物之形、水能一萬物之形更高明,此當歸諸於聖人能「反觀」。聖人的「反觀」帶著由往昔思想家所拈出的體道的反復與反求諸己、復歸其性的意蘊,其透過道往而反復的運動過程,領略萬事萬物在天地中的生化並沒有固定的腳本,亦不會膠固於某個階段不再變化,那麼該如何掌握存在於萬事萬物中的理呢?聖人反而觀己,發覺聖人亦人,而人亦物,如能復歸於物之性而觀,則能通照萬有,亦不落入私情私意的窠臼中。邵雍說:

> 是知,我亦人也,人亦我也,我與人皆物也。此所以能用天下之目為己之目,其目無所不觀矣;用天下之耳為己之耳,其耳無所不聽矣;用天下之口為己之口,其口無所不言矣;用天下之心為己之心,其心無所不謀矣。〔註62〕

其擴展聖人能一萬物之情的說法,指明臻此境地的樞鈕為「我與人皆物也」,於是,聖人能將天下之目、耳、口、心與己之目、耳、口、心同觀,如邵雍於〈樂物吟〉一詩所謂:「物有聲色氣味,人有耳目口鼻,萬物于人一身,反觀莫不全備。」〔註63〕邵雍亦言:

> 《易》:「窮理盡性以至於命。」所以謂之理者,物之理也;所以謂之性者,天之性也;所以謂之命者,處理性者也。所以能處理性者,非道而何?是知道為天地之本,天地為萬物之本。以天地觀萬物,

---

〔註62〕語見【北宋】邵雍,《皇極經世書》,卷六,頁27。
〔註63〕語見【北宋】邵雍,《伊川擊壤集》,卷十九,頁144。

則萬物爲萬物，以道觀天地，則天地亦爲萬物。道之道盡之於天矣，

天之道盡之於地矣，天地之道盡之於萬物矣，天地萬物之道盡之於

人矣。人能知天地萬物之道，所以盡於人者，然後能盡民也。〔註64〕

實從《易經》義理的角度談聖人的「反觀」，雖則，此處曰人，然由文字的脈絡推敲，其人指人之至者，以道爲依歸，窮究物之理，極盡天之性。明人黃粵洲曾注釋道：「此篇引《易》申言物理、天性源於於穆之命，命則處乎理，性之賦受偏全無非陰陽剛柔變化感應之道所分給而各足。惟人中立極之聖，窮之而理無不貫，盡之而性無不全，故能通乎命而至於根極之處，則道在我，而以一觀萬，以人代天，統天地造化古今人物，而畢著其能事矣。」〔註65〕其引《詩經・周頌・維天之命》中的用語〔註66〕來詮解「命」，凸顯物理、天性皆源於天命的思想，其中聖人能窮理盡性而至於命，不違天命之自然，順任物之所然，「以心代天意，口代天言，手代天工，身代天事」，畢盡萬事萬物之理、性與命；由是，邵雍接著通過道—天地—萬物—物的逐層對觀，說明天地萬物之道盡之於人；換句話說，聖人能通過「以物觀物」的「反觀」而窮盡天地萬物之道。

　　「反」字之用，透露了邵雍「反觀」思想中的修養工夫義與心性觀，而邵雍沿著先秦時期儒道二家對「反」概念的解說前行，提出聖人此一理想人格，推求其如何「反觀」，以物觀物爲性說係使之可能的重要途徑，其抉摘出「我與人皆物也」的關鍵。由於「我亦人也，人亦我也」的揭示，使聖人能就物之性而觀，甚至以心、口、手、身代天，一統天地造化古今人事，邵雍所謂的「眞知」方得顯露。其理之窮之而後可知、性之盡之而後可知、命之至之而後可知的要言，正指向了天人關係的上下通貫，基於物理、天性從出於天命，而聖人貫通是命、是性與是理，展示了天人可以上下溝通的可能性。然而，邵雍如何闡述這層天人關係呢？此可由其對心的理解而反映，乃回扣至先天之學來論說。

〔註64〕語見【北宋】邵雍，《皇極經世書》，卷五，頁7。

〔註65〕語見【北宋】邵雍，《皇極經世書》，卷五，頁7。

〔註66〕《詩經・周頌・維天之命》曰：「維天之命，於穆不已。於乎不顯！文王之德之純。假以溢我，我其收之。駿惠我文王，曾孫篤之。」可參見屈萬里先生，《詩經詮釋》，頁557。

第四節　反觀與心

以物觀物為性說為反觀思想提供了可以實現的修養工夫，邵雍扛舉出「性」來界說反觀思想的精義，其「性」除了涵蓄心的修養外，亦具有溝通天人的意義。「性」為道的形骸、心的本體，其關係乃道—性—心的連繫，道上貫於天為性的展現，性下注於人便為心的呈顯，性作為道與心之間的橋樑，使天人有上下貫通的機會；然性是天之所命，流行於萬事萬物之中，有其物之理為彰顯，似乎無以引動聖人反觀，唯有備於人身且能運身的心，方能發揮天之所命的性，進行反觀。邵雍於其詩作〈天聽吟〉曰：「天聽寂無音，蒼蒼何處尋？非高亦非遠，都只在人心。」〔註67〕將心的價值昭著而出，只要盡人心，便有上達天聽的可能，心成為天人溝通的另一通道，人可藉由心的修為來完成，邵雍進一步地於〈天人吟〉中展示：「天學修心，人學修身，身安心樂，乃見天人。天之與人，相去不遠，不知者多，知之者鮮。身主于人，心主于天，心既不樂，身何由安？」〔註68〕直接連結起心與天學，並點明修心的效用，一方面將照見天人的關鍵落於心上；一方面亦間接指出反觀的修養途徑；自此心橋接起天與人，在表現與踐履道、天之所命的性的同時，逆抉出先天易之道、易之理，並發覺人與我皆為物，所謂「反觀莫不全備」，其微言要義不過如此。對於「心」的探討，邵雍從本體與發用二面向而觀，前者扣住先天之學來發微；後者則針對心的修養來開展。擬述其義：

一、心的本體—太極、道、先天之學

邵雍將居於人中的心比擬為太極、道、先天之學等具有形上意涵的說法，係滌除私情私意之心，而以道—性—心一脈相通的心，作為人能體道、復歸其性的存在。尤其邵雍將人視為能體貼造化者，那麼人只須盡心，便能極性、窮理，以至於命。〈觀物外篇〉錄有邵雍之語曰：「能循天理動者，造化在我也。得天理者，不獨潤身，亦能潤心；不獨潤心，至於性命亦潤。循理則為常，理之外則為異矣。」〔註69〕將性命、心、身一以貫之，說明人克循天理，則能潤身、潤心，亦潤性命，造化自掌握在人的手裡，一如其於〈觀易吟〉裡道：「一物其來有一身，一身還有一乾坤。能知萬物備於我，肯把三才別立根。天向一中分體用，人於心上起經綸。天人焉有兩般義，道不虛行只在人。」

〔註67〕語見【北宋】邵雍，《伊川擊壤集》，卷十二，頁89。
〔註68〕同上，卷十八，頁131。
〔註69〕語見【北宋】邵雍，《皇極經世書》，卷八下，頁26。

〔註70〕意謂宇宙天地有其生物之心，即「一中」，乃指涉太極而言，將之對應於人，亦有「能知萬物備於我」的洞明與創造之心，雖無以參與宇宙天地生物的過程，然其卻能透過對己心的把握，同情地領略宇宙天地生物之心，而與宇宙天地生物之心相感應，從而盡知天地物事的變化與作為；又邵雍亦曰：「天地之本，其起於中乎！是以乾坤屢變而不離乎中，人居天地之中，心居人之中，日中則盛，月中則盈，故君子貴中也。」〔註71〕此則的理核雖在君子貴「中」上，然其藉由對「中」概念的闡發，體會出不論是六十四卦運動發展的規則、人在天地間的定位、心在人體內的位置，還是日月盈虧的變化等，其皆不約而同地不離乎「中」。對於六十四卦運動發展的規則而言，其「中」為太極；對於人在天地間的定位而說，其「中」指涉人；對於心在人體內的位置而觀，其「中」為心；對於日月盈虧變化而談，其「中」乃指日與月發展最盛的時刻，顯見「中」在宇宙天地之間佔有重要的地位。然則，體道觀物的主體為人，特別是聖人，處聖人之「中」的便是心，而心可修養、可引發聖人反觀，也可讓聖人透過反觀進而觀物，就此意義來說，心的意涵被擴展，使與「中」齊，聖人之心即是太極、造化生物之心，無怪乎邵雍謂：「心為太極」〔註72〕、「《易》曰：『〈復〉，其見大地之心乎！』天地之心，蓋于動靜之間有以見之。夫天地之心于此而見之；聖人之心即天地之心也，亦于此而見之」〔註73〕、「天地之心者，生萬物之本也」〔註74〕，其中太極亦為道〔註75〕，則太極、道、天地之心、聖人之心同一。實然，其說呼應「先天之學」的思想體系。

邵雍的「先天之學」經由先天易圖的推演，發覺萬化萬事生乎心，其說：

先天之學，心法也，故圖皆自中起，萬化萬事生乎心也，圖雖無文，

吾終日言而未嘗離乎是，蓋天地萬物之理盡在其中矣。〔註76〕

無論「圓圖」或「方圖」，圖均以中為樞機，環繞中而開展，雖無立文字，然

〔註70〕語見【北宋】邵雍，《伊川擊壤集》，卷十五，頁108。
〔註71〕語見【北宋】邵雍，《皇極經世書》，卷七下，頁4。
〔註72〕同上，卷八下，頁25。
〔註73〕語見【清】黃宗羲，《宋元學案》，卷十，〈百源學案〉下，語錄，頁474。
〔註74〕語見【北宋】邵雍，《皇極經世書》，卷七下，頁19。
〔註75〕同上，卷七上，頁23。其曰：「《易》有三百八十四爻，真天文也。生者，性，天也；成者，形，地也。生而成，成而生，《易》之道也。以天地生萬物，則以萬物為萬物；以道生天地，則天地亦萬物也。道為太極。」
〔註76〕語見【北宋】邵雍，《皇極經世書》，卷七上，頁35。

已盡括天地萬物之理，中即太極、天地之心，此乃聖人通過反觀之後的心法，具此心法，聖人將能「備天地，兼萬物，而合德于太極」〔註77〕。對於太極、天地之心的討論，邵雍嘗舉先天易數為例而論說：

> 道生一，一為太極。一生二，二為兩儀。二生四，四為四象。四生八，八為八卦。八生六十四，六十四具而後天地萬物之道備矣。天地萬物莫不以一為本，原于一而衍之以為萬，窮天下之數而復歸于一。一者何也？天地之心也，造化之原也。〔註78〕

直明道生一的一為太極，由一—二—四—八—六十四的序列，發現天地萬物從一而衍萬、窮萬而歸一的道理，與〈復〉卦反復其道的生物之心相符應，因而一亦為天地之心，係造化的根源。邵雍在詩作〈自餘吟〉裡道：「身生天地後，心在天地前，天地自我出，自餘何足言？」〔註79〕其意境與哲思當能反映上述所言。

二、心的發用—修養

邵雍嘗於詩作〈治心吟〉裡曰：「心親于身，身親于人。不能治心，焉能治身；不能治身，焉能治人。」〔註80〕在逐層遞衍出心—身—人關係的線索中，邵雍將「心」的定位與「治心」的工夫優位化，強調「治心」的重要性，而其便牽涉到心如何發用與修養的問題。心的發用關涉到聖人反觀的修養工夫，亦即更進一步地探討聖人如何以物觀物、如何盡心以溝通天人。茲引數條〈觀物外篇〉之語以述之：

> 心為太極。人心當如止水則定，定則靜，靜則明。〔註81〕

> 心一而不分，則能應萬物，此君子所以虛心而不動也。〔註82〕

> 為學養心，患在不由直道，去利欲，由直道，任至誠，則無所不通。天地之道，直而已，當以直求之，若用智數，由邅以求之，是屈天地而徇人欲也，不亦難乎！〔註83〕

〔註77〕語見【清】黃宗羲，《宋元學案》，卷十，〈百源學案〉下，語錄，頁474。
〔註78〕同上。
〔註79〕語見【北宋】邵雍，《伊川擊壤集》，卷十九，頁140。
〔註80〕語見【北宋】邵雍，《伊川擊壤集》，卷十八，頁135。
〔註81〕語見【北宋】邵雍，《皇極經世書》，卷八下，頁25。
〔註82〕同上，頁29。
〔註83〕同上，頁31。

對於心的修養，邵雍指引心如止水、虛心不動的明路，以為心如止水則能定，定則能靜，靜便能通照萬物，而虛心不動才能應萬物、不被萬物所矇蔽，由於其心純一而不雜，其心即是太極，即是一。此心如止水、虛心不動的見解，在《莊子》、《荀子》的原典裡曾被加以研究過。《莊子·德充符》云：「常季曰：『彼為己以其知，得其心以其心。得其常心，物何為最之哉？』仲尼曰：『人莫鑑於流水而鑑於止水，唯止能止眾止。』」〔註84〕常季之語係針對王駘修己未能忘其心知卻能使眾歸之一事而說，仲尼則進一步回應常季的疑問，點明王駘之所以能使眾歸之的樞紐在於其心如止水，故能使眾物來照，成玄英嘗疏曰：「王駘所以聚眾者，為其凝寂故也。」又：「唯止是留停鑑人，眾止是物來臨照。亦猶王駘忘懷虛寂，故能容止羣生，申是功能，所以為眾歸聚也。」〔註85〕可以見得其猶待心的修養而完成，由於止水能鑑照，映出所鑑之物之自身，王駘的心如止水，因之，其能容止羣生，使物來臨照、眾來歸聚；而邵雍則以定—靜—明的過程來陳述心如止水的功能，間接帶出修養的步驟，可謂將《莊子》裡的思想予以發揮。關於虛心不動的言論，《荀子·解蔽篇》說：「人何以知道？曰：心。心何以知？曰：虛壹而靜。心未嘗不臧也，然而有所謂虛；心未嘗不滿也，然而有所謂一；心未嘗不動也，然而有所謂靜。」〔註86〕利用兩兩一組的對反概念來突顯虛壹而靜的認知心，乃立基於認識論的視角上，邵雍所言的「一」、「太極」、「虛心」，何嘗沒有認識論的意味，修心的目的是為了能觀物，在方法的運用上，此二者相類；然對於心的定義而言，二者有本質上的不同，《荀子》中的心帶有認知，而邵雍所謂的心，則具有老、莊思想裡虛靜的修養工夫的意涵。於第三條文字中，邵雍揭櫫為學養心的途徑須由「直道」求之，此「直道」可由去利欲、任至誠而達成，相對於秉智數由逕求之。

總的來說，心的修養須如止水，能虛靈鑑照；須虛心不藏、不兩亦不動，亦即不帶任何利欲，而以直道為之，方能領會心即太極、心即生物之心的看法，聖人之心正與之呼應。

〔註84〕語見【清】郭慶藩撰、王孝魚點校，《莊子集釋》，卷二下，〈德充符第五〉，頁192～193。

〔註85〕語見【清】郭慶藩撰、王孝魚點校，《莊子集釋》，卷二下，〈德充符第五〉，頁194。

〔註86〕語見【唐】楊倞注、【清】王先謙集解，《荀子集解》，卷十五，〈解蔽篇第二十一〉，頁263～264。

　　邵雍的反觀思想乃回歸至人自身來思考，尤其是聖人本身，思索其如何觀物、如何體貼出先天易之道、易之理，作為實踐的可能。然此勢必牽涉到對於聖人心性的理解，以探論啟發反觀的樞機。邵雍最終找到了「心」，通過「心」的修養與極盡，上達天命，體道真實，而與太極渾然無別。方東美先生曾說：「人的心靈『得天心以為心』，藉人的審美的經驗、藉人的精神向上超昇，點化了整個宇宙的下層的存在的理由，使之向前發展、向上超昇，最後再回返到萬物之根極存在之本原─『太極』。」〔註87〕在逆推先天易之道、易之理與順觀宇宙萬物存在的過程裡，人心扮演著相當重要的角色，其能發動「觀」的繆思與創意，亦能作為溝通天人關係的橋樑，所謂的道、理便於其間展現出來。儘管反觀思想是對觀物理論作進一步的省察與反思，但從邵雍的詩作、生活態度、推尊孔子的人格及影響同時代二程子的學說來看，邵雍不啻將反觀思想落實於其己身。

〔註87〕語見方東美先生，《新儒家哲學十八講》，〈皇極經世的中心思想〉，頁318。

第五章　邵雍在反觀思想視域下的人格映現

　　從以物理之學爲視角的觀物思想，到以性命之學爲心法的反觀思想，聖人貫穿其中，爲能予以實踐的核心要角，亦是由邵雍所形塑出來的理想人格，其所映射出來的人格特徵爲「能以一心觀萬心，一身觀萬身，一事觀萬事」、「能以心代天意，口代天言，手代天工，身代天事」、「能以上識天時，下盡地理，中盡物情，通照人事」以及「能以彌綸天地，出入造化，進退古今，表裏人物」〔註1〕等，可以春秋時代的孔子爲代表，其能盡三才之道且行無轍迹，能知天地人之至妙至妙者在於一動一靜之間，其「天何言哉？四時行焉，百物生焉，天何言哉？」〔註2〕正爲例證。雖則，此理想人格係出於邵雍的提出與推崇，然從同時代人與邵雍交往的紀實與後人對邵雍生平事蹟的評議，將發現到邵雍信然把理想人格落實於己身的生命實踐上。南宋朱熹嘗謂：「康節爲人須極會處置事。爲他神閒氣定，不動聲色，須處置得別。蓋他氣質本來清明，又養得純厚，又不曾枉用了心，他用心都在緊要上。爲他靜極了，看得天下事理精明。」〔註3〕又南宋魏鶴山曰：「邵子平生之書，其心術之精微在《皇極經世》，其宣寄情意在《擊壤集》。凡歷乎吾前，皇帝王霸之興替，春秋多夏之代謝，陰陽五行之變化，風雷雨露之霽曀，山川草木之榮悴，惟意所驅，周流貫徹，融液擺落，蓋左右逢源，略無毫髮凝滯倚著之意。」〔註4〕朱熹所謂的「靜」道出邵雍的修爲與涵養，而魏鶴山所言的「惟

〔註1〕　語見【北宋】邵雍，《皇極經世書》，卷五，頁5～6。
〔註2〕　語見【清】劉寶楠，《論語正義》，卷二十，〈陽貨第十七〉，頁698。
〔註3〕　語見【清】黃宗羲，《宋元學案》，〈百源學案下〉，附錄，頁469。
〔註4〕　同上，頁470。

意所驅,周流貫徹,融液擺落」則隱然將邵雍欲溝通天人的觀物之志浹洽於古往今來、大化流行之中,皆符應邵雍對理想人格的期待。

本章試從邵雍賦詩的眞意、觀化的心境、安樂的志趣與窮理盡性以至於命的胸懷,探討邵雍在反觀思想視域之下的人格展現,以突顯其學問與生命合一的處事態度。

第一節　賦詩的眞意

《擊壤集》是邵雍將「反觀」思維予以表現的創作集子,裡頭所展現的題材遍及宇宙大化的內涵、歷史時序的演進、人事物象的觀省與修養工夫的陳述,可謂發揮觀物與反觀思想而作,特別是以物觀物說,冀以不溺於情好而以物觀物的創作理念來賦詩。邵雍於《伊川擊壤集‧序》中曾提出忘去情累的「以物觀物」創作理念,批評作詩時「一時之否泰」與「一身之休感」的情弊,而視「以道觀道,以性觀性,以心觀心,以身觀身,以物觀物」的立場爲賦詩的最佳表現;實則,其是邵雍以物觀物爲性說的體現,用虛空的創作心靈表達物之所然,顯示《擊壤集》內詩作的創作理念與邵雍的反觀思想相輔相成。

《四庫全書總目提要‧擊壤集二十卷》記述:

> 邵子之詩,其源亦出白居易,而晚年絕意世事,不復以文字爲長,
>
> 意所欲言,自抒胸臆,原脫然於詩法之外。〔註5〕

其引出「邵子之詩,其源亦出白居易」的觀點,評述邵雍詩作文辭簡白、爲意之所至之作,突顯邵雍詩作樸實無華的特性,然其賦詩的技巧已和白居易有所差別,傾向無私情私意於其間的說理呈現,以鋪展出一套天時、地理、物情、人事兼備的物之理,實乃透過詩作反覆思忖並實踐反觀思想,而邵雍本身即爲觀道體道者。

底下擬以宇宙大化的內涵、歷史時序的演進、人事物象的觀省與修養工夫的陳述爲條目,分敘邵雍詩作與其創作理念、創作心靈之間的聯繫。

一、宇宙大化的內涵

邵雍在建構其形上學與知識論的同時,亦透露出其對宇宙大化的認知,

〔註 5〕語見【清】永瑢、紀昀等撰,《武英殿本四庫全書總目提要》集部(一),〈擊壤集二十卷〉,頁 4～128。

其繼承《易傳》中「一陰一陽之謂道」〔註6〕的詮解，並在此基礎上創造新的易象、易數觀，以證明先天易學思想之不虛。同樣地，邵雍也透過詩作表現相關的理解，如〈陰陽吟〉：

> 陽行一，陰行二。一主天，二主地。天行六，地行四。四主形，六主氣。〔註7〕

前段以易數一、二為中介，串聯起陰陽與天地；後段則以易數六、四為媒介，溝通天地與形氣，委實表達陰、陽、天、地的性質與運動狀態。此外，其亦延伸至人事福禍上而作進一步的思考，如〈唯天有二氣〉：

> 唯天有二氣，一陰而一陽。陰毒產蛇蝎，陽和生鸞凰。安得蛇蝎死，不為人之殃；安得鳳凰生，長為國之祥。〔註8〕

陰、陽本為天之二氣，然因條件的聚合而發揮作用時，其力量足以變成人的禍殃，亦足以成為國家禎祥的徵象，咸端於此二氣如何運動與產生功能。邵雍藉由以物觀物的創作理念，展示陰、陽二氣在宇宙天地間的可能面向，而不侷限於陰、陽二氣的定義，寓含《皇極經世》一書的精神與內蘊。

二、歷史時序的演進

先天易學所傳達的思想，在於宇宙自然之理的流行、天地萬物生成變化的律則，係偏向於形上世界的探討，然邵雍亦關懷現世的人生，回溯北宋之前的歷史，反思其歷史興衰，而作經世演易，以為「神以知來，知以藏往」〔註9〕之學，為當下提供可行的方向。其表現在詩作上，則以精練的語言娓娓道出各個歷史階段的盛衰興廢，或以對比的手法顯出該歷史段落的發展隱憂，譬如：〈觀三王吟〉中的「夏商正朔猶能布，湯武干戈未便驅。澤火有名方受革，水天無應不成需」〔註10〕，藉以突顯相較於名正言順地得到天下，其帝王如何治理天下的重要性；又如〈觀春秋吟〉一詩，其「晉齊命令炎如火，文武資基冷如冰」〔註11〕，反映當時的周朝已徒有空名。或推究其時的

〔註6〕語見【魏】王弼注、【唐】孔穎達疏，《周易正義》，卷七，〈繫辭上〉，頁67。
〔註7〕語見【北宋】邵雍，《伊川擊壤集》，卷十八，頁136。
〔註8〕同上，卷七，頁48。
〔註9〕語見【魏】王弼注、【唐】孔穎達疏，《周易正義》，卷七，〈繫辭上〉，頁71。
　　　本就卦著占卜而言，於此引申其義，說明邵雍經世演易說寓含「神以知來，知以藏往」的思想。
〔註10〕語見【北宋】邵雍，《伊川擊壤集》，卷十五，頁108。
〔註11〕同上。

前因後果，例如：〈觀五帝吟〉，其「當時何故得如此，只被聲明纍日中」〔註12〕一句，解說了時人為何自願立殊功、行禪讓的現象；而〈經世吟〉詩中的：「非唐不濟，非宋不存，千世萬世，中原有人」〔註13〕，則聲明天紀綱常的凋敝，非一時之竟，乃歷時積累而成。或為混亂無紀的朝代提出解決之方，如：〈觀十六國吟〉的「當時欠一管夷吾」〔註14〕、〈觀五代吟〉的「五十三年更五姓，始知除掃待真王」〔註15〕等，乃深切反省該朝未能永續發展的原因。邵雍從物理的角度反觀歷史時世，用反覆吟誦的詩作呈顯各階段的作為，並以「窮則變，變則通」〔註16〕的思維觀照各個朝代的隆替。

三、人事物象的觀省

　　邵雍將宇宙天地間所有人事物象皆視為物來看待，且彼此之間的存在有著環環相扣的關係，乃試圖由造化生物之心、天地之心體貼之，而這類詩作的賦詠佔了《擊壤集》的大半，邵雍就如冷眼旁觀的詩人，傳達其中的道理，如〈花月長吟〉：

> 少年貪讀兩行書，人世樂事都如愚。而今卻欲釋前憾，奈何意氣難如初。每逢花開與月圓，一般情態還何如。當此之際無詩酒，情亦願死不願甦。花逢皓月精神好，月見奇花光彩舒。人與花月合為一，但覺此身遊蕊珠。又恐月為雲阻隔，又恐花為風破除。若無詩酒重收管，過此又卻成輕辜。可收幸有長詩篇，可管幸有清酒壺。詩篇酒壺時一講，長如花月相招呼。有花無月愁花老，有月無花恨月孤。月恨只憑詩告訴，花愁全仰酒支梧。月恨花愁無一點，始知詩酒有功夫。些兒林下閑踈散，做得風流罪過無。〔註17〕

以人、花、月的聯繫為線索，談到詩酒、花月、雲風如何相互牽引，致使「花逢皓月精神好，月見奇花光彩舒」、「人與花月合為一，但覺此身遊蕊珠。又恐月為雲阻隔，又恐花為風破除」、「月恨只憑詩告訴，花愁全仰酒支梧。月恨花愁無一點，始知詩酒有功夫」。邵雍不以傷春悲秋的方式發抒己意，反過頭來以物理觀之，盡顯其安樂的志趣。

〔註12〕同上。
〔註13〕同上，卷十七，頁127。
〔註14〕同上，卷十五，頁109。
〔註15〕語見【北宋】邵雍，《伊川擊壤集》，卷十五，頁110。
〔註16〕語見【魏】王弼注、【唐】孔穎達疏，《周易正義》，卷八，〈繫辭下〉，頁76。
〔註17〕語見【北宋】邵雍，《伊川擊壤集》，卷六，頁41。

四、修養工夫的陳述

以物觀物的思想，除了作爲邵雍賦詩的創作理念，其亦涵藏了修養工夫的蘊義，尤其是對「誠」而言，邵雍曾於詩作談論，以〈待物吟〉爲例：

> 待物莫如誠，誠眞天下行。物情無遠近，天道自分明。義理須宜顧，
> 才能不用矜。世間閑緣飾，到了是虛名。〔註18〕

直以「誠」道爲之，而能不被物情所蔽、虛名所欺，對於人事物象間的變遷、發展，自能相應得宜，是爲反觀思想的體現。

南宋朱熹曾說：「康節之學，其骨髓在《皇極經世》，其花草便是詩。」〔註19〕以擬人用法來形容邵雍的學問，分別帶出《皇極經世》與邵雍詩作的價值，前者爲邵雍思想的精髓所在，後者則是邵雍將其思想踐履於生活中的反映，一如邵雍於組詩〈首尾吟〉一百三十五首，每首詩作的開頭道：「堯夫非是愛吟詩，爲見聖賢興有時」、「堯夫非是愛吟詩，安樂窩中坐看時」、「堯夫非是愛吟詩，安樂窩中得意時」、「堯夫非是愛吟詩，安樂窩中半醉時」、「堯夫非是愛吟詩，詩是堯夫可愛時」、「堯夫非是愛吟詩，爲見興衰各有時」、「堯夫非是愛吟詩，詩是堯夫不寐時」、「堯夫非是愛吟詩，詩到忘言是盡時」、「堯夫非是愛吟詩，雖老精神未耗時」〔註20〕等等，淺白地表露吟詩的時機與動機，從而創作出蘊涵由物理之學到性命之學的反觀思想的詩作。詩是邵雍內在人格與思想的展現。

第二節 觀化的心境

邵雍的反觀思想表現在聖人以物觀物爲性上，藉由心的修養而以物之所然觀其所然，進而將偌大宇宙中的物之理、物之性上逮至天命，實現窮理盡性以至於命的天人通貫的思想。此可以邵雍在病情急迫的當下所顯出的涵養爲例：

> 病革，謂司馬公曰：「試與觀化一遭。」公曰：「未應至此！」先生
> 笑曰：「死生亦常事爾！」〔註21〕

〔註18〕同上，卷十一，頁85。
〔註19〕語見【南宋】朱熹，《朱子語類》，卷一百。其收錄於王雲五主編，《朱子語類輯略》，卷之四，〈邵子之書〉，頁120。
〔註20〕語見【北宋】邵雍，《伊川擊壤集》，卷二十，頁146～159。
〔註21〕語見【清】黃宗羲，《宋元學案》，頁366。

儘管邵雍的病況危急，其仍不改面容地和司馬公談「觀化」，亦即透過觀察身體樣貌的變化，感知死生乃一常事，因而無須驚懼，也毋庸遯逃；以天與人通貫的心眼待之，不過是生之盡繼而與天地大化同流，以是邵雍知天命，並安於天命。《宋人軼事彙編》載記：

> 康節病，張載子厚知醫，亦喜談命，診康節脈曰：「先生之疾無慮。」又曰：「頗信命否？」康節曰：「天命某自知之，世俗所謂命，不知也。」子厚曰：「先生知天命矣，尚何言。」〔註22〕

張載在診斷邵雍病情的過程中，與之論命，試探邵雍對命的看法，而邵雍將命判分為天命與世俗所謂命的一番話，深得張載的心，謂其「知天命矣」。由於世俗所謂命有命限、壽夭的問題，然天命卻是以天與人通貫的思維看待，能順任天命、大化的自然，而與其融為一體，無所謂死生、壽命長短的顧慮。邵雍於詩作〈病革吟〉道：「有命更危亦不死，無命極醫亦無效。唯將以命聽於天，此外誰能閑計較。」〔註23〕在詩作〈聽天吟〉說：「上天生我，上天死我。一聽於天，有何不可！」〔註24〕充分展現出放逸曠達的態度，以為死生係一常事，不因生喜，亦不因死悲，一切聽天由命；實則，邵雍具足反觀思想中心的修養，能不帶私情私意，靜觀其身體樣貌的變化，從中覺察出其乃物之理、天之性的一部份，為天之所命的所在，那麼又何必計量呢？

邵雍觀化的心境又可反映在其對物之理的體悟，詩作〈桃李吟〉云：

> 桃李因風花滿枝，因風桃李卻離披。慘舒相繼不離手，憂喜兩般都在眉。泰到盛時須入蠱，否當極處卻成隨。今人休愛古人好，只為今人生較遲。〔註25〕

物之理的發展並無絕對，桃李會因春風的吹拂而遍生，亦會因狂風的肆虐而離披，風可以成為桃李盛開的助力，也可以變成使之萎落的阻力，這是物之理的自然發展。至於隨之而來的慘舒感受與憂喜心情，雖是人因物之理的發展所產生的心緒變化，然卻都是出自於人自身的體驗，因此，若能進一步地瞭解此為物之理的自然發展，則實無必要膠著於某一種情緒狀態。如同六十

〔註22〕參見丁傳靖先生，《宋人軼事彙編》，卷十，頁461。此書收錄於北京圖書館出版社影印室輯，《宋代傳記資料叢刊》。
〔註23〕語見【北宋】邵雍，《伊川擊壤集》，卷十九，頁145。
〔註24〕同上。
〔註25〕同上，卷六，頁37。

四卦時位的生成與變化，細而觀之，有其內在的理序可循，譬若〈泰〉與〈否〉卦、〈蠱〉與〈隨〉卦各為反易的關係，亦即孔穎達於《周易正義·序卦傳》中所謂「非覆即變」的「覆」義，其說：「今驗六十四卦，二二相耦，非覆即變。覆者表裏視之，遂成兩卦，〈屯〉〈蒙〉、〈需〉〈訟〉、〈師〉〈比〉之類是也。」〔註26〕而明人來知德更進一步地以「綜」理解之〔註27〕，係指兩卦卦體的關係可上下顛倒而對觀，如：在〈泰〉卦為天，在〈否〉卦亦為天；在〈蠱〉卦為風，在〈隨〉卦則為澤，是為邵雍所說的「反易」〔註28〕；然將〈泰〉與〈蠱〉卦、〈否〉與〈隨〉卦置於先天六十四卦圓圖裡而觀，則呈現出「泰到盛時須入蠱，否當極處卻成隨」的現象，基於「圓圖」左上、右下的消長發展與運動秩序，非刻意如此，乃順任先天易之道、易之理的安排；是以，用此理察之，今人、古人的好壞無須計較，其僅是在時間先後上有所差異，應反觀宇宙天地物事自身，將發覺其背後所存在的道理。與邵雍交往近三十年而年紀小於邵雍的二程，其思想多少受到邵雍的啟發與影響。程顥提出「萬物之生意最可觀」、「觀天地生物氣象」的觀「生」的說法；程頤以為「近取諸身，百理皆具」〔註29〕、「天下物皆可以理照」〔註30〕，因而揭櫫「自一身以觀天地」〔註31〕、「隨事觀理」〔註32〕的觀點；即便程顥所觀的對象、程頤觀的途徑與邵雍的理論有所出入，卻無能掩蓋其係由邵雍觀化的心境所延伸而來。

邵雍病革時的「觀化」，展現其心的修為，能如止水般靜而明照其身體樣貌的改變，係知天命並安於天命的表現，誠可謂達至子曰：「不怨天，不尤人，

〔註26〕語見【魏】王弼注、【唐】孔穎達疏，《周易正義》，卷九，〈序卦第十〉，頁84。

〔註27〕語見【明】來知德，《易經集註》，〈來知德易經字義　綜〉，頁6。

〔註28〕語見【北宋】邵雍，《皇極經世書》，卷七上，頁29。邵雍曰：「重卦之象，不易者八，反易者二十八，以三十六變而成六十四卦也。」

〔註29〕語見【清】黃宗羲，《宋元學案》，卷十五，〈伊川學案上〉，語錄，頁636。程頤曰：「近取諸身，百理皆具。屈伸往來之義，只于鼻息之間見之。屈伸往來只是理，不必將既屈之氣復為方伸之氣。生生之理，自然不息。如〈復〉言『七日來復』，其間元不斷續，陽已復生，物極必反，其理須如此。有生便有死，有始便有終。」

〔註30〕語見【北宋】程顥、程頤著，《二程集》上，河南程氏遺書卷十八，〈劉元承手編〉，頁193。程頤曰：「天下物皆可以理照。有物必有則，一物須有一理。」

〔註31〕同上，河南程氏外書第十一，〈時氏本拾遺〉，頁411。程頤曰：「世之人務窮天地萬物之理，不知反之一身。五臟六腑毛髮筋骨之所存，鮮或知之。善學者，取諸身而已，自一身以觀天地。」

〔註32〕同上，河南程氏遺書卷第二十五，〈暢潛道錄〉，頁316。

下學而上達，知我者其天乎」〔註33〕的境地，盡知並領會天地宇宙間的至理。其觀化心境的養成，應與邵雍平日安樂的志趣有關，或能從其詩作與他人的描述窺見一斑。

第三節　安樂的志趣

　　方東美先生曾將邵雍比之為希臘相傳的「笑的哲學家」，其謂：

> 以這麼一位很奇特的哲學家，如果拿來同西方的哲學家比：在希臘相傳有兩個哲學家，一個稱為「笑的哲學家」（Laughing philosopher），因為他心情愉快，笑口常開；再有一個稱為「哭的哲學家」（Weeping philosopher），他看宇宙中充滿了矛盾，讓人受不了。在中國宋代哲學家中也可以找出這麼兩個人：一是邵康節，他有廣博的知識，豐富的才情，又充滿了歷史智慧，凡是看得透、想得開，所以待人處世，隨順和平而笑口常開，所以稱得上是個「笑的哲學家」。但是，同時從小程子──程頤來看，他凡事看不慣而憤世嫉俗，養成一個狹隘的心情，總是愁眉苦臉的，倒像是一個「哭的哲學家」。〔註34〕

方先生以為邵雍擁有廣博的知識，豐富的才情以及歷史的智慧，致而其在待人處事方面，能以開朗的心胸隨順物情而笑口常開，因此，以「笑的哲學家」喻之當屬無愧，而方先生實把邵雍安與樂的心志傳達出來。邵雍一生以安樂為職志，不僅自號安樂先生，亦將其處所定名為安樂窩，並寫成組詩〈安樂窩中吟〉，發抒閑雅與安適的心情。《宋元學案》中收錄一則相關的報導：

> 居洛四十年，安貧樂道，自云未嘗攢眉。所居寢息處，名安樂窩，自號安樂先生。又為甕牖，讀書燕居其下。旦則焚香獨坐，晡時飲酒三四甌，微醺便止，不使至醉。嘗有詩云：「斟有淺深存變理，飲無多少係經綸。莫道山翁拙於用，也能康濟自家身！」〔註35〕

邵雍自遷居洛陽後，生活清簡，以讀書、焚香、飲酒為樂，即使蓬戶甕牖，其也不以為意。孔子嘗稱讚其門下弟子顏回道：「賢哉，回也！一簞食，一瓢飲，在陋巷，人不堪其憂，回也不改其樂。賢哉，回也！」〔註36〕邵雍安貧

〔註33〕語見【清】劉寶楠，《論語正義》，卷十七，〈憲問第十四〉，頁592。

〔註34〕參見方東美先生，《新儒家哲學十八講》，〈從周濂溪談到邵康節〉，頁223～224。

〔註35〕語見【清】黃宗羲，《宋元學案》，卷十，〈百源學案下〉，附錄，頁464。

〔註36〕語見【清】劉寶楠，《論語正義》，卷七，〈雍也第六〉，頁226。

樂道的心志正與顏回之樂相呼應，而程顥評之爲「陋巷一生顏氏樂」〔註37〕，
頗有儒家人格修養充實的光輝。

　　然其所樂不獨己樂，亦遍及四時佳興、天地萬物之自得，邵雍於《伊川
擊壤集・序》裡開門見山地說到：「《擊壤集》，伊川翁自樂之詩也。非唯自樂，
又能樂時與萬物之自得也。」〔註38〕揭露其賦詩的旨意，在於自樂及樂時與
萬物之自得，顯見其以「樂」爲依歸，舉凡能表現自樂與四時、萬物之自得
等，均能成爲詩作的題材，比如其詩吟詠曰：

> 安樂窩中事事無，唯存一卷伏羲書。倦時就枕不必睡，忻後攜節任
> 所趨。准備點茶收露水，隄防合藥種魚蘇。苟非先聖開蒙恪，幾作
> 人間淺丈夫。〔註39〕

> 安樂窩中春暮時，閉門慵坐客來稀。蕭蕭微雨竹間霽，嘖嘖翠禽花
> 上飛。好景盡將詩記錄，歡情須用酒維持。自餘身外無窮事，皆可
> 掉頭稱不知。〔註40〕

邵雍透過詩將安樂窩中生活的寫實、所觀景物的描述與心緒的抒發表現出
來，反顯出其閒適無憂的安樂心境，就事物的本然觀之，以照見其自得之處，
而所樂油然而生。於是乎，此樂除了摹寫生活週遭、古往今來的人事物外，
同時也反映了邵雍人格的氣度，其詩作〈樂樂吟〉正爲最佳的註腳：「吾常好
樂樂，所樂無害義。樂天四時好，樂地百物備，樂人有美行，樂己能樂事。
此數樂之外，更樂微微醉。」〔註41〕實發揮以物觀物的反觀精神，使物「兩
不相傷」、「其間情累都忘去爾」〔註42〕，盡悉天、地、人、己所樂之處，不
啻於宇宙天地中安身立命的展現。

　　綜觀邵雍詩作中閒、樂的描述與表現在外的安、樂態度，可以得知其安

〔註37〕語見【北宋】程顥、程頤著，《二程集》上，河南程氏文集卷第三，〈和邵堯
　　　　夫大乖吟二首〉，頁481。其原詩如下：「打乖非是要安身，道大方能混世塵。
　　　　陋巷一生顏氏樂，清風千古伯夷貧。客求墨妙多攜卷，天爲詩豪剩借春。儘
　　　　把笑談親俗子，德容猶足畏鄉人。　　聖賢事業本經綸，肯爲巢、由繼後塵？
　　　　三幣未回伊尹志，萬鍾難換子輿貧。且因經世藏千古，已占西軒度十春。時
　　　　止時行皆有命，先生不是打乖人。」
〔註38〕語見【北宋】邵雍，《伊川擊壤集》，〈序〉，頁2。
〔註39〕同上，卷十，頁76。
〔註40〕同上，頁77。
〔註41〕語見【北宋】邵雍，《伊川擊壤集》，卷九，頁62。
〔註42〕同上，〈序〉，頁2。

樂志趣的體現絕非偶然，有其內在精神的充實飽滿爲支柱，意即知天命並安於天命、隨順造化之自然而作息的情操。

第四節　窮理盡性以至於命的胸懷

　　邵雍於詩作〈大人吟〉云：「天道遠，人道邇。盡人情，合天理。」〔註43〕天道的運作神妙幽微，人無以全然掌握；然人道的開展卻由人自身來踐履，是故人所能做的便是畢盡人情、翕合天理，甚至以之洞察出天理的機微；而邵雍深諳此理，持守安樂的心志，發揮觀化的修養，推誠以見道，其在〈推誠吟〉一詩中吟詠：「天雖不語人能語，心可欺時天可欺。天人相去不相遠，只在人心人不知。人心先天天弗違，人身後天奉天時。身心相去不相遠，只在人誠人不推。」〔註44〕委實點出心是橋接天人的中介，而推誠則是溝通身心的橋樑，透過人本身的推誠，完備心的修養，使身、心、性命通徹一貫，進而領略天理的奇奧。

　　《宋史·道學傳》謂：

> 雍德氣粹然，望之知其賢，然不事表襮，不設訪畛，群居燕笑終日，不爲甚異。與人言，樂道其善而隱其惡，有就問學則答之，未嘗強以語人，人無貴賤少長，一接以誠，故賢者悅其德，不賢者服其化，一時洛中人才特盛，而忠厚之風聞天下。〔註45〕

此乃評述邵雍的爲人，從「群居燕笑終日，不爲甚異」、「與人言，樂道其善而隱其惡」、「有就問學則答之，未嘗強以語人」等事例，可見邵雍「一接以誠」的待人應物之道，無須防備，亦不須掩飾，其以誠爲之。近人高懷民先生說：「他受外界的尊敬乃來自他內在的操持。他操持的是什麼？便是『誠』。他誠於天地大道之正，合於天地之道而不離，中庸所謂『自誠明』者便是。」邵雍因推誠而得天地大道之正，得天地大道之正便能明照宇宙天地間的物事，從而洞燭天理。《宋元學案》邵雍本傳裡曾記述一則例子：

> 先是，于天津橋上聞杜鵑聲，先生慘然不樂曰：「不二年，南士當入相，天下自此多事矣！」或問其故，曰：「天下將治，地氣自北而南。

〔註43〕同上，卷十六，頁 120。
〔註44〕同上，卷十八，頁 130。
〔註45〕語見【元】脫脫等修撰，《宋史》，卷四百二十七，列傳第一百八十六，〈道學一·邵雍〉，頁 12726。

將亂，自南而北。今南方地氣至矣。禽鳥，得氣之先者也。」至是，
其言乃驗。〔註46〕

其表面上係一則關於邵雍的預言應驗的記載，實則映現了邵雍推誠以見道、
反觀以著理的涵養。憑著杜鵑聲與地氣的變化之間的關聯，推斷人事的發展，
由於萬事萬物一同生存在此宇宙天地間，彼此的關係乃牽一髮而動全身，如
同先天六十四卦圓圖所昭示，有其開展的規律與理則，一旦發生失序的情況，
將牽動到其他物事的生長與遷化，包括人事上的變動。而得此天理機微，亦
若造化在我者，「聖人之心即天地之心」的說法便不難領會。

於是，邵雍亦體悟出《易傳》裡「窮理盡性以至於命」的眞義：

萬物無所不稟，則謂之曰命；萬物無所不本，則謂之曰性；萬物無
所不主，則謂之曰天；萬物無所不生，則謂之曰心。其實一也。古
之聖人窮理盡性以至於命，盡心知性以知天，存心養性以事天，皆
本乎此也。〔註47〕

是個上下通貫的道理，所謂命、性、天、心，其實一也，實皆循乎天理而動。
無怪乎邵雍在詩作〈乾坤吟〉中說：「道不遠于人，乾坤只在身。誰能天地外，
別去覓乾坤！」〔註48〕又於〈宇宙吟〉　詩裡道：「宇宙在乎手，萬物在乎身。
綿綿而若存，用之豈有勤！」〔註49〕可謂深明「窮理盡性以至於命」的大義，
同時亦透顯出邵雍的胸臆。

程顥將邵雍生平的學術評論爲「內聖外王之道也」〔註50〕，一語道盡邵
雍思想的精微。邵雍希冀聖人在窮理盡性以至於命後，亦能有所用於世，譬
若詩作〈天人吟〉所言：「知盡人情天豈異，未知何嗇隔天地。少時氣銳未更
諳，不信人間有難事。知盡人情與天意，合而言之安有二。能推己心達人心，
天下何憂不能治。」〔註51〕在通曉人情與天意無隔後，猶能將己心推擴至人

〔註46〕語見【清】黃宗羲，《宋元學案》，卷九，〈百源學案上〉，康節邵堯夫先生雍，
　　　　頁366。

〔註47〕語見【清】黃宗羲，《宋元學案》，卷十，〈百源學案下〉，語錄，頁475。

〔註48〕語見【北宋】邵雍，《伊川擊壤集》，卷十七，頁129。

〔註49〕同上，卷十六，頁120。

〔註50〕語見【清】黃宗羲，《宋元學案》，卷十，〈百源學案下〉，附錄，頁464。其記
　　　　載到：「二程嘗侍太中公訪先生于天津之廬。先生移酒飲月坡上，歡甚，語其
　　　　平生學術出處之大致。明日，明道謂周純明曰：『昨從堯夫先生遊，聽其議論，
　　　　振古之豪傑也。惜其無所用于世。』周曰：『所言何如？』曰：『內聖外王之
　　　　道也。』」

〔註51〕語見【北宋】邵雍，《伊川擊壤集》，卷十五，頁110。

心，則何懼於天下不能治，其內所蘊藏的內聖外王之志不言而喻。雖然，邵雍將其所塑造出的理想人格踐實於日用中，透過詩作的吟詠、觀化的心境、安樂的志趣與窮理盡性以至於命的胸懷待物應世，惜邵雍未能發展其外王的事業，始終如隱者的姿態面對仕進，不是辭而不受，便是受而引疾，與晉身仕宦似乎沒有緣分，而終其一生抱守其志〔註52〕。然其透過「觀」、「觀物」與「反觀」的路徑，洞悉宇宙天地物事的發展，使人得以掌握知識，把握現世、當下的生命，而不被外在的洪流淹沒，實突顯了人的生命精神，讓人於世間開展其人生的事業，就此意義而言，其外王非關政治仕途，而是人生價值的彰顯與實現，當爲邵雍學說最大的貢獻之所在。

〔註52〕《宋元學案・百源學案》中載記：「嘉祐中，詔舉遺逸，留守王拱辰薦之，授試將作監簿，先生不赴。熙寧初，復求逸士，中丞呂誨等復薦之，補潁州團練推官，皆三辭而後受命，終不之官。」語見【清】黃宗羲，《宋元學案》，卷九，〈百源學案上〉，康節邵堯夫先生雍，頁366。

第六章 結 論

堯夫非是愛吟詩，詩是堯夫默識時。日月既來還卻往，園林纔盛又成衰。登山高下雖然見，臨水淺深那不知。世上高深事無限，堯夫非是愛吟詩。〔註1〕

本論文從邵雍的物理之學與性命之學的涵義是否闡幽了程顥對其所評價的「內聖外王之學」爲議題，試著呈現邵雍物理之學與性命之學的樣貌，並爲之定位，揭明邵雍之所以受程氏推崇的原因。其結論如下：

一、邵雍自注其生命情調，發揮「觀」的創造性

邵雍藉著先天易圖與易數的演繹，逆推宇宙天地的生成與發展，試圖建構出一套「先天而天弗違」〔註2〕的宇宙論，並以「觀」作爲開展與認識萬事萬物的方式，從而盡觀宇宙天地、古往今來的人事物象，同時找到「以物觀物」的觀物路徑，藉「反觀」思想實踐物理之學與性命之學，闡揚「萬物于人一身，反觀莫不全備」的思維，而其「眞知」便在天人上下通貫的脈絡中開展。是以，邵雍「反觀」思想、「觀物」理論的形塑，乃反映出其對「觀」概念的闡發與充擴。以甲骨文、小篆、《易》典裡及先秦時代先輩思想家所討論「觀」概念的意涵爲前沿，邵雍在不同程度上吸取了其中的內涵，進而應用在其觀物的方法與對能觀主體的理解及實踐中，使其既有蕫鳥審諦觀察、洞見大化的方法，亦有儒家的價值實踐與相感互應、道家的主體修養之意義，因而發揮其「觀」的創造性。方東美先生曾對邵雍思想中「觀」的創造義有

〔註1〕 語見【北宋】邵雍，《伊川擊壤集》，卷二十，頁157。
〔註2〕 語見【魏】王弼注、【唐】孔穎達疏，《周易正義》，卷一，〈乾卦〉，小象傳，頁9。

所詮釋與發明：

> 這個「聞見之知」，是以耳目口鼻爲藝術欣賞的起點，它是審美的工
> 具。我們從這個起點上昇，那麼耳目口鼻把天地間美聲、美色、美
> 味、美氣都接觸了、欣賞了之後，這樣一來，你把這個身體的作用
> 盡其發揮了，然後在上層建立一個心靈的作用，再產生更高一層的
> 知識。這個知識以"aesthetic qualities"爲根據而向上提昇，變成了
> 世界中物質形體上面之上，或者是性體，或者是抽象的理性，或者
> 是高尚的思想。而後他曉得真正到了宇宙的上層再回看宇宙；是不
> 可分割的整體的無窮宇宙。〔註3〕

在這一段文字中，方東美先生展示了一段人憑著具有美感視域的「觀」而逐
層上進的過程：從耳目口鼻的聞見之知、心靈作用的建立到由在物質形體之
上的性體、抽象的理性或高尚的思想所構築的知識等，一如邵雍於紛多繁雜
的物象人事中尋出其本具的理般，於最末能站在宇宙的上層回看宇宙，而體
悟到宇宙萬事萬物爲一不可分割的整體，乃以現代的意義闡揚邵雍自天地物
象的體用關係談到聖人「觀物」的整個思想的大觀，其美感視域的加入，爲
邵雍的「觀」增色不少，更顯其「觀」的創造性。於此而言，邵雍所表現出
「觀」的創造性，實呈顯於其先天易圖、易數的經世演用與天地體用、元會
運世、皇帝王伯的觀物思想中，企圖建構出一套自宇宙天地生化到古今人事
物象發展皆能解讀、認識並安置的框架。

二、由物理之學的觀照到性命之學的踐履

邵雍提出「觀」、「觀物」的思想正以其睿智總括出《易》經傳裡卦爻象
生發的機制，亦逆知往昔的哲人如何觀看其當時的世界。在其看似駁雜的學
問中，實蘊有儒道二家學說的精華與智慧，如此方能勾連起物理之學與性命
之學。邵雍闡發其觀物的智慧，順觀古往今來的政治人事與歷史興衰，並且
洞悉出歷史循環與歷史衰退的觀點，這是物理之學的觀照與鋪舒，爲認識論
的建構，可循理而把握；然邵雍亦後設地考量到如何實踐、如何在循環不斷
與衰退的時間運程中安排人生的問題，於是提出能將觀道體道臻於極致的理
想人格—聖人，以及將「先天之學」與觀物思想予以實踐的途徑—反觀，透
過心、性的修養，找到天人相通的實踐意義，以聖人能「以物觀物」爲標的，

〔註 3〕 參見方東美先生，《新儒家哲學十八講》，〈邵康節的擬似科學的宇宙觀〉，頁
230。

作爲人生在世可以遵行、實現的方向，此爲性命之學的反思與踐履。邵雍深思宇宙論與人生哲學之間的關係，並提挈認識論與心性修養論，爲之提供入徑的方法與實踐的路徑，就此意義而言，不啻標舉出北宋思想家觀看世界的方式，冀以由內聖而達外王的途徑，發揮「聖人之道」，而邵雍別異於北宋其他四子的地方，在於其透過物理之學的觀照、觀物思想的鋪展，以進一步開展其「內聖外王之學」。

三、天人關係的證成

　　當代學者曾春海先生曾說：「天人有縱貫的性命關係，基於此關係，人與人在橫向上有同一性而互感互通。人與萬物也基於同源出於天而具橫向的有機之相互聯屬關係。」〔註4〕邵雍便以其慧識而體貼出天人、物我的縱貫與橫向聯繫，利用先天易圖、易數與觀物之思來展現此中的精微，而聖人的反觀則進一步將之證成，昭示「我亦人也，人亦我也」的物我橫向聯絡，並以道—性—心關係的討論，拈出「一中」的概念，展示太極、道、天地之心、聖人之心同一的縱向聯繫，以之體現「窮理盡性以至於命」的「眞知」。

四、學問與生命的符契

　　譬況古聖先賢，其學問常與生命相應契，邵雍亦將其反觀思想踐實於其人格涵養與生活日用上，於其詩作展現安樂的心志與觀物的理趣，在與同時期交往者應對進退之間顯露其觀化的智慧與窮理盡性以至命的胸懷，切實將學問落實於生命中。在宋人阮閱所輯錄的《詩話總龜》一書裡，曾載記：「邵堯夫先生居洛四十年，安貧樂道，自云未嘗攢眉」、「燕居，自平旦焚香獨坐，晡時飲酒三四甌，微熏便止，不使至醉也。中間州府以更法，不餽餉寓賓，乃以薄粥代之，好事者或載酒以濟其乏」、又「學者來從之，問經義，精深浩博，應對不窮，思致幽遠，妙極道數，間與相知之深者開口論天下事，雖久存心世務者不能及也。」〔註5〕由邵雍平日居處、言行舉止與待人接物的生活紀實，呈現邵雍安貧樂道、凡事適可而止、不強力而爲的人格與涵養，以及其不藏私、洞察天下事的胸襟與眼光，著實透顯出邵雍爲一能掌握知識、知造化之迹且深具人格修養的學者。雖則，其並無以積極的態度參與當時的政

〔註4〕　參考由曾春海、葉海煙、尤煌傑、李賢中等先生所合著，《中國哲學概論》，〈中國天人關係論〉，頁71。

〔註5〕　語見【宋】阮閱撰，《增修詩話總龜》，後集卷七，〈達理門〉，頁257。

事，然其所領會出的內聖外王之學，可作爲人於宇宙洪流中安頓、開展性命的方針，亦能爲後學者拋磚引玉，使其在面對不同的時代處境時，能調適出剴切的經世之方。

　　宋代是一個熟嫻釋典的時代，對於佛典的釋譯、佛學各宗各派經典的釋疑，皆有一定程度的諳習，而佛學思想中亦有不少對「觀」概念所闡發的主張或理論，如印度龍樹的中觀見、天臺佛學的「一心三觀」觀法等，在宋代學者釋典的過程裡，或多或少將此思想承繼下來，以爲開創新的學說、新的文風之元素，或者作爲批判懷疑的對象。邵雍身處這時代，理應受此氛圍所影響，於開展觀物思想的同時，吸收佛典中「觀」的精神與意涵；然而，本研究僅針對先秦時代儒、道二家學說對邵雍思想的積澱來討論，不作相關佛學思想延續的探析，也沒有關照到從漢至宋之際，「觀」概念的思想史爬梳，因此，無法獲悉佛學思想、漢以來思想家對「觀」概念的解釋與看法是否影響到邵雍思想，是本研究的限制之處，亦是本研究欲待探討的地方，期望日後能加以補足。

參考文獻

一、民國以前的典籍

（一）邵雍著作及其相關研究

1. 《伊川擊壤集》，【宋】邵雍，其收錄於《四部叢刊初編集部》○四八，上海：上海商務印書館。
2. 《皇極經世書》，【宋】邵雍撰、【明】黃畿洲註釋，臺北：中華書局，1965年。
3. 《皇極經世書、皇極經世鈐》，【宋】邵雍撰；邵伯溫等解；【明】徐必達校正，臺北：中國子學名著集成編印基金會，1978年。
4. 《皇極經世觀物外篇衍義》，【宋】張行成，其收錄於【清】永瑢、紀昀等總纂，《景印文淵閣四庫全書》，臺北：臺灣商務印書館，1983年初版。
5. 《皇極經世書解》，【清】王植，其收錄於《景印文淵閣四庫全書》，【清】永瑢、紀昀等總纂，臺北：臺灣商務印書館，1983年初版。
6. 《擊壤集》，【宋】邵雍撰、上野日出刀解題，臺北：大化書局，1985年和刻。

（二）歷代易學著作

1. 《周易集解》，【唐】李鼎祚，其收錄於《學津討原》第一函，臺北：藝文印書館，1965年。
2. 《周易正義》，【魏】王弼注；【唐】孔穎達疏，臺北：廣文書局，1972年元月初版。
3. 《周易集解》，【唐】李鼎祚，北京：中國書店，1990年1月第4次印刷。
4. 《周易正義》，【唐】孔穎達疏、【清】阮元校勘，其收錄於《十三經注疏》周易、尚書（一），臺北：新文豐出版公司，2001年初版。

5. 《易學辨惑》，【宋】邵伯溫，其收錄於【清】永瑢、紀昀等總纂，《景印文淵閣四庫全書》，臺北：臺灣商務印書館，1983 年初版。

6. 《易通變》，【宋】張行成，其收錄於【清】永瑢、紀昀等總纂，《景印文淵閣四庫全書》，臺北：臺灣商務印書館，1983 年初版。

7. 《易經集注》，【明】來知德，上海：上海書店，1990 年 9 月第二次印刷。

8. 《俞氏易集說》，【元】俞琰，臺北：廣文書局，1974 年 9 月初版。

9. 《御纂周易折中》，【清】李光地等奉敕撰，其收錄於《景印文淵閣四庫全書》，【清】永瑢、紀昀等總纂，臺北：臺灣商務印書館，1983 年初版。

（三）**其他**（經、史、子、集部著作）

1. 《二程集》上，【宋】程顥、程頤著、王孝魚點校，北京：中華書局，2004 年 2 月北京第 3 次印刷。

2. 《廿二史攷異》，【清】錢大昕，臺北：藝文印書館，1964 年。

3. 《四書章句集註》，【宋】朱熹，臺北：鵝湖出版社，2002 年 3 月六刷。

4. 《朱子語類》，【宋】朱熹，其收錄於王雲五主編、張伯行輯訂，《朱子語類輯略》，臺北：臺灣商務印書館，1969 年 10 月臺一版。

5. 《老子道德眞經》，【魏】王弼注、【明】孫鑛評，其收錄於嚴靈峯編輯，《無求備齋老列莊三子集成補編（二）》，臺北：成文出版社有限公司，1983 年。

6. 《宋元學案》，【清】黃宗羲，北京：中華書局，1986 年 12 月第 1 版第 3 次印刷。

7. 《武英殿本四庫全書總目提要》第四冊　集部（一），【清】永瑢、紀昀等撰，臺北：臺灣商務印書館，1983 年。

8. 《周髀算經》，【漢】趙君卿注；【北周】甄鸞重述；【唐】李淳風注釋，其收錄於【清】永瑢、紀昀等總纂，《景印文淵閣四庫全書》，臺北：臺灣商務印書館，1983 年初版。

9. 《孟子正義》，【清】焦循、沈文倬點校，臺北：中華出版社，1998 年 12 月北京第 4 次印刷。

10. 《尚書正義》，【漢】孔安國傳、【唐】孔穎達正義、許錟輝分段標點，其收錄於《十三經注疏》2 尚書正義，臺北：新文豐出版公司，2001 年。

11. 《皇朝文鑑》，【明】錢謙益，臺北：臺灣商務印書館，1965 年。

12. 《昭德先生郡齋讀書志》，【宋】晁公武，其收錄於《中華漢語工具書書庫》，李學勤主編，合肥：安徽教育出版社，2002 年 1 月第 1 版第 1 次印刷。

13. 《國故論衡》上，【清】章炳麟，臺北：廣文書局，1976 年 11 月初版。

14. 《御纂周易折中》，【清】李光地等奉敕撰，其收錄於《景印文淵閣四庫全書》，【清】永瑢、紀昀等總纂，臺北：臺灣商務印書館，1983 年初版。

15.《莊子集釋》,【清】郭慶藩撰；王孝魚點校,北京：中華書局,2007 年 3 月北京第 11 次印刷。

16.《張子全書》,【宋】張載,臺北：臺灣商務印書館,1968 年。

17.《新校本宋史并附編三種》【元】脫脫等修撰、楊家駱主編,臺北：鼎文書局,1977 年初版。

18.《新添古音說文解字注》,【漢】許慎撰；【清】段玉裁注,臺北：洪葉文化事業有限公司,2000 年 9 月普及版一版一刷。

19.《詩經疏義會通二十卷》,【元】朱公遷,其收錄於《景印文淵閣四庫全書》經部 77,【清】永瑢、紀昀等總纂,臺北：臺灣商務印書館,1983 年初版。

20.《經義述聞》,【清】王引之,臺北：廣文書局,1972 年 2 月再版。

21.《漢書》,【漢】班固,臺北：新陸書局,1967 年 12 月出版。

22.《漢書注釋》,【漢】班固、張烈主編,海口：南方出版社,1995 年 5 月第 1 版第 2 次印刷。

23.《增修詩話總龜》,【宋】阮閱撰,其收錄於《四部叢刊初編縮本》,王雲五主編,臺北：臺灣商務印書館,1965 年 8 月臺一版。

24.《蔣氏蓮經十二卷》,【明】蔣德璟,其收錄於《四庫未收書輯刊》第玖輯,四庫未收書輯刊編纂委員會編,北京：北京出版社,1998 年。

25.《論語正義》,【清】劉寶楠,臺北：文史哲出版社,1990 年 11 月初版。

二、民國以後的專著

1.《王國維先生全集 初編》,王國維,臺北：臺灣大通書局,1976 年。

2.《心體與性體》,牟宗三,臺北：正中書局,1989 年 5 月臺初版第八次印行。

3.《文字學概要》,裘錫圭,臺北：萬卷樓圖書有限公司,2001 年 2 月再版四刷。

4.《中國哲學史》,勞思光,臺北：友聯出版社有限公司,1980 年 12 月再版。

5.《中國哲學精神及其發展》(上冊),方東美,其書收錄於《方東美全集》,臺北：黎明文化事業股份有限公司,2005 年修定初版。

6.《中國哲學概論》,曾春海、葉海煙、尤煌傑、李賢中合著,臺北：五南圖書出版股份有限公司,2005 年 9 月初版一刷。

7.《甲骨文字釋林》,于省吾,北京：中華書局,1979 年第 1 版。

8.《生生之德》,方東美,臺北：黎明文化出版社,1979 年。

9.《北宋儒學》,杜保瑞,臺北：臺灣商務印書館,2005 年 4 月初版第一次印刷。

10.《老莊思想論集》,王煜,臺北：聯經出版公司,1978 年 12 月 15 日。

11.《老子釋譯》,朱謙之釋、任繼愈譯,臺北:里仁書局,1985 年 3 月 25 日。

12.《宋明理學概述》,錢穆,臺北:臺灣學生書局,1984 年 2 月再版。

13.《宋人軼事彙編》卷十,丁傳靖,北京:北京圖書館出版社,2006 年第 1 版第 1 次印刷。

14.《明心篇》,熊十力,臺北:臺灣學生書局,1976 年 5 月景印再版。

15.《周易大傳新注》,徐志銳,臺北:里仁書局,2003 年 10 月 31 日初版三刷。

16.《易學哲學史》,朱伯崑,修定本第二卷,臺北:藍燈文化事業股份有限公司,1991 年 9 月初版)。

17.《易學基礎教程》,朱伯崑主編,廣州:廣州出版社,1993 年 12 月第 1 版第 1 次印刷。

18.《易學本體論》,成中英,北京:北京大學出版社,2006 年 9 月第 1 版第 1 次印刷。

19.《邵子先天易哲學》,高懷民,臺北:高懷民,1997 年。

20.《科學哲學與人生》,方東美,臺北:黎明文化事業股份有限公司,1980 年 10 月三版。

21.《唐君毅全集》,唐君毅,卷十二　中國哲學原論 導論篇、原性篇、原教篇,臺北:臺灣學生書局,1986 年 9 月全集校訂版。

22.《哲學大辭書》第四冊,哲學大辭書編審委員會編著,臺北縣:哲學與文化月刊雜誌社,2003 年 8 月 1 日)。

23.《從創造性的詮釋學到大乘佛學:「宗教與哲學」四集》,傅偉勳,臺中:東大圖書公司,1990 年。

24.《新儒家哲學十八講》,方東美,臺北:黎明文化事業股份有限公司,1985 年 4 月再版。

25.《新編中國哲學史》(一),勞思光,臺北:三民書局股份有限公司,2001 年 9 月重印三版一刷。

26.《詩經詮釋》,屈萬里,臺北:聯經出版事業股份有限公司,2004 年 10 月初版第十五刷。

27.《潔靜精微之玄思:周易學說啟示錄》,張善文,上海:上海遠東出版社,2003 第 1 版第 1 次印刷)。

28.《學問的生命與生命的學問》,傅偉勳,臺北:正中書局,1993 年臺初版。

29.《21 世紀的儒道:儒道兩家思想的現代出路》,王邦雄,臺北:立緒文化事業有限公司,1999 年 6 月初版一刷。

三、期刊論文

1. 〈天人統一於一心——論邵雍儒道兼綜的境界哲學〉，王競芬，《孔子研究》第 6 期，2000 年，頁 59～67。

2. 〈《伊川擊壤集》與先天象數學〉，王利民，《周易研究》第 3 期，2003 年，頁 3～10。

3. 〈朱熹對邵雍先天象數〉，李秋麗，《孔子研究》第 1 期，2003 年，頁 69～74。

4. 〈"伏羲四圖，其說皆出邵氏"辨〉，郭彧，資料來源於《國學網站：郭彧易學論集》，http://www.guoxue.com/article/guoyu/008.htm。

5. 〈宋代數本論學派何以能成立？——一論中國數學派〉，張其成，資料來源於《國際易學聯合會》，http://www.gjyl.com/ModernInfo.asp?ID=325&CID=39，2005 年 1 月 28 日。

6. 〈宋代數學派「太極觀」——二論中國數學派〉，張其成，資料來源於《善書網》，http://www.moralitybooks.org/article.php/794。

7. 〈宋代最偉大的哲學家——邵雍〉，郭彧，資料來源於《國學網站：郭彧易學論集》，http://www.guoxue.com/article/guoyu/021.htm。

8. 〈老子"反"之道平議〉，高秀昌，《平頂山學院學報》第 23 卷第 4 期，2008 年 8 月，頁 94～97。

9. 〈老子"反"範疇的文論意蘊〉，高文強，《廣西社會科學》第 9 期，2008 年，頁 65～69。

10. 〈兩宋治經取向及特色〉，李威熊，《中華學苑》第 30 期，1984 年 12 月，頁 49～85。

11. 〈邵雍及其擊壤集〉，李殿魁，《世界華學季刊》創刊號，1980 年 3 月，頁 45～71。

12. 〈邵雍的皇極經世書〉，李申，《周易研究》第 2 期，1989 年，頁 22～30。

13. 〈邵雍先天易演天地之數〉，高懷民，《國立政治大學學報》人文科學類第 66 期上冊，1993 年 3 月，頁 41～62。

14. 〈邵康節的「以物觀物」致聖說〉，蘇基朗，其收錄於《宋史研究集》第二十五輯，臺北：國立編譯館，1995 年，頁 247～262。

15. 〈邵雍自然哲學的思想對朱熹的影響〉，徐剛，《孔子研究》第 3 期，1997 年，頁 69～76。

16. 〈邵雍「擊壤集」命名之探討〉，鄭定國，《鵝湖月刊》第 1 卷第 25 期，1999 年 7 月。

17. 〈邵雍易學的知識論向度——「皇極經世」、「觀物篇」之六十二所給予的提示〉，關永中，《國立臺灣大學哲學評論》第 23 期，2000 年 1 月，頁 53～95。

18. 〈邵雍：從物理之學到性命之學〉，張其成，《孔子研究》第 3 期，2001 年，頁 55～63。

19. 〈邵雍天人之學視野之下的孔子〉，王新春，《文史哲》第 2 期，2005 年，頁 34～39。

20. 〈邵雍先天學辨析〉，周方海，《學術交流》第 8 期，2006 年 8 月，頁 22～24。

21. 〈邵雍學術淵源略論〉，金生楊，《中華文化論壇》第 1 期，2007 年頁 119～124。

22. 〈邵雍易學中的歷史哲學〉，章偉文，《周易研究》第 1 期，2007 年，頁 53～59。

23. 〈邵雍的歷史哲學思想探析〉，章偉文，《中國哲學史》第 3 期，2007 年，頁 93～99。

24. 〈邵雍先天之學對時代的契應〉，李似珍、王新，《周易研究》第 1 期，2008 年，頁 43～50。

25. 〈邵雍先天學的兩個層面：象數學與本體論—兼論朱熹對邵雍先天學的誤讀〉，趙中國，《周易研究》第 1 期，2009 年，頁 160～70。

26. 〈《皇極經世》原書考〉，郭彧，資料來源於《國學網站：郭彧易學論集》，http://www.guoxue.com/article/guoyu/003.htm。

27. 〈從易學史的發展看邵雍的易學成就〉，高懷民，《國立政治大學哲學學報》，1996 年 12 月，頁 131～147。

28. 〈逍遙安樂的審美人生—略論邵雍儒道兼綜的境界美學〉，王竟芬，《安徽師範大學學報》第 32 卷第 6 期，2004 年 11 月，頁 699～705。

29. 〈張行成先天數學初探—三論中國數學派〉，張其成，《周易研究》第 2 期，2003 年），頁 41～48。

30. 〈試析邵雍「以物觀物」的詩歌理念〉，鄭雪花，《孔孟月刊》第 37 卷第 5 期， 1999 年 1 月，頁 29～35。

31. 〈精研先天易圖的邵康節〉，袁金書，《中華易學》，第 8 卷第 1 期，1987 年 3 月，頁 12～22。

32. 〈論邵雍的物理之學與性命之學〉，余敦康，《道家文化研究》第 11 期，1997 年 10 月，頁 201～222。

33. 〈論邵雍的先天之學與後天之學〉，余敦康，《道家文化研究》第 11 期，1997 年 10 月，頁 223～238。

34. 〈論"觀物"與"觀無"—儒學與現象學的一種融通〉，黃玉順，《四川大學學報》第 4 期，2006 年，頁 67～74。

四、學術論文

1.《邵康節先天易學之歷史哲學研究》，張新智，臺北：政治大學中文研究所碩士論文，1993 年。

2.《邵雍研究》，徐紀芳，臺北：中國文化大學中國文學研究所博士論文，1994年。

3.《邵雍易數哲學探究》，王國忠，臺北：中國文化大學中國文學研究所碩士論文，1996 年。

4.《邵雍處世思想探究》，廖添洲，臺北：東吳大學中國文學研究所碩士論文，1997 年。

5.《邵康節思想研究──試由康節之易學至其心性論，說其歷史觀》，鄧振江，香港：新亞研究所哲學組碩士論文，1998 年。

6.《邵雍「先天圖」研究》，陳玉琪，臺中：東海大學中國文學研究所碩士論文，2001 年。

7.《邵雍觀物思想研究》，胡文欽，高雄：中山大學中國文學研究所碩士論文，2001 年。

8.《邵雍元會運世說的時間觀》，彭涵梅，臺北：臺灣大學哲學研究所博士論文，2004 年。

9.《邵雍弟子考》，周君芸，臺北：中國文化大學中國文學研究所碩士論文，2007 年。

10.《觀物與詩：邵雍觀物思想研究》，施乃綺，臺南：成功大學中國文學研究所博碩士班碩士論文，2003 年。

周濂溪哲學思想之批判

王祥齡　著

作者簡介

王祥齡
文化大學哲學研究所博士
逢甲大學中國文學系專任副教授

提　要

　　濂溪先生之〈太極圖說〉與〈通書〉，在中國哲學思想史上的影響，自集理學之大成朱熹為其大力宣揚「真得千聖以來不傳之秘」，以及與陸象山鵝湖之會的論辯，儼然成為後代研治宋明理學者，尊為道統之所在。元代宰相脫脫，在其所修之「宋史」「道學傳」中亦云：「得聖賢不傳之學」。但極少有人將其哲學思想本身與其前期歷史文化發展，作一嚴密的考察、分析與釐清，給予其在哲學思想史上，是否「真得千聖以來不傳之秘」與「得聖賢不傳之學」之地位予以批判，而僅只滯陷於道統的延續與門派爭論的狹隘罅縫裡，是其所是，非其所非。

　　本論所述，是將其哲學思想與其前期歷史文化發展作一嚴密的考察，進而分析其對日後哲學思想上的發展與影響，來做通盤性的釐清研究。以揭示濂溪先生在中國哲學思想史上的繼承與開展。

　　本論著主要的論題有三；一是考察秦漢以來至濂溪以前哲學思想發展的大勢。此大項又可分為兩個項目：其一是秦漢以來哲學思想的流變所導致的文化倒退運動；另一則是佛教輸入中土以後，儒、釋、道三家的融合與發展；前者代表了哲學思想的型態，後者則是以廣大的社會大眾為基礎的意識型態，而此二者之間，彼此互動，是構成濂溪融匯三家哲學思想的主要因素。

　　第二個論題為本論著所欲研討問題之重點所在，是以濂溪哲學思想的本身為主。分析其學說思想與先秦儒學之異同，及兩漢以來三家融合之關係，逐一剖析與批判，以揭示濂溪先生思想本質，及其之後宋明理學思想發展的方向。

　　第三個題旨，則是針對濂溪哲學思想的開展及影響批判之，並予以哲學思想史上應有的地位，進而反省中國哲學未來發展的方向。

目

次

第一章　導　論 ……………………………………………… 1

第一節　先秦儒道思想之墮失與流變 …………………… 2

一、儒家之流變與儒教之完成 ………………………… 2

二、道家之流變與道教之完成 ………………………… 6

第二節　外來佛教思想的輸入 …………………………… 7

第三節　三教融合思想之訴求與完成 …………………… 8

一、儒道融合之緣起與經過 …………………………… 8

二、道佛融合之緣起與經過 ………………………… 11

三、儒佛融合之緣起與經過 ………………………… 15

四、三教歸一思想之完成 …………………………… 17

第四節　理學中心觀念的衍生與發展 ………………… 26

第二章　周濂溪思想承襲處 …………………………… 33

第一節　生平及著作 …………………………………… 33

第二節　太極圖之考察 ………………………………… 35

第三節　〈太極圖說〉及〈通書〉字詞之考察 ……… 42

一、〈太極圖說〉「自」、「爲」二字之考察 ……… 43

二、〈太極圖說〉字詞之考察 ……………………… 46

三、〈通書〉字詞之考察 …………………………… 50

第四節　周濂溪思想之淵源 …………………………… 59

一、承兩漢齊學之遺風 ……………………………… 59

二、繼三教人天之境界 ……………………………… 63

三、傳宗密李翱之眞髓 ……………………………… 64

第三章 周濂溪宇宙化生之思想 ………………… 69

第一節 「無極而太極」之辯 ………………… 69

一、〈太極圖說〉中「而」字的意義剖析 …… 71

二、太極 …………………………………………… 73

三、無極 …………………………………………… 74

第二節 以「無極」為本源的化生思想 ………… 77

第四章 人間價值意義的開展與完成 ………… 79

第一節 人間價值意義的開展──「人」 …… 80

一、人之「靈」 ………………………………… 80

二、人之「五性」 ……………………………… 84

第二節 人間價值意義的完成──「聖人」 … 85

一、聖人之境界 ………………………………… 86

（一）誠 ……………………………………… 86

（二）神 ……………………………………… 90

（三）幾 ……………………………………… 91

二、成聖之功夫 ………………………………… 92

（一）無欲──主靜 ……………………… 92

（二）思 ……………………………………… 95

三、聖人之事業 ………………………………… 96

（一）立師道 ……………………………… 96

（二）制禮樂 ……………………………… 97

第五章 周子思想的影響及其在哲學思想史上的地位 …………………………………………… 101

第六章 結 論 …………………………………… 103

參考引用資料 ……………………………………… 105

第一章　導　論

　　中國先秦儒道兩家的學術思想發展至漢代可謂是一大岐出。非但未將先秦儒道兩家崇尚人文精神的思想理念，臻於最高的倫理價值之本源，開拓出人間社會至眞、至善、至美的理想架構。反將儒道兩家思想墮落到原始宗教信仰的蒙昧無知之中，以求爲帝王的統治權力，作一種合理的理論，故中國學術思想在漢代，即已陷溺於文化倒退運動之中（文化倒退運動，〔註1〕最早當始自秦李斯焚書禁私學，以達其以法治國，統一全國思想之政策，〔註2〕及項羽入咸陽火燒阿房宮內的先秦諸子典籍起）。〔註3〕筆者以爲，論文化問題，應該以當代所欲極力追求的精神企圖（理念），〔註4〕及其對當代社會所施的

〔註1〕 文化倒退運動意指：一個民族的文化的成長，有如人類一成長過程一樣，逐漸的茁壯與進步，倘若後期文化未能超越前期文化，或是停滯不進步，則該文化處於倒退運動中。反觀中國文化，正如老子所云：「物壯則老」。先秦諸子百家輝煌的哲學思想，到了漢代却重返原始先民庸俗的信仰。從此，蕭規曹隨的依循漢代經學傳統與治學方法，延至今日。

〔註2〕 《史記‧卷六‧秦史皇本紀》，P.18 云：「臣請史官非秦紀皆燒之。非博士官所職，天下敢有藏詩、書、百家語者，悉詣守、尉雜燒之。有敢偶語詩書者棄市。以古非今者族。吏見知不舉者與同罪。令下三十日不燒，黥爲城旦。所不去者，醫藥卜筮種樹之書。若欲有學法令，以吏爲師。」

〔註3〕 《史記‧卷五十三‧蕭相國世家》。P.1：「沛公至咸陽，諸將皆爭走金帛財物之府分之。何獨先入，收秦丞相御史律令圖書藏之。沛公爲漢王，以何爲丞相。項王與諸侯屠燒咸陽而去。」

〔註4〕 文化三層次，一精神企圖；二社會組織；三器物的使用。而以精神企圖（即該民族的哲學思想）最能表現出該文化的特徵及文化的高低，況且哲學思想支配著人的生命精神乃至文物典章制度。故吾人論及文化問題時，首以當代哲學思想的終極關懷，論斷該時代文化的高低。

影響論之，故吾人以漢代為始。其理由是：儒之孔孟，道之老莊，兩家之學，在先秦雖盛行一時，遠過於諸子，但亦為諸子之一，僅列於顯學之中。其哲學理論，並未為帝王所採用。緣至漢代初期，以黃老治國，謂其「無所不宜，旨約而易操，事少而功多」；〔註5〕武帝時董仲舒上策，獨尊儒術，以春秋災異之變推陰陽所以錯行治國，並倡「天人相應」之說。〔註6〕自此，先秦儒、道二家崇尚人文精神之風貌全失。代之而起的，則是以素樸、迷信的庸俗信仰，做為文化精神的重心。而此素樸的宗教信仰，於東漢末年又與早期充滿神異色彩的印度佛教交融匯合之後，經魏晉時期的消化與整理，終於又為中國文化開創出可與先秦比美的佛教文化，此即隋唐時期的大乘佛學及禪宗哲學。然繼此之後的五代十國，學術思想上，可謂乏善可陳；倫理道德的淪喪，卻是中國歷史上空前而絕後的。故宋代理學家們「繼往聖之絕學，開萬世之太平」，重歸先秦孔、孟道統之理想。但宋代理學家是否真能擔負起這項文化的使命，及其所論之學，是否承繼了孔、孟之嫡傳，實為吾人研治宋代理學所不能不明者。

第一節　先秦儒道思想之墮失與流變

一、儒家之流變與儒教之完成

先秦儒家發展至戰國末年，有如強弩之末，延至秦漢之際，則摻揉了陰陽、五行、讖緯、災異之學。然而自孔子歿以至董仲舒獨尊儒術止，其思想的發展，則有三變：變乎孟；變乎荀；變乎董。

據《韓非子顯學篇》所載：「自孔子死也，有子張之儒，有孟氏之儒，有漆雕氏之儒，有仲良氏之儒，有孫氏之儒，有樂正氏之儒。」孔子歿後，儒

〔註5〕《史記‧卷五十四‧曹相國世家》。P.5云：「參盡召長老諸生，問所以安集百姓，如齊……聞膠西有蓋公，善治黃老言，使人厚幣請之。既見蓋公，蓋公為言：治道貴清靜，而民自定，推此類具言之。參於是避正堂，舍蓋公焉。其治要用黃老術。」又卷末頁6云：「太史公曰：參為漢相國，清靜極，言合道，然百姓離秦之酷後，參與休息無為，故天下俱稱其美矣！」其後，竇太后亦崇黃老，學者陸賈（見其著書新語）、司馬談等人亦尊黃老無為之學，司馬談更在其論六家要旨中，獨尊道家，謂其「無所不宜，旨約而易操，事少而功多。」（史記卷一三○P.3288～3289）

〔註6〕見《漢書》卷五十六〈董仲舒傳〉及《春秋繁露》。

分為八。何者能得孔子之真傳，實非後人所能妄自評判者。今筆者採孔子對
人性及其所宗之天的觀念，來論斷在他之後的思想家們，是否得其嫡傳。因
為，任何一種學術思想，必以其形上思想為其哲學基礎，以發展出該思想的
人性論及其對整個政治社會的設計。

首先孔子以普遍存於人性中之「仁」，做為恢復人之中所以為人的活水源
頭，以為具有道德意義之天的哲學基礎。並云：「克己復禮為仁」，〔註7〕旨在
揭示人只要克制私欲，自返與禮的諧和關係，當下即可成就「仁」，並且堅信
「道之以政，齊之以刑，民免而無恥」之德治理想。然此先天必然性善之理
想，傳至孟子的思想裡，則建立了「四端之說」，〔註8〕以證明人之善性，但
孟子在觀察戰國末年實際政治的運作之後，動搖了其「性善論」，又不能不改
說「徒善不足以為政，徒法不能以自行。」〔註9〕以為因應現實環境而作的讓
步了。故孟子以法來彌補德治理想的有限性，可謂先秦儒家的第一變。

但孟子所論之「天」，仍然繼承了孔子所論之「天」的形上基礎，故仍可謂
孟子列為儒家。〔註10〕至於孟子以下，嚴格論之，僅能列於儒學或儒教之列。

其理由是：一，儒家與儒學所論之「天」的實質內容迥異，人性論也不
同；二，是由於對人性的立準，南轅北轍，導致禮樂教化之方殊異，前者重
自覺，後者重教化，三，儒家重主體之德以應人，以心知性，儒學重客體之
智以對物，以心治性。擴大了其學術思想的範疇。儒學與儒教的差異是：一，
儒教之天不具任何道德意味，亦非仰首所視之自然之天，而是充滿了宗教的
神秘性；二是將人的善惡之性，淪為人所表現於外的氣質之性；三是標榜聖
人，然其所論之聖人，已非常人，而是充滿了宗教的，神秘性格。

〔註7〕　《論語‧顏淵篇》《十三經注疏》，P.106：「顏淵問仁，子曰：克己復禮為仁。」
〔註8〕　《孟子‧公孫丑上》《十三經注疏》，P.65：「孟子曰，人皆有不忍人之心。先王
　　　　有不忍人之心，斯有不忍人之政矣！以不忍人之心，行不忍人之政，治天下可
　　　　運之掌上，所謂人皆有不忍人之心者，今人乍見孺子將入於井，皆有怵惕惻隱
　　　　之心，非所以內交於孺子之父母也，非所以要譽於鄉黨朋友也，非惡其聲而然
　　　　也。」
　　　　「由是觀之，無惻隱之心，非人也，無羞惡之心，非人也。無辭讓之心，非
　　　　人也。無是非之心，非人也。惻隱之心，仁之端也。羞惡之心，義之端也。
　　　　辭讓之心，禮之端也。是非之心智之端也。」
〔註9〕　《孟子‧離婁上》。《十三經注疏》P.123。
〔註10〕　日本德川時代的儒學者山鹿素行（1622～1685），將曾子以下都不列為儒家，
　　　　而標榜其學，直承孔子，不知其所據何由：見《山鹿素行全集》。

其次，荀子繼孟子之後，大倡其「性為何會惡論」，〔註11〕將人之所以異於禽獸者之「性」，轉化成「生之所以然者」之「自然之性」，〔註12〕同時又將孔孟所論具有道德價值意味「天」的形上思想，轉變成為「自然義」之「天」，〔註13〕而倡「制天」之說。〔註14〕蓋儒家發展到荀子時，其哲學的根源性問題——「人性論」及「天」為道德之源的價值意義，已完全脫離孔孟的思想範疇，而改倡「自然之天」與「自然之性」的理論。〔註15〕即無關乎道德、人事與否，以及善惡問題。

然若據《荀子·天論篇》所論，則不難見其思想有集戰國末年各家之說於一堂之勢。〔註16〕此乃因荀子往來於齊、楚之間，而終於楚，〔註17〕楚學以道家思想為主，齊學則於神仙方術之流中，又雜以黃老及陰陽之說，最後形成為道教。〔註18〕故先秦儒家傳至荀子，可謂已失其原始風貌，代之而起的則是以「天」與「性」及「心居中，虛以治五官，夫是之謂天君。」〔註19〕的道家修養工夫與「不為而成，不求而得，夫是之謂天職」〔註20〕的實踐方式，及「明於天人之分，則可謂至人矣！」〔註21〕的道家境界和智慧，為漢代的董仲舒提供了一個學術思想的方向。更有進者，荀子融匯了鄒衍「深觀

〔註11〕《荀子·卷十七·性惡篇》P.1：「人之性惡，其善偽也。」
〔註12〕《荀子·卷十六·正名篇》P.1：「生之所以然者謂之性，性之和所生精合，感應不事，而自然謂之性。」
〔註13〕勞思光著《中國哲學史》P.264：「荀子此種理論所說之『天』，本是『自然義』，非人之主宰，亦非價值根源。」
〔註14〕《荀子·卷十一·天論篇》P.13：「大天而思之，孰與物畜而制之？從天而頌之，孰與制天命而用之？」
〔註15〕《荀子·卷十一·天論篇》P.9云：「天行有常，不為堯存，不為桀亡。」又云：「明於天人之分，則可謂至人矣……天有其時，地有其財，人有其治，夫是之謂能參。」P.10云：「皆知其所以成，莫知其無形，夫是之謂天。」P.12云P.12云：天不為人之惡寒也。」
卷十六、正名篇P.1云：「生之所以然者謂之性，性之和所生精合，感應不事，而自然謂之性。」
〔註16〕見《荀子·卷十一·天論篇》及《史記·卷七十四·孟子荀卿列傳》。
〔註17〕見《史記·卷七十四·孟子荀卿列傳》。P.4～5。
〔註18〕見周紹賢著《道家與神仙》P.20：「自戰國時，齊人以黃老之學及陰陽之說，融合成為齊學，此即神仙學說之濫觴。」
〔註19〕《荀子·卷十一·天論篇》P.10。
〔註20〕同上 P.9。
〔註21〕同上。

陰陽消息」之學，〔註22〕將陰陽之思想引進儒家的思想中，(但筆者也不排除其陰陽思想來自道家，因爲陰陽家衍自道家的黃老之術。)開啓了漢代研治儒學者的主要思潮。〔註23〕而這種思潮演變的結果就是筆者後面所欲論述的三教融合的前期思想。

第三變則是，漢繼秦火之後，由於典籍的散佚，導致漢代初期的學術思想更爲混亂。先是開國的黃老之術，後又有淮南子集戰國末年諸子之學於一爐的神仙之說，使道家沈淪，走向養身修煉的庸俗信仰之圈圈中。緣至武帝時的董仲舒，雖黜黃老百家之言，欲振儒學而統一全國思想，然其精神迥異，終將儒學滯溺於狹隘的罅縫裏，蒙上了一層原始宗教的迷信色彩。然溯其因由是：董仲舒所崇奉的經學乃齊學一系，〔註24〕而齊學之興，乃因秦始皇崇信齊學神仙之術，致使魯學的儒生被黜。〔註25〕於是傳統的儒學在董仲舒的《春秋繁露》及《策文》裡，正式摻揉了雜家、陰陽家及讖緯的迷信，而爲帝王統治權力作一理論基礎的建構。這在整個儒學發展史上，真可謂一關鍵性的歧出。而此關鍵性的扭轉，從好的方面言，他擴大了儒學的範圍，將《尚書·洪範》的「皇極」、「五行」思想與《周易》思想作了初步的結合，而成爲漢代經學主要的理論基礎。〔註26〕並且將先秦儒家只重內在精神的層面，附會於外在世界的生發原理上，從壞的一方面看，則導致了文化思想上的倒退——從理性回歸到素樸宗教的迷信裡。〔註27〕

〔註22〕見《荀子·卷十一·天論篇》云：「慎子有見於後，無見於先；老子有見於詘，無見於信；子有見於齊，無見於畸；宋子有見於少，無見於多。」唯獨不曾批評騶衍。而《史記·卷七十四·孟子荀卿列傳》云：

「荀卿、趙人、年五十始來游學於齊。騶衍之術于大而閎辯；奭也……」

「騶衍……深觀陰陽消息而作怪迂之變，終始大聖之篇……」

〔註23〕如陸賈的《新語》及賈誼的《新書》均採儒道兩家之說，並摻有陰陽家之思想。

〔註24〕1.《史記·卷一百二十》，P.3127～3128。

2. 見宇野哲人《支那思想史》，P.173：「董仲舒の儒教一尊主義は黃老百教の言を黜けて，思想統一に成功はしたが，しかし此派の人々が奉じた齊學派の經學には少からしず陰陽の迷信が混じつてゐて，その末路は遂に讖緯の迷信に墮落してしまつたことは上に述べた通りである。」

3. 見中國哲學史概論，中世哲學第一篇，漢代哲學 P.5。

〔註25〕《史記·卷二十八·封禪書》P.7。

〔註26〕見方東美著，《宋明清新儒家哲學》第七講，載於哲學與文化 92 期 P.36：方先生認爲洪範與周易，在漢代依然未能結合起來，真正的結合始於北宋儒者。

〔註27〕勞思光著《中國哲學史》第三卷上冊 P.3：「漢儒之『宇宙論中心之哲學』，不

二、道家之流變與道教之完成

先秦道家，先由老子開出獨步千古的「道可道，非常道」的形上哲學，與政治人生重返自然無為的理想。莊子繼其後，並未在其形上之道的價值根源系統中，與重返自然無為的政治哲學裡有進一步的發揮與創造，而轉向於生命人格的修養中，使人消解功名利祿，消解形軀官能的侷限束縛。〔註28〕

到了漢代的黃老之術，則摻揉了齊學方士的「氣」的思想，論宇宙化生原理，且專注於形軀生命的修練。故道家在戰國末年，亦如同儒家一般，在齊學派的思想引導下，由黃老而演出陰陽家。然綜合黃老與陰陽之學，而產生的神仙之說，蘊育而成為道教了。〔註29〕

緣至漢初的《淮南子》，雖代表了漢代人心目中的道家，然通覽其書，則不難見其為「雜家化之道家」，〔註30〕例如：〈天文〉、〈時則〉為陰陽家之言，〈地形〉為形方家言，〈主術〉為法家言，〈繆稱〉為儒家言，〈齊俗〉、〈脩務〉為農家言。〔註31〕蓋吾人所能定言者，漢代道家自淮南王劉安招天下方術之士起，〔註32〕業已附黃老之術，走向世俗的道教，崇神慕仙的神異色彩之中。〔註33〕至於後來于吉所得神書，號《太平清領書》，以為天地萬物受之元氣，元氣生陰陽，陰陽交感，五行配合，乃順乎自然的思想，大致都是以雜家化的道家——《淮南子》書為依歸。

然此中所要說明的是，神仙之說，由來已久，〔註34〕但能對當代社會風氣及後代思想影響者，當推自《淮南子》一書。由此，當我們重新反省中國文化問題時，對漢代儒道二家思想的墮落與沈淪，所造成的文化倒退運動，是不容忽視的。

故從學術思想發展而言，儒、道兩家思想的發展至漢代，可謂是一大歧出，

僅就歷史意義說，是違離孔孟者，且在理論意義上亦是一退化墮落。」

〔註28〕參見王邦雄著，〈莊子哲學的生命精神〉，《中國哲學論集》，台灣學生書局，中華民國72年，P.202～203。

〔註29〕《道家與神仙》P.14～15。

〔註30〕勞思光著，《中國哲學史》，第二卷，漢代哲學P.3：「『淮南王書』（淮南子），乃因此書代表演漢代人心目中之道家——即『雜家化之道家』」。

〔註31〕宇野哲人，《支那思想史》P.172，並參閱淮南子。

〔註32〕《淮南子》，敘目P.1，漢高誘撰。

〔註33〕見《支那思想史》P.173。

〔註34〕可參閱《道家與神仙》一書第一章，神仙思想之由來，周紹賢著，中華書局出版。

非但未將先秦：一重形上常道與生命價值反省的道家思想，另一重形下變道的儒家剛健之人文精神臻於最高理界，開拓出人間至眞、至善、至美的理想架構，反將儒道兩家墮落到原始先民崇奉自然力的曚昧無知之中。當然，其沈落的原因筆者已於前述，現綜言之：一是儒學承傳上的三變，揉合了陰陽五行之說，最後終落於讖緯的迷信上；二是秦始皇焚書之餘，更崇奉神仙之說，以致齊學大興，魯學被黜；三是道家在戰國末年由黃老之術所取代，再由黃、老而演出陰陽家，然後綜合黃老與陰陽家之學，而淪爲神仙方技的道教。

其後雖有司馬談、司馬遷、劉向父子、楊雄及後漢的王充、馬融、鄭玄等人著書立言，以廓清充滿神秘性與迷信色彩的儒教的天人相應之學，但卻仍然因襲了齊學陰陽家及神仙家的遺風。〔註 35〕這對後來佛教輸入之後與中國文化的匯通，實有相當大的助力。因爲佛教是眞正的生活的信仰，它有神異的事件隨著，那是當然的了。

第二節　外來佛教思想的輸入

佛教傳入中土，據《佛祖歷代通載》所載，當在東漢明帝永平年間。〔註 36〕雖然當時已得一部分人的信仰，〔註 37〕但正式出家，仍爲政令所禁。〔註 38〕這種限制終究抵不住早期佛教輸入中土的神異色彩，〔註 39〕正好迎合了兩漢以來整個社會所迷漫著災異之學與神仙之說的意識傾向。因此，到了東漢末年黃巾賊大亂之後，人心凋疲，而欲求一超離世間困阨的意念理境之中時起，佛教能很快的爲廣大的社會大眾所接受，實在是基於當時人們受外在客觀環境的壓迫所造成的思想形態的類似性的認同，和內在主觀心理世界的意境趨向，有其相

〔註 35〕 1. 參見王充《論衡》第四卷〈變虛〉，第五卷〈異虛〉、〈感應〉，第六卷〈福虛〉、〈禍虛〉、第十四、五卷的〈寒溫〉、〈譴告〉及〈變動〉等篇，批評當時天人相應之文。批評當時種種迷色之文，如第二十卷〈論死〉，第二十二卷〈訂鬼〉，第二十三卷〈譋時〉及第二十四卷〈譏日〉、〈卜筮壽〉篇。

　　　　 2. 參見鄭云的《易緯乾鑿度注》。

〔註 36〕 《佛祖歷代通載》第五、P.34。

〔註 37〕 同上。

〔註 38〕 符秦時著作郎王度奏：「……漢初傳其道，唯聽西域人得立寺都邑以奉其人，其漢人皆不得出家。魏承漢制，亦循前軌。」引自宋佩韋編《東漢宗教史》P.37。

〔註 39〕 同 36。P.34～37。
　　　　 另見《大正藏經》五十、P.383～395 均載有早期佛教傳入中土的神異事蹟。

契又兼強力誘引的意趣目標相同所致。故於東漢明帝年間的釋道以焚經比較法力，道士落敗抽簪落髮出家之後，〔註40〕儒釋道三教即展開消化與融合的工作了。而這種消融工作，早先是附以素樸的信仰，緣至魏晉方才逐漸的脫去那種神秘色彩的外衣，走向學術化。而有所謂的「格義學」。〔註41〕然而這並不意謂著在邁入「格義」消融的過程中，三教就放棄了爭取社會地位的爭議。相反的，在謀取社會地位的對抗中，三教的爭議卻是相當的激烈的，如梁釋僧祐所輯的《弘明集》十四卷及唐釋道宣的《廣弘明集》三十卷中，三教彼此攻奸批閥之文，不下數十篇，甚至到了唐代的韓愈、李翱師生二人，站在儒家的道統觀上，大力排佛、排道，以立傳統儒家的聖人之道。並且，也因彼此的排擠而導致了歷史上有名的「三武一宗」的法難。〔註42〕但是，雖然三教彼此問難，卻又互相依附著，最後終於導向三教歸一思想訴求的完成。

故筆者以為，從漢末佛教輸入之後，以至宋代的理學勃興起，中國學術思想的發展，當是以三教的融合，為其思想主流。

第三節　三教融合思想之訴求與完成

一、儒道融合之緣起與經過

由於東漢末年佛教的輸入，正好迎合了兩漢以來儒、道兩家思想傾向於宗教性的神秘色彩，因此，牟融在其《理惑論》中，首先引中國聖賢之言釋佛，並謂「佛、猶名三皇、神、五帝、聖也。」〔註43〕調合三教。繼其之後，

〔註40〕《佛祖歷代通載》第五、P.34～35：「釋道比較焚經，是年正月一日，五嶽諸山道士褚善信等上表欲相比較……以今月十五日可集白馬寺築壇火，驗時道士等將真元五訣符錄等五百九卷，茅成子等二十七家二百三十五卷，通計七百四十八卷，置之壇上。褚費之徒焚香呪已，遂使火之。諸子道書皆滅灰燼，褚費二人自感而死。次將焚本火然赫奕，宛如鼎新更增光潔。時摩騰法師神變凌空冷然偈曰：狐非師子類……，乃至弘宣法戒藏等神通勝事驚心，士庶投誠出家者眾……」

〔註41〕即以易與老莊的思想來註釋佛經。

〔註42〕所謂「三武一宗」法難，即指北魏太武帝，因信從道士寇謙之而滅佛，北周周武帝因寵信出佛入道的衛元嵩而滅佛，結果佛道並毀；及唐武宗因好神仙而排佛。

〔註43〕《弘明集》卷一。

宋宗炳的《明佛論》則將佛與道作同等觀，因而對僧人亦稱貧道；〔註44〕而孫綽的《喻道論》，則視儒佛一致，謂「周孔即佛，佛即周孔」；〔註45〕謝鎮之的〈與顧道士書〉中，則云「佛是老子，老子是佛」。〔註46〕這種將三教所宗之聖人及教義，互相比附的思想在《弘明集》中處處可見。它所代表的是當時社會上所呈顯的一種普遍意識型態。

　　然而，在另一方面，是以何晏、王弼、韓康伯為首，繼兩漢齊學派思想之遺風所掀起的學術風潮——以老莊思想解易。使儒道兩家思想做了更進一步的溝通與融合，並且為後來儒釋道三教思想的融合，奠定了哲學的基礎。

　　但深究儒道二教融合的緣起，當溯自戰國末年的荀子開其風氣。〔註47〕其後漢初陸賈的《新語》論〈道〉與治國之方云：

> 夫道莫大於無為，行莫大於謹敬，何以言之。昔虞舜治天下，彈五絃之琴，歌南風之詩，寂若無治國之意，莫若無憂民之心，然天下治。周公制禮樂：郊天地，望山川，師旅不設，刑格法懸，而四海之內，奉供來臻，越裳之君，重譯來朝，故無為也。（又有謂：乃無為也）。〔註48〕

很顯然的是以道家的無為思想為其所宗。然其在道德上，則以仁義立人倫之法則，且將仁視為生生之道。〔註49〕這又是儒家的中心思想。故其思想，在治國之道上，強調道家的無為之治，在人倫的道德法則上，則以儒家之仁、義為主。因此，陸賈的思想，是調合了儒與道。

　　繼其之後的思想家們，諸如賈誼的《新書》，〔註50〕淮南王劉安的《淮南

〔註44〕同上卷二。
〔註45〕同上卷三。
〔註46〕同上卷六。
〔註47〕見儒家之流變與儒教之完成一節。
〔註48〕《新語》卷上〈無為〉第四 P.6～7。
〔註49〕同上〈道基〉第一 P.3：「陽氣以仁生，陰節以義降，鹿鳴以仁求其群，關雎以義鳴其雄。春秋與仁義貶絕，詩以仁義存亡，乾坤以仁和合，八卦以義相承，書以仁敘九族，君臣以仁義制忠，禮以仁盡節，樂以禮升降。仁者，道之記，義者，聖之學……」
〔註50〕《新書》卷八的〈六術〉篇將詩、書、易、春秋、禮、樂稱之為六藝，六藝修成的時候謂之六行，即仁、義、禮、智、信、樂，此乃採儒家的行為標準。但在論道與人內在之心的時候，則採道家的思想。如卷八道術篇云：「道者，何謂也？對曰：道者，所從接物也，其本者，謂之虛，其末者謂之術。虛者，言其精微也，平素而無設施也；術也者，所從制物也，動靜之數也，凡此皆

子書》，董仲舒的《春秋繁露》及〈策文〉中，亦都是依循著齊學的系統，並摻揉著道家的思想著作而成。筆者於前文已述及，不另。故緣至鄭玄的《易緯乾鑿度》云：

> 昔者，聖人因陰陽定消息，立乾坤以統天地也。夫有形生於无形，乾坤安從生。故曰：有太易、有太初、有太始、有太素也。太易者，未見氣也；太初者，氣之始也；太始者，形之始也；太素者，質之始也。炁形質貝而未離，故曰渾淪。〔註51〕

鄭玄注云：

> 天地本無形而得有形，則有形生於無形矣！故繫辭曰：形而上者謂之道，夫乾坤者，法天地之象質，然則有天地，則有乾坤矣！將明天地之由，故先設問乾坤安從生也。以其寂然無物，故名之為太易。元氣之所，本始太易，既自寂然無物矣！焉能生此太初哉，則太初者，亦忽然而自生。〔註52〕

然鄭玄解釋渾淪云：

> 雖舍此三始，而猶未有分判。老子曰：有物渾成先天地生。〔註53〕

並謂

> 陰陽剛柔之興，仁義也。〔註54〕

是以，魏晉時的何晏、王弼、韓康伯以老莊思想解易，就成為當時的學風了。今舉王弼、韓康伯注解易復卦的象傳所云：「復其見天地之心乎」：示之：

> 復者，反本之謂也，天地以本為心者也。凡動息則靜，靜非對動者也。語息則默，默非對語者也。
> 然則天地雖大，富有萬物，雷動風行，運化萬變，寂然至无，是其本矣！故動息地中，乃天地之心見也。若其以有為心，則異類未獲具存矣。〔註55〕

再者，何晏在見王弼之後，亦曾歎之曰：

道也。曰：請問虛之接物何如？對曰：鏡儀而居，無執不臧，美惡畢至，各得其當，衡虛無私，平靜而處輕……清虛而靜，令各自宣。」
〔註51〕 《易緯乾鑿度》卷上 P.5。
〔註52〕 同上。
〔註53〕 同上。
〔註54〕 同上。
〔註55〕 《周易復卦》P.65。

　　仲尼稱後生可畏，若斯人者，可與言天人之際乎！〔註56〕

這種欲求「天人之際」的訴求，想必也是在齊學的系統下；融儒道二教思想所欲臻極的境界，況且何晏又編《論語集解》，以老莊思想來註解《論語》。〔註57〕另外《晉書·阮籍傳》云：

　　（阮瞻）見司徒王戎，戎問曰：「聖人貴名教，老莊明自然，其旨同異？」瞻曰：「將無同。」戎咨嗟良久，即命辟之。時人謂之「三語掾」。〔註58〕

可見魏晉之時，將儒道思想揉合論學之風氣，是當時思想家們的一種時尚。惟魏晉思想家們，雖將儒道思想結合，但因身處亂世，故在其思想言行上，多傾向於清靜雅論的玄談，而這種玄談的主要內容，則是以老莊思想為主，由於老莊思想與外傳佛教的般苦思想相近，因此，道佛二教很容易的就結合在一起了。

二、道佛融合之緣起與經過

　　筆者於前文曾經論及，早期三教的融合，是建立在神秘的宗教氣氛下。直到魏晉的思想家們，方才逐漸地掙脫早期三教神秘思想的圈圈，走向以子解經與「格義」之學。

　　「格義學」的興起代表了佛道思想的正式融合。也可以說是中國學術思想，歷經兩漢三百年文化倒退之後，經由外來思想文化刺激，所開啟的本土文化消融外來文化的萌芽。這種新興的思考方式，對後來隋唐大乘佛學及中國禪創造了中國文化思想的第二次高峯及三教歸一思想的完成，其影響是決定性的。

　　然，所謂的「格義」又是何義呢？就是以外典來詮釋印度佛教的經籍。〔註59〕如《後漢書·西域傳》論佛教云：

〔註56〕《三國志》卷二十八，《魏書》第二十八 P.795。

〔註57〕如何晏《論語集解》，也是依老莊思想來解釋《論語》者。見述而第七，P.60：「子曰，志於道」注云：「志，慕也。道不可體，故志之而已。」，又先進第十一，P.98：「回也其庶乎，屢空。」注云：「屢猶與每也，空猶虛中也。以聖人之善道，教數子之庶幾，猶不至於知道者，各內有此害，其於庶幾，每能虛中者，唯回懷道深遠，不虛心不能知道……」

〔註58〕《晉書》卷四十九，〈阮籍傳〉P.1363。

〔註59〕《大正藏經》卷五十 P.347a，《高僧傳法雅傳》云：「法雅，河間人。……少長外學，長通佛義。……時依門徒，並世典有功，未善佛理。雅乃與康法朗等，以經中事數，擬配外書，為生解之例，謂之格義。乃毗浮相曇等，亦辯

詳其清心釋累之訓，空有兼遣之宗，道書之流也。〔註60〕

將之視爲道書之流。故在《廣弘明集》載云：

> 志曰：佛者，漢言覺也。將以覺悟群生也。統其教以修善慈心爲主，
> 不殺生類，專務清淨精進者爲沙門。漢言息心剃髮，去家絕情，洗
> 欲而歸於無爲也。又以人死精神不滅，隨復受形，所行善惡，後生
> 皆有報應。所貴行善，以練其精神，練而不已，以至無生而得爲佛
> 也。……有經書數千卷，以虛無爲宗，包羅精粗，無所不統。……
> 魏書云：其佛經大抵言生生之類，皆因行業而起，有過去當今、未
> 來三世也。其修道階次，等級非一，皆緣淺以及深藉，微以爲者，
> 率在於積仁。順躅嗜欲，習虛靜而或通照也。〔註61〕

謂漢人對佛教的了解，比附於老莊的虛靜、虛無與無爲。

由是，劉虯在的〈無量義經序〉中云：

> 玄圃以東，號曰太一；罽賓以西，字爲正覺。東國明殃，慶餘百年。
> 西域辨體，咎於三世。希無之與法修空，其揆一也。有欲於無者，
> 既無得無之分，施心於空者，有入空之照。〔註62〕

將老莊之「無」與佛教之「空」視爲等同。繼此之後，講論佛經者多尋老莊
所言去理解佛教般若之「空」。如《高僧傳》所載云：

> 釋慧遠：博綜六經，尤善老莊。……時沙門釋道安立寺於太行山，……
> 遠遂往歸之。……年二十四便就講說，嘗有各聽講，難實相義。往
> 復移時，彌增疑昧。遠乃引莊子義爲連類，於是惑者曉然。〔註63〕

然據僧肇的〈不眞空論〉和吉藏的〈中觀論疏〉所載，在鳩摩羅什來中國以
前，講論般若智——「空」的學者，可分爲三家，吉藏〈中觀論疏〉云：

> 什法師未至長安，本有三家義。一者釋道安明本無義。謂無在萬化之
> 前，空爲眾形之。夫人之所滯，滯在未有；若詫心本無，則異想便
> 息。……詳此意安公明本無者，一切諸法，本性空寂，故云本無。此
> 與方等經論，什肇山門，本無異也。次琛法師云：本無者，未有色法。

格義，以訓門徒。雅風瀰落，善於樞機，外典佛經，遞互講說。」

〔註60〕《後漢書》卷八十八，西域傳 P.2932。
〔註61〕《廣弘明集》卷一。《後漢書・郊祀志》P.4。
〔註62〕《大正藏經》卷五十五 P.68。
〔註63〕同上，卷五十，P.357C～358a。

先有於無，故從無出有。即無在有先，有在無後，故稱本無。〔註64〕

第二是僧肇所論的即色義，吉藏云：

> 第二即色義，但即有二家。一者，關內即色義。明即色是空者。此明色無自性，故言即色是空，不言即色是本性空也。此義爲肇公所呵。肇公云：此乃悟色而不自色，未領色非色也。次支道林著即色遊戲論，明即色是空，故言色遊玄論。此猶不壞假名，而說實相。與安師本性空故無異也。〔註65〕

第三是竺法溫（蘊）的心無義，〈中觀論疏〉云：

> 第三溫法師用心無義。心無者，無心於萬物，萬物未嘗無。此釋意云：經中說諸法空者，欲令心體虛妄不執。故言無耳。不空外物，即萬物之境不空。〔註66〕

故此三家的本無義，當是以老子「天下萬物生於有，有生於無」的思想來詮釋佛經的般若智——「空」。而即色義的思想，則被支道林引用去注解莊子的消遙遊。以說明人不應執著於時時刻刻都在變化的現象，而當追求主體生命的永恒玄虛之。〔註67〕至於心無義據安澄云：

> 山門玄義第五云：第一釋僧溫，心無二諦論云：有，有形也。無，無像也。有形不可無，無像不可有。而經稱色無者，但內止其心，不空外色。……二諦搜玄論云：晉竺法溫，爲釋法琛法師之弟子也。其製心無論云：夫有，有形者也，無，無像者也。然則有象不可謂無，無形不可謂無。是故有爲實有，色爲眞色。經所謂色爲空者，但內止其心，不滯外色。外色不存餘情之內，非無如何？豈謂廓然無形，而爲無色乎？〔註68〕

是知，法溫（蘊）的心無義，並非指一切法空，而是說心體虛妄不執著而言。故想必是採取老子「常無欲以觀其妙」與王弼注「妙」字所云：「微之極也。萬物始於微而成後，始於無而後生，故常無欲空虛，可以觀其始物之妙」。〔註69〕

〔註64〕《大正藏經》卷四十二 P.29a。
〔註65〕同上。
〔註66〕同上。
〔註67〕同上卷五十、P.349b～c《高僧傳》云：「支遁，字道林。……常在白馬寺與劉系之等，談莊子逍遙篇云：各適性以爲逍遙，遁曰不然。夫桀紂以殘害爲性，若適性爲得者，彼亦逍遙矣。於是退而注逍遙篇，群儒舊學莫不歎服。」
〔註68〕《大正藏經》卷六十五、P.94b。
〔註69〕老子《道德經》上篇，王弼注，第一章 P.1。

及老子「無名天地之始，有名萬物之母」之言。王弼注此文云：

> 凡有皆始於無，故未形無名之時，則爲万物之始。及其有形有名之時，則長之育之……言道以無形無名，始成万物。万物以始以成，而不知其所以然，玄之又玄也。〔註70〕

其後，僧肇雖受業於鳩摩羅什，因其本善老莊，故其講學與著作，仍然是以融合道佛的思想，爲其題旨。〔註71〕如僧肇的〈寶藏論〉論世界之緣起，仍然是融合了老佛思想所提出的世界觀。但以其所論之老學，卻又見其是承襲道教「氣」的思想理系。其云：

> 夫本際者，即一切眾生無礙湼槃之性也。何謂忽有如是妄心及以稱稱顛倒者？但爲一念迷也。又此念者從一而起，又此一者從不思議起，不思議者即無所起。故經云：道始生一，一爲無爲；一生二，二爲妄心。如知一故，即分爲二。二生陰陽，陰陽爲動靜也。以陽爲清，以陰爲濁。故清氣內虛爲心，濁氣外凝爲色，即有心色二法。心應於陽，陽應於動；色應於陰，陰應於靜。靜乃與玄牝相通，天地變合。故所謂一切眾生，皆稟陰陽虛氣而生。是以由一生二，二生三，三即生万法也。既緣無爲而有心，復緣有心而有色。故經云：種種心色，是以心生万慮，色起万端，和合業因，遂成三界種子。夫所以有三界者，爲以執心爲本，迷眞一故，即有濁辱，生其妄氣，妄氣澄清，爲無色界，所謂心也，澄濁現爲色界，所謂身也。散滓穢爲欲界，所謂塵境也。故經云：三界虛妄不實，唯一妄心變化。夫內有一生，即外有無爲；內有二生，即外有有爲；內有三生，即外有三界。既內外相應，遂生種種諸法及恒沙煩惱也。〔註72〕

於此，在道佛融合的過程中，又將兩漢以來由齊學所演出的儒教的宇宙生成論，作了初步的結合。並且將佛道二教的聖人，置於等同的地位論之。僧肇〈不眞空論〉曰：

> 夫至虛無生者，蓋是般玄玄鑑之妙趣，有物之空極者也。自非聖明特達，何能契神於有無之間哉。是以，至人通神心於無窮，窮所不

〔註70〕 同上。

〔註71〕 《大正藏經》五十，《高僧傳》P.365c：「釋僧肇，京兆人。……愛好玄微，每以老莊爲心要。嘗讀老子德章，乃歎曰：美則美矣，然則神冥累之方，猶未盡也。」

〔註72〕 《大正藏經》四十五、P.148a。

能滯。極耳目於視聽，聲色所不能制者，豈不以其即萬物之自虛，
故物不能累其神明者也。是以，聖人乘眞心而理順，則無滯而不通。
審一氣以視化。〔註73〕

又僧肇在〈般若無知論〉云：

是以聖人虛其心而實其照，終日知而未嘗也。故能默耀韜光，虛心
玄鑒，閉智塞聰，而獨覺冥冥者矣。然則智有窮幽之鑒，而無知焉；
神有應會之用，而無慮焉。神無慮，故能獨王於世表；智無知，故
能玄照於事外。智雖事外，未始無事；神雖世表，終日域中，所以
俯仰順化，應接無窮。無幽不察，而無照功。斯則無知之所知，聖
神之所會也。然其爲物也，實而不有虛而不無。存而不可論者，其
爲聖智乎：何者？欲言其有、無狀無名：欲言其無，聖以之靈。聖
以之靈，故虛不失照；無狀無名，故照不失虛。照不失虛，故混而
不渝；虛不失照，故動以接麤。是以聖智之用，未始暫廢。求之形
相，未暫可得。……所以聖迹萬端，其致一而已矣。是以般若可虛
而照，眞諦可亡而知，戶動可即而靜，聖應可無而爲。斯則不知而
自知，不爲而自爲矣。復何知哉：復何爲哉？。〔註74〕

以上所舉這種以老莊之學，註解佛學者，多以佛、老莊共同所有的有無，動
靜及聖人獨覺而冥與虛心照實的思想的一致性，作爲相互註解與詮釋的理論
基礎，還有就是將二教的修行次第融合者，以臻無欲之境。如道安的〈安般
經注序〉〔註75〕與支遁的〈大小品對比要抄序〉〔註76〕等，均有詳載。亦有
以老莊的思想，做爲衍接引渡的橋樑，將印度佛教的思想與儒典融合在一起，
相互地詮釋與述說。

三、儒佛融合之緣起與經過

　　將儒佛的思想與聖人互相比附者，最早源自牟融的《理惑論》（前曾過
及），孫綽繼其之後，先謂：

夫佛也者，體道者也；道也者，導物者也；應感順通，無爲而無不

〔註73〕同上。
〔註74〕同上卷四十五 P.153。
〔註75〕同上五十五、P.43c。
〔註76〕同上，P.55a～b。

爲者也。無爲故虛寂自然，無不爲故神化万物，万物之求卑高不同，
故訓致之……。〔註77〕

以老子思想釋佛。後又將周孔比附於佛，並謂「佛者梵語，晉訓覺也。覺之
爲義，悟物之謂。猶孟軻以聖人爲先覺，其旨一也。」〔註78〕似將儒家之聖
人與釋氏所崇之佛，置於同等地位。而於其同時代的沙門慧遠，則謂：

> 佛之爲化，雖誕以茫浩，推乎視聽之外，以敬爲本，此出處不異。
> 蓋所期者，殊非敬恭宜廢也。老子同王侯於三大，原其所重，皆在
> 於資生通運，豈獨以聖人在位而比稱二儀哉！將以天地之大德日
> 生，通生理物，存乎王者，故尊其神器而體實。惟隆豈是虛相，崇
> 重義存，弘御而已。沙門之所以生生資國，存亦日用於理命，豈有
> 受其德而遺其禮，沾其惠而廢其敬哉！〔註79〕

引用《周易》先生之道與〈中庸〉居敬窮理，盡性以致於命的觀念，述說沙
門雖受佛之教化，却並未忽略君臣之禮。故於其下又云：

> 原夫佛教，所明大要，以出家爲異。出家之人，凡有四科。其弘教
> 通物，則功侔帝王，化兼治道至於感俗悟時，亦無世不有，但所遇
> 有行藏，故以廢興爲隱。顯耳其中可得論者，請略而言之，在家奉
> 法則是順化之民……則大同於順化，故不可受其德而遺其禮，沾其
> 惠而廢其敬。是故，悅釋迦之風者，輒先奉親而敬君，變俗投簪者，
> 必待命而順動，若君親有疑，則退求其志，以俟同悟。斯乃，佛教
> 三所以重資生，助王化於治道者也。〔註80〕

論佛教亦如儒教一般，「重資生，助王化」，且其二者，殊途同歸。〔註81〕而
道安則直接引《易繫辭傳》上「開物成物」與《老子》四十八章「損之又損」、
《莊子》「忘之又忘」之文，講述「安般寄息以成守」的階差與級別。其〈安
般經注序〉云：

> 安般者，出入也。道之所寄，無往不因，德之所寓，無往不託。是故
> 安般寄息以成守，四禪寓骸以成定也。寄息故有六階之差，寓骸故有

〔註77〕《弘明集》卷三，〈喻道論〉P.9。
〔註78〕同上。
〔註79〕同上，卷五，沙門不敬王者論 P.6。
〔註80〕同上。
〔註81〕《弘明集》卷五、體極不兼應四，P.8：「如來之與堯孔，發致雖殊，潛相影響，
出處誠異，終期則同，詳而辯之，指歸可見。」

四級之別。階差者，損之又損之，以至於無爲。級別者，忘之又忘之，
以至於無欲也。無爲故無形而不因，無欲故無事而不適。無形而不因，
故能開物。無事而不適，故能成務。成務者，即萬有而自彼。開物者，
使天下兼忘我也。彼我雙廢者，守于唯守也。〔註82〕

而南齊的張融亦引《易繫辭傳》「寂然不動，感而遂通」之言論佛，其〈門論〉
云：

吾門世恭佛，舅氏奉道。道也，與佛逗極無二，寂然不動，致本則
同，感而遂通，達迹成異，其猶樂之。〔註83〕

然觀其所云：則不難見其所論，實已將儒、釋道摻揉於一爐，而無法辨其致
本則同與「達迹成異」的差別，故周顒〈難張長史門論〉曰：

論云：「致本則同，請問何義是其所謂本乎？言道家者，豈不以二篇
爲主，言佛教者，亦應以般若爲宗。」〔註84〕

故於其文末，周顒云：

吾則心持釋訓，叢受儒言，未知足下雅意，佛儒安在爲當。〔註85〕

將儒佛二教的思想，納入到其生命精神之中，以爲安身立命之道。

　　這種調合儒佛的思想，除筆者以上所述之外，在魏晉以至隋唐這段時期，
亦如同佛道與儒道思想的融合一樣，隨著時代的潮流，彼此互相激盪著，〔註86〕
而爲隋唐時期三教歸一思想，提供了一條線索。

四、三教歸一思想之完成

　　繼魏晉南北朝三教相互涵攝與攻評的思想餘風之後，隋唐時代的儒釋道三
教亦表現出三教對應與三教歸一的思想，而此兩種思想的伸展，對後來宋代理
學中心觀念的衍生與開展，在中國學術思想史的地位與影響上言，是非常重要
的了。首言儒學在南北朝時分爲南學與北學，後來由南學所統一之後，〔註87〕
緣至唐代由孔穎達繼齊學之遺風，編纂成《五經正義》，完成第二次儒教思想的

〔註82〕《大正藏經》，五十五，P.43c。
〔註83〕《弘明集》卷六，〈門論〉P.8。
〔註84〕同上，〈難張長史門論〉P.9。
〔註85〕同上。
〔註86〕參見《中國經學史》P.211～212。
〔註87〕同上，南北朝底經學 P.206～216。

統一。〔註88〕道教則於其時，因受佛教早期叢林制度的影響，成立了教團，且將其教理與《道藏》編輯的更完備。〔註89〕致於佛教，則經由六百年長期的消化與整合之後，已脫胎成儒教的佛教與道教的佛教了。故於隋唐時期的思想型態，因受其前期思想影響所致，當是以儒釋道三教歸一的學術思想為其主流，首先提出調合三教理論開風氣之先的，就是隋代的王通，其云：

> 詩書盛而秦世滅，非仲尼之罪也，虛玄長而晉室亂，非老莊之罪也。齋戒修而梁國亡，非釋迦之罪也。易不云乎，苟非其人，道不虛行。或問佛，子曰：「聖人也，曰：其教何如？曰：西方之教也。中國則泥，軒車不可以適越，冠冕不可以之胡，古之道也。〔註90〕

又：

> 程元曰：三教何如？子曰：政惡多門久矣！曰：廢之何如！子曰：非爾所久也。真君建德之事，適足推波助瀾，縱風止燎爾。子讀洪範讖義，曰三教於是乎可一矣！〔註91〕

其後，唐代於廟堂之上講論三教，蔚然成風，唐德宗貞元十二年（西元 796 年）正月記事所載：

> 十二年正月，敕皇太子於內殿，集諸禪師，詳定傳法旁正。〔註92〕

四月佛誕之日時，又集儒釋道三家人士，講論三教。此事載於《佛祖統紀》卷四十一：

> 四月誕節，御麟德殿。敕給事中徐岱等，沙門覃延，道士葛參成，講論三教。〔註93〕

宋贊寧《大宋僧史略》卷下，亦有同樣的記載：

> 德宗誕日，御麟德殿，命許孟容等，登座與釋老之徒講論。貞元十二年四月誕日，御麟德殿，詔給事中徐岱，兵部郎中趙需，及許孟容，韋渠牟與道士葛參成，沙門談筵等二十年，講論三教，渠牟最

〔註88〕同上 P.230～232。
〔註89〕參見宗密《教學の思想的研究》P.117：「道教も教團としては、北魏の寇謙之の時に一應成立したのであるが、道教教理が大成したり、道藏が整備されたのは隋から初唐にかけてであつた。」另見周光宇著〈地獄之說與道德思想的研究〉，刊載於《漢學研究通訊》第三卷第一期（總號第九期 P.4）。
〔註90〕《中說》卷四，〈周公〉篇 P.4。
〔註91〕同上卷五，〈問易〉篇 P.3。
〔註92〕《大正藏經》四十九 P.380a。
〔註93〕同上。

辯給。〔註94〕

《新唐書・徐岱傳》則云：

> 貞元初，爲太子，諸王侍讀，遷給事中，史館脩撰，帝以誕日歲之
> 詔佛、老者大論麟德殿，并召岱及趙需、許孟容、韋渠牟講說。始
> 三家若矛楯然，卒而同歸于善。帝大悦，賚予有差。〔註95〕

以上諸種記載唐德宗時，於麟德殿內集三教之士談論教理的事，後來在宋洪
邁《容齊隨筆》的〈三教論衡〉一文中，記載的也頗爲詳實，並謂白居易亦
曾論三教。其云：

> 唐德宗以誕日，歲歲詔佛老者，大論麟德殿，并召給事中徐岱及趙
> 需、許孟容、韋渠牟講說。始三家若矛盾，然卒而同歸于善。帝大
> 悦，賚予有差。此新書劉傳所載也。白樂天集有三教論衡一篇。云
> 大和元年十月，皇帝降誕日，奉勅召入麟德殿內道場，對御三教談
> 論，略錄大端。〔註96〕

綜觀上述三教所謂之善，亦即孔子所謂之「仁」，老子所言吾有三寶之首的「慈」，
與釋教發心普渡眾生之「慈悲心」。後來這種依三教所共之善，由調合三教而一
統於華嚴教理之中的宗密所提出。宗密在其《圓覺經道場修證儀》卷九中云：

> 道門三寶慈爲首，儒教五常仁最精，佛說大悲菩薩本。〔註97〕

然而宗密何以綜合三教所論而一統之，且又著華嚴《原人論》批駁三教。這
仍然要回溯到其前期的思潮中，據《佛祖統紀》卷四十一所載：

> 十三年，勒沙門端甫，入內殿，與儒道論議，賜紫方袍。〔註98〕

又：

> 太和元年十月，誕節詔秘書監白居易，安國寺引駕大師義林、上清
> 宮道士楊弘元，於麟德殿，談論三教。〔註99〕

〔註94〕 同上卷五十四 P.2486。
〔註95〕 《新唐書》卷一百六十一，〈徐岱傳〉P.4984。
〔註96〕 《容齋隨筆》，〈容齋三筆〉卷十四，〈三教論〉P.125 收載在《容齋隨筆》下
　　　　冊。
〔註97〕 《續藏》一、二乙、一、五 P.424b。
〔註98〕 《大正藏經》四十九、P.380a、《大正藏經》五十、P.741b 與《佛祖歷代通載》
　　　　第二十二亦有載之：「德宗皇帝聞其名（端甫）徵之一見大悦，常出入禁中，
　　　　與儒道論議，賜紫方袍。」
〔註99〕 同上 P.384c。

此事由宋洪邁《容齋三筆》中的〈三教論衡〉一文，亦有相同的記載。〔註100〕除此之外，湛然的弟子元浩等，主張儒釋一致說，〔註101〕北山錄的作者神清，亦以三教一致的觀點完成其著作。〔註102〕而《全唐文紀事》，亦載張道清說〈序心經〉有三教歸一的思想。〔註103〕

是知，撇開唐釋道宣所撰集《古今佛道論衡》四卷，集《古今佛道論衡實錄》〔註104〕及《廣弘明集》所顯示的，自隋唐時代起，三教關係從佛道二教的對論到佛道二教的爭議與對應，及在帝王家贊助之下的三教歸一思想的訴求，宗密顯然對其所論，均表不滿。因而提出華嚴《原人論》，將其前期儒、釋、道三教在長期對應與融合的爭議中，無法究明人之本性與論宇宙山河大地万事方物之緣起不究竟處，統攝於華嚴的體系之下，說明人之所以為天地間最靈長者，實乃心神和合之故。〔註105〕

然，究其《原人論》創作的思想背景，可分為遠因與近由。遠因前文已述及，現論其近由。據《唐書》卷一百七十六〈韓愈傳〉載，〔註106〕憲宗迎佛骨入禁中，韓愈上論佛骨表排佛。並著〈原道〉、〈原性〉、〈原人〉等篇，究明中國之道統，及原人之性與人之所由。力圖挽回先秦儒家在中國歷史上所負之道統之地位。宗密見其所論，無法究明人何以超越萬物而獨存於天地之間之因由，故依其所宗之華嚴教理著《原人論》，判明人之所成以至天地山河國色，均由真一之靈心所變現。〔註107〕然觀其所論，宗密始終站在究極教

〔註100〕同註96。

〔註101〕《大正藏經》五十 P.740b。

〔註102〕同上五十二 P.573。

〔註103〕《全唐文紀事》卷一百六、方外二 P.1293：「張道濟說。序心經云：萬法起心，心人之主，三教歸一，一法之宗。知心無所得，是真得。如來說五蘊皆空，人本空也。如來說諸法空相，法亦空也。」

〔註104〕《大正藏經》五十二 P.363。

〔註105〕參見〈原人論〉〈斥迷執〉第一，《大正藏經》四十五 P.708b：「且天地之氣本無知也，人稟無知之氣，安得歘起而有知乎，草木亦皆稟氣，何不知乎？」又，會通本末云：「三才中唯人靈者，由與心神合也。」另參見宗密教學の思想的研究。

〔註106〕《新唐書》卷一百七十六，〈韓愈傳〉、P.5259另見。
《大正藏經》四十九，《佛祖統紀卷》四十一 P.381c。及《韓昌黎集》卷二十九，〈論佛骨表〉。

〔註107〕《大正藏經》四十五 P.710c：「……所起之心，展轉窮源，即真一之靈心也。究實言之，心外的無別法。元氣亦從心之所變。……據此則心識所變之境，乃成二分。一分即與心識和合成人，一分不與心識和合，即成天地山河國邑。」

義的一乘顯性教的立場，來判明佛教的眞實教義，以教導當時低谷的教徒，並且批判當時排斥佛教崇奉儒道二教者的問難。〔註108〕

故本節所論三教歸一思想之完成，即是建立在宗密融三教而歸於華嚴一眞法界（一心）的理論基礎。〔註109〕宗密融三教歸一思想的完成，我們可由其自著《圓覺經大疏鈔》、《圓覺經略疏鈔》及〈原人論〉中發現。〔註110〕首先，宗密提出三教之共法，亦即人之所以立於天地之間而欲改善人間社會之不美滿的活水源頭，云：

　　道門三寶慈爲首。儒教五常仁最精。佛説大悲菩薩本。〔註111〕

由此，宗密一針見血的從三教之最根源的哲學問題，導出三教歸一於華嚴眞心的可能性，接著他又剴切地道出三教思想的特質及其差異：

　　疏因緣爲宗者，謂古來諸德，皆判儒宗五常，道宗自然，釋宗因緣。

　　〔註112〕

並謂：

　　設教不同者，孔教忠孝仁義，禮樂益國，榮親宗，樂於名行。老教
　　棄於榮名，外於禮樂，養性保身、而逍遙屏繁愼靜也。〔註113〕

以明儒道二教在應世的方法上，各有其完成人之所以立於天地之間而欲改善人間不美滿的主張。但宗密認爲儒道二教唯權而不兼實，故於《原人論》中批駁二教，謂唯佛教才兼具權實，其云：

　　然孔老釋迦皆是至聖。隨時應物，設教殊塗，推究方法，彰生起本
　　末。雖皆聖意，而有實有權。二教唯權，佛兼權實。策萬行，懲惡
　　勸善，同歸於治，則三教皆可遵行。推萬法窮理盡性至於本源，則

〔註108〕宗密《教學の思想的研究》，P.114：「要するに、當時儒教や道教を奉ずる學徒が、佛教を批難し、排斥した風潮た對して、佛教の勝れている點を強調するために書かれたのが原人論である。また佛教の内部においても、程度の低い教説にとられている學徒がいるので。眞實の教えを明らかにし、それらの學徒を教え導くために原人論を説いたといえよら。」
〔註109〕《大正藏經》五十四 P.684b：「統唯一眞法界，謂總該万有，即是一心。然心融万有，便成四種法界。」
〔註110〕參見鎌田茂雄，《宗密教學の思想的研究》，第三章第三節宗密の三教觀 P.128〜134。
〔註111〕《圓覺經道場修證儀》卷九、《續藏》一〜二乙〜一〜五 P.424b。
〔註112〕《圓覺經大疏》卷上之二，《續藏》一〜十五〜二 P.118c。另見《圓覺經略疏鈔》卷四《續藏》一〜十五〜二 P.129a〜b。
〔註113〕《圓覺經大疏鈔》卷七之上，《續藏》一〜十四〜四 P.352a〜b。

佛教方爲決了。〔註114〕

然而儒道二教何以唯權而不兼實，宗密云：

謂道與儒。今即道也。有物混成。先天地生者。河上云：謂道也無形混沌。而混成萬物。乃在天地之前。次文云。寂兮。寥兮。獨立而不改。吾不知其名。強字之曰道。強爲之名曰大。大曰逝。逝曰遠。遠曰返。故道大。天大。地大。王亦大。域中有四大而生。王居一焉。一法地云云。疏又云道生一等者。一者冲氣。謂道初動出冲元之氣。於生成之理未足。又生陰陽二氣。陰氣下凝爲地。陽氣上騰爲天。和氣中爲人倫，三爻成八卦。萬物生焉。若河上注。即冲氣爲陽氣。陽氣生陰氣。陰陽含孕。冲氣調和。然後萬物生成。此但增一名。爲一生二。二生三，詳義似闕。故別爲前釋。

疏人法地等者。河上云人謂王也。王者先當法地。安靜既爾。又當法天。運用生成既爾。又當法道清靜無爲。令物自化。人若能爾者。即合道法自然之性。

箋云。由前所說。人從天地生。天地從道生。故爲人王者。還法於本也。如佛教說。一切凡聖從法界生。故稱法界。而修萬行以證法界也。二儒教也。太極生兩儀者。韓注云。夫有必始於無。故太極生兩儀也。太極者，無稱之稱。不可得名。取其之所極。謂之太極。孔疏云。太極者，天地未分之前，混而爲一。即是太初太一也。老子道生一。即此太極之謂也。混元既分。即有天地。故云太極生兩儀。即老子一生二也。不言天者。指其物體。下與四象相對，故云兩儀。謂兩體容儀也。若准例是。列子有太易太初太始太素。太易者未見氣也。太初者。形之始也。太素者。質之始也。被注云。質性也。又釋太易指周易太極便成。太極在初。若准易鈎命訣。說明五運。前四同列子。第五名太極。太極則非初也。釋與列子大同。運請運數。易謂改易。元氣未分。謂之太易。元氣始散。謂之太初。氣形之端。謂之太始。形變有質。謂之太素。質形已具。謂之太極。雖小異同。皆是元氣生天地也。疏兩儀生四象等者。謂木金水火。稟天地而有。士則分四時。又地之別，故爲四象。生八卦者。謂震木離火兌金坎水。各主一時，又巽同震木。乾同兌金。加以坤艮之

〔註114〕《大正藏經》四十五 P.708a。

在爲八卦。八卦既立。爻象相推。有吉凶。故生大業。謂萬事皆有
吉凶。廣大悉備故。能生天下大事業也。〔註115〕

但依其所論，其對孔老二教的理解，是依循著兩漢齊學的系統所得知者。因
此，他能很自然的將儒道二教的思想納入到佛教的教理之中。這在《原人論》
及《圓覺經大疏》的本序中是顯而易見的。又《原人論》《直顯眞源》第三云：

方覺本來是佛，故須行依佛行，心契佛心。返本還源，斷除凡習。
損之又損，以至無爲自然。應用恒沙，名之曰佛：當知迷悟同一眞
心。大哉妙門，原人至此。〔註116〕

〈會通本末〉第四云：

行施戒等，心神乘此善業。運於中陰，入母胎中，稟氣受質，氣則
頓具四大漸成諸根。〔註117〕

此段於「稟氣受質」上有注云：

此下方是儒教二教亦同所說。〔註118〕

下面則注云：

會彼所說以氣爲本。〔註119〕

均是以「氣」爲主的齊學系統。且更謂：

然所稟之氣，展轉推本，即混一之元氣也。所起之心，展轉窮源，
即眞一之靈心也。就實言之，心外的無別法，元氣亦從心之所變。

〔註120〕

直接將兩漢以來儒、道二教所論天地之本源始於元氣——「太極」，收攝於華
嚴眞心（一心）之下。這在整個中國學術思想史的發展上，直接影響到開宋
代理學先河周濂溪的「無極而人極」的思想。且爲理學的「理」字，提供了
一個價值根源處。〔註121〕甚至有甚於此的是，將《周易》動用不息之精神，
融注到佛爲覺爲菩提之智中，使《周易》的思想與佛教的《大般湼槃經》的
思想融爲一體。〔註122〕其言曰：

〔註115〕《續藏》一～十四～四 P.352b～d。
〔註116〕同註114，P.710a。
〔註117〕同上 P.710b。
〔註118〕同上。
〔註119〕同上。
〔註120〕同上 P.710c。
〔註121〕朱子在解釋太極之「理」時，完全是站在華嚴理法界的思想論之。見後述。
〔註122〕《宗密教學の思想的研究》P.131。

然今以乾喻佛者。乾既是動用不息之義，是陽氣之精粹，不同陰體凝靜。亦如佛是覺者，是菩提之智，不同湟槃寂滅之體，以元亨利貞喻常樂我淨者。然乾陽功用，雖廣多無畔，利天下萬物。而實體之德，唯北四故。具五常故。_{攝盡}儒宗。具五行故。_{攝盡陰陽術數體各等也}。具四時故_{攝盡一周天}。如上所釋，佛德亦爾。雖無量無邊，實體之德，亦唯有四。由此四故，迴超凡夫外道二乘境界，廣如下釋。又乾是總名，元等是別，別德之外無別乾體。佛與四德例此亦然。故以為喻。〔註123〕

但其在《圓覺經略疏鈔》及《原人論》論宇宙之緣起；則將儒道二教宇宙生發的思想，置於佛教的教義之下，云：

疏先於諸法者，儒道二教所說，人畜草木萬物，以天地為先。天地又以混沌一氣，最為其先。故立元始之號。又老子云：有物混成，先天地生。意云：天地人畜萬物，皆從混沌而有。今正教所明，則天地人畜是別業所感。所感能感，皆徒自已妄識之所變起，則以妄識為先。妄識由迷圓覺真心故有，則以圓覺為先。故下經云：種種幻化，皆生圓覺妙心。至於盧空，亦從識變。當知，唯有圓覺，是最先之義。故云先於諸法也。〔註124〕

同樣的在《原人論》中亦云：

儒道二教說，人畜等類。皆是虛無大道生成養育。謂道法自然生於元氣，元氣生天地，天地生萬物。……又言萬物皆是自然生化，非因緣者。則一切無因緣處，悉應生化。謂石應生草，草或生人，人生畜等，又應生無前後，起無早晚。神仙不藉丹藥，太平不藉賢良，仁義不藉教習，老莊周孔何用立教為軌則乎：又言皆從元氣而生成者，則欻生之神未曾習慮，豈得嬰孩便能愛惡驕恣焉？若言欻有自然便能隨念愛惡等者，則五德六藝悉能隨念而解，何待因緣學習而成？又若生是稟氣而欻有，死是氣散而欻無，則誰為鬼神乎？……且天地之氣本無知也，人稟無知之氣，安得欻起而有知乎？草木亦皆稟氣，何不知乎？

五一乘顯性教者，說一切有情皆有本覺真心。無始以來常住清靜，

〔註123〕《圓覺經大疏鈔》、《續藏》一～十四～三 P.206a～b。

〔註124〕《圓覺經略疏鈔》卷五，《續藏》一～十五～二 P.133c～d。

昭昭不昧，了了常知，亦名佛性，亦名如來藏，從無始際，妄相翳
之不自覺知。……眞性雖爲身本，生起蓋有因由，不可無端忽成身
相。但緣前宗未了，所以節節斥之。今將本末會通，乃至儒道亦是。
謂初唯一眞靈性，不生不滅，不增不減，不變不易。眾生無始迷睡，
不自覺知。由隱覆故名如來藏。依如來藏，故有生滅心相。所謂不
生滅眞心與生滅妄想和合，非一非異，名爲阿賴耶識。……是阿賴
耶相分所攝，從初一念業相，分爲心境之二。心既從細至麁，展轉
妄計乃至造業，境亦從微至著，展轉變起，乃至天地。業既成熟，
即從父母稟受二氣，與業識和成就人身。據此則心識所變之境，乃
分成二。一分即與心識合成人，一分不與心識和合，即成天地山河
國邑。〔註125〕

宗密批判儒道二教理由，主要是表明佛教在論述萬物唯心所造的哲學理論，
〔註126〕及人何以於三才中最靈的理由，均優於儒道二教所論。〔註127〕另外
他在《圓覺經大疏鈔》卷一下中，又將儒佛二教在人生道德的價值取向上，
做了一個說明云：

且儒教宗意，在道德仁義禮樂智信，不在馳騁名利，所令揚名。後
代者以道德孝義爲名，不以官榮才藝爲名。釋教宗意，通達自心，
修習定慧，貝於悲智，不在立身事業。當時難習之而迷之，故之爾
也。〔註128〕

但究實言之，宗密對三教的理解，據日人鎌田茂雄所論，是有層次上的差別
的，在眞諦門的立場，皆以佛教較儒道二教爲高，如《原人論》及《圓覺經
略疏鈔》所論；但以俗諦門言之，儒、釋、道二教有其共同之處，如儒教之
仁、道教之慈、佛教之大悲心，及《盂蘭分經疏》與《圓覺經大疏鈔》卷五
上主張中國固有的孝的倫理思想與佛教一致。〔註129〕

　　綜上所論，宗密自處隋唐三教對應與同歸思想爭議最激烈的時代，然其
不爲風氣所左右，跳出狹隘的教條爭論之中，以一種批判的思想態度，考察
三教思想之優劣處及其融通的可能性，的確不失爲一位，將中國佛教，從宗

〔註125〕《大正藏經》四十五 P.708a～710c。
〔註126〕《宗密教學の思想的研究》P.132。
〔註127〕同上。
〔註128〕《圓覺經大疏鈔》卷一下，《續藏》一～十四～三 P.222b。
〔註129〕同註126，P.132～133。

教層面跨進到哲學領域的思想家。這是可以從上面筆者所引述的資料中，看出其面對問題時的態度，完全是屬於哲學思辯的範疇，而與一般陷溺於教條的爭議、道統的維護與宗教信仰者的心態迥異，找到充分的證明。

第四節　理學中心觀念的衍生與發展

　　筆者於前曾云，自漢魏以來，中國學術思想的發展，依循著三教歸一與對立的意識型態，伸展出與先秦諸子百家，各自爭鳴截然不同的思想方式。為宋代理學的勃興，提供了新的思想形式與內容。從其外在的形式觀之，它採用了從齊學所演出的道教宇宙化生的程序、儒教的社會倫理規範與佛教的實踐方法。但從其思想內容而言，卻是融三教歸一的混合體。如本論文所論開宋明理學風氣之先的周濂溪的思想，即企圖把儒教的倫理規範與道教的宇宙化生思想結合在一起。從宇宙生成的次序性，來論人間社會的價值意義。然當其無法詮釋人何以獨得天地之靈秀之氣而最為靈長的時候，則運用其巧妙曖昧的論述方式，謂「無極之真，二五之精，妙合而凝。乾道成男，坤道成女，二氣交感，化生萬物，萬物生生，而變化無窮焉！惟人也，得其秀而最靈。……」將佛教「真如」、「一心」的思想，納入到道教的「無極」觀念之中，以為宇宙化生之總源與人之所以「得其秀而最靈」的合理性，故本節筆者將依循著，自漢魏以來儒、釋、道三教對立與歸一思想的訴求，完成於中唐時所指出的方向，來論理學中心觀念的衍生與發展。

　　中唐時中國佛教哲學臻至極峯，為中國文化締造出璀璨瑰麗的一頁。當時成立的佛教宗派，包括了天台、法相、三論、華嚴諸宗，皆可說是已脫離了印度佛教的束縛，而能夠獨立突顯中國精神的哲學佛教了。〔註130〕然而支持此盛行的哲學佛教者，除廣大的社會大眾及讀書人之外，尚有隋唐時期的幾位皇帝。如隋高祖、〔註131〕唐太宗、〔註132〕武則天等。甚至德宗時招三教之士，於禁中麟德殿談論三教，更是時而有之的事。並且於十四年正月，迎

〔註130〕同上 P.123。
〔註131〕《隋唐書》卷二、〈高祖紀〉下 P.45～46、隋高祖詔曰：「佛法深妙，道教虛融……凡在含識，皆蒙覆護……並生養万物，利益兆人，故建廟立祀，以時恭敬。敢有毀壞偷盜佛及天尊像，嶽鎮海瀆神形者，以不道論。沙門壞佛像，道士壞天尊者，以惡逆論。」《北史》卷十一〈隋本紀〉上，P.424 亦有載。
〔註132〕《佛祖歷代通載》第十三，載有太宗與玄奘的交往情形。

佛骨入禁中，敬禮三日。〔註133〕但爲衛道之士韓愈（西元 768～824 年）上〈論佛骨表〉所反對，韓愈論曰：

> 佛本夷狄之人，口不道先王之法言、身不服先王之法服，不知君臣之義父子之情。〔註134〕

且著〈原道〉一文，提出一道統觀，欲回歸孔孟之精神，以確立人的超凡入聖的道路。

　　然觀其所論，完全是站在狹隘的民族本位立場排斥佛教。其理由是惟恐後人欲聞夫子之道而無所求，反爲釋氏的佛教取代了中國的道統。故於今言之，韓愈在中國哲學史上的地位，是在他提供了一個「道統」的觀念。他將「道」解釋一個精神實體，其內容即是「仁」與「義」。韓愈云：

> 博愛之謂仁，行而宜之謂義，由是而之焉之謂道。〔註135〕

而其所謂之道統，則如其云：

> 吾所謂道也。非向所謂老與佛之道也。堯以是傳之舜，舜以是傳之禹，禹以是傳之湯，湯以是傳之文武、周公、文武周公傳之孔子，孔子傳之孟軻，軻之死不得其傳焉。〔註136〕

即堯、舜、禹、湯、文、武、周公、孔子以至孟軻所「明先王之道以道之」的道統。但由於其哲學基礎，是建立在董仲舒的天命系統與性論的思想範疇之下。〔註137〕蓋若與當時佛教融匯三教所發展出的哲學系統相比較，就顯得毫無哲學意義與缺乏文化意識了。這點宗密在《原人論》〈斥迷執〉第一中，對儒道二教，自秦漢以來浸淫在齊學思想的籠罩之下，所發展出的貧富貴賤賢愚善惡吉凶禍福皆由天命所決定與人畜等類，皆是虛無大道所生成養育的思想，提出系統性的批判，可得到相當程度的理解。所以，韓愈的佛排，只不過是以往排佛論者的老彈重彈罷了。故依上所論，韓愈在哲學思想的範疇之內，並未提供新的哲學訊息，但他却影響了與其同時期的李翱與宗密。而理學中心觀念的衍生，也就由他們二人所提出的《復性書》與《原人論》及《圓覺經大疏鈔》中的思想，啓發了周敦頤的《太極圖說》及《通書》。

〔註133〕《佛祖統紀卷》四十一。《大正藏經》四十九 P.381c。
〔註134〕同上。另見〈論佛骨表〉、《韓昌黎集》，卷三十九。
〔註135〕〈原道〉《韓昌黎集》卷十一 P.1。
〔註136〕同上。
〔註137〕與〈衛中行書〉。同註135、卷十七 P.9、韓愈說：「貴與賤，禍與福，存乎天。」另見原性、載於同書卷十一 P.5～7。

　　李翱（西元 772～841 年）繼其師韓愈之後，〔註138〕也反佛。〔註139〕但其思想却十足地是受佛教的影響，如其《復性書》云：

　　　　人之所以爲聖人者性也，……百姓者豈其無性者邪，百姓之性與聖
　　　　人之性弗差也。〔註140〕

此可謂禪宗所云，眾生均有佛性的思想是一致的。〔註141〕而其所謂性與情，則如佛學中所說的，眾生與佛，皆有圓覺之眞心，然由於爲無明之妄識所迷，故當復其性。這在宗密《圓覺經略疏鈔》中亦謂：「妄識由迷圓覺眞心故有，則以圓覺爲先」。同樣的在《原人論》「眞顯眞源」第三中，宗密云：「一切有情皆有本覺眞心，無始以來常住清淨，昭昭不昧，了了常知，亦名佛性，亦名如來藏。從無始際，妄相翳之不自覺知。」故李翱所欲復之性，實即釋教所說的見性成佛的佛性。致於其所謂：

　　　　誠者，聖人之性也。寂然不動，廣大清明，照乎天地，感而遂通，
　　　　天下之故，行語止默，無不處極也。〔註142〕

此亦與禪宗所云：「心性本淨，不生不滅，寂而照徧十方界的說法一致」。〔註143〕但其所謂：

　　　　復其性者，賢人循之而不已者也，不已則能歸其源矣！〔註144〕

則不難見其有受宗密《原人論》影響的可能性。宗密云：

　　　　所起之心，展轉窮源，即眞一之靈也。……欲成佛者，必須洞明麁
　　　　細本末，方能棄末歸本返照心源。〔註145〕

　　筆者如此的推斷，主要是建立在韓愈、李翱與宗密乃同一時期的人，〔註146〕

〔註138〕《新唐書》卷一百七十七、李翱傳 P.5280～5282：「李翱字習之……翱始從昌黎韓愈爲文章，辭致渾厚，見推當時，故有司亦諡曰文。」
〔註139〕李翱《復性書》上云：「性命之書雖存，學者莫能明，是故皆入莊列老釋。不知者謂夫子之徒，不足以窮性命之道，信之者皆是也。」載於李文公集卷二P.9 下。再者於去佛齋一文中亦云：「佛法之流染於中國也，六百餘年矣！始于繯，浸淫于魏晉、宋之間，而瀾漫於梁蕭氏……佛法之所言者，列禦寇、莊周言所詳矣！其餘則皆戎狄之道也。」載於李文公集卷四 P.16 下。
〔註140〕《李文公集》卷二復性書 P.8 上。
〔註141〕忽滑谷快天著《禪學思想史》上卷 P.492。
〔註142〕同註 140，P.8 下。
〔註143〕同註 141，P.493。
〔註144〕同註 142。
〔註145〕《大正藏經》四十五，P.710。
〔註146〕韓愈是西元 768～824 年的人。

且宗密創作《原人論》的近因，實受韓愈的影響，而李翱又受學於韓愈。故依其三人所論述的思想結構來看，其彼此間的啓發是非常可能的。另外，李翱受佛教的影響亦可從其「感知己賦」中，得知其曾受知於梁肅，〔註147〕而據馮友蘭的研究發現，其《復性書》似就梁肅的〈止觀義例〉，加以發揮者。〔註148〕日人忽滑谷快天的禪學思想史上卷，也曾講述李翱參禪及與智藏交往的事蹟載於宋《高僧傳》及《景德傳灯錄》。〔註149〕鎌田茂雄的《宗密教學の思想的研究》一書並有詳細的論述，可參閱之。〔註150〕

　　然而，李翱究竟爲宋代理學家門提出了那些中心觀念呢？一是其《復性書》結合了《易傳》、《尚書》、《詩經》、《孟子》、《論語》、《大學》、《禮記》、《樂記》及道家的思想；〔註151〕二是透過禮樂「教人忘嗜欲而歸性命之道。」；〔註152〕三是臻誠至聖的修養方法；〔註153〕四是聖人觀的建立，使之理想化與神秘化之後，與釋教的佛等齊；〔註154〕五是闢莊列老釋之學，以顯夫子之道。〔註155〕以上五點幾乎完全被周濂溪的通書所收攝。此於傳宗密李翱之眞髓一節中再詳述之。

<hr>

　　　　李翱是西元 772～841 年的人。
　　　　宗密是西元 768～841 年的人。
〔註147〕《李文公集》，卷一 P.1。
〔註148〕勞思光：《中國哲學史》P.811～812。
〔註149〕《禪學思想史》上卷 P.492。
〔註150〕《宗密教學の思想的研究》P.124。
〔註151〕見《李文公集》卷二、《復性書》上、中、下、P.8～P.12。
〔註152〕同上 P.8 下：「至於聖人也，故制禮以節之，作樂以和之。安於和樂，樂之本也。動而中禮，禮之本也。故在車則聞鸞和之聲，行步則聞珮玉之者，無故不廢琴瑟，視、聽、言、行循禮而動，所以教人忘嗜欲而歸性命之道也。」
〔註153〕同上《復性書》中 P.9～下～P.10 上：「或問曰：人之昏也久矣，將復其性者，必有漸也，取問其方？曰：弗慮弗思情則不生，情既不生乃爲正思。正思著，無慮無思也。易曰：天下何思何慮，又曰：閑邪存其誠。詩曰：思無邪。曰：已矣乎。曰：未也。此齋戒其心者也，猶未離於靜焉。有靜必有動，……易曰無思也，無爲也。寂然不動，感而遂通，天下之故。……故神無方而易無體，一陰，一陽之謂道，此之謂也。」
〔註154〕馮友蘭著《中國哲學史》P.808～809。
〔註155〕這種狹隘的陽儒陰佛的學術器量，幾乎完全爲理學家們所收攝，由其朱子最爲詬病。甚至日本德川時代的山鹿素行，亦效仿理學家們及朱子援佛老入儒而又排佛老的行徑，搞出援入中國文化，而又以中國思想文化爲其所宗，來貶斥中國文化。可參見拙著〈儒家在德川時代的功能及其影響〉一文，刊載於《鵝湖月刊》九十八期。

至於宗密又爲理學家門提供了那些中心觀念呢？

一是宗密將自秦漢魏晉以來儒、道二教所謂的人畜等類，皆是虛無大道所生成養育，或言由元氣（太極）生天地、生萬物的思想，收攝於由華嚴一心的思想所演出。宗密《注華嚴法界觀門》引清涼《新經疏》云：

> 統唯一眞法界，謂總該萬有，即是一心，然心融萬有，便成四種法界。〔註156〕

又於《原人論》云：

> 所稟之氣，展轉推本，即混一之元氣也。所起之心，展轉窮源，即眞一之靈心也。究實言之，心外的無別法，元氣亦從心之所變。……一分即與心識和合成人，一分不與心識和合，即成天地山河國邑。
> 〔註157〕

而裴休在其〈注華嚴法界觀門序〉中，則將法界釋爲：

> 一切眾生心之本體也，從本已來，靈明廓徹，廣大虛寂，唯一眞之境而已。無有形貌而森羅天下，無有邊際而含容万有，昭昭於心目之間。〔註158〕

又云：

> 吾聞諸圭山云：法界万象之眞體，万行之本源，万德之果海。〔註159〕

周濂溪則採其所云從「一心」演出元氣之思想，不言「一心」改謂「無極」而代之，亦合於裴休序所云之「法界」——「一心」的思想，這點筆者在前面亦曾略述，可參考之。

二是宗密解釋華嚴，四法界之一的理法界，爲心所體現的精神實體，〔註160〕而事因是虛幻不實，故須依理而存的思想，爲二程子所採用，提出「万理歸於一理」之言，〔註161〕自此「理」即成爲理學家們所宗之一切万事万物最高之本源。這在朱子詮釋周濂溪所云之太極一詞中，最爲明顯。其云：

> 太極非是別爲一物，即陰陽而在陰陽，即五行而在五行，即万物而

〔註156〕《注華嚴法界觀門》，《大正藏經》四十五 P.710c。

〔註157〕《原人論》〈會通本末〉第四，《大正藏經》四十五，P.710c。

〔註158〕同註156，P.683b。

〔註159〕同上，P.683c。

〔註160〕同上P.684c：「理法界也，原其實體，但是本心。」

〔註161〕《二程全書》，卷十八載：「問某嘗讀華嚴經，第一眞空觀，第二理无礙觀，第三事事无礙觀。譬如鏡灯之類，包含萬象，无有窮盡，此理如何？曰：只爲釋氏要周遮，一言以蔽之，不過曰萬理歸於一理也。」

在万物，只是一個理而已，因其極至，故名太極。〔註162〕

另外他在答書中與註釋太極圖說的思想，〔註163〕亦援用了華嚴宗所認為，「一一事中，理皆全遍」〔註164〕的思想，因為，事必須依理而存在，但事並非理的部分，而是理的全體顯現，因為理是不可分割的。故朱子於《集說》中云：

> 形而上者，指理而言。形而下者，指事物而言。事事物物，皆有其理，事物可見，而其理難知，即事即物，方可見此理。〔註165〕

三是宗密對長期以來儒、道二教對宇宙生發之思想不究竟處的批判及人何以為三才中最靈者的思想，為周子《太極圖說》提供了最圓滿的啓發。換言之，宗密為周濂溪指出了如何融合儒、釋道三教思想的方向。

四是宗密以乾之元亨利貞喻佛之常樂我淨的思想，直接影響了周子所欲建立儒教人間佛的思想。

蓋從以上所論，理學中心觀念的衍生，當依李翱《復性書》及宗密《圓覺經大疏鈔》與《原人論》的思想為始，因為其二人的思想，開啓了周濂溪的〈通書〉及〈太極圖說〉，而周氏又為開宋代理學之首。故以往論者，僅言理學興於韓愈，而少言李翱與宗密，想必是固執於道統與教條的維護，而忽略了其二人在學術思想史上，實有承上啓下的歷史意義。

〔註162〕〈答輔廣問〉，《周子全書》卷四，P.51。

〔註163〕〈答黃直卿書〉，同上卷三 P.50：「所論太極，散為萬物，而萬物各見太極。」
註解太極圖說云：自男女觀之，則男女各一其性，而男女一太極也。自萬物而觀之，則萬物各一其性，而萬物一太極也。蓋合言之，萬物統體一太極也。分而言之，一物各是一太極也。」見《周子全書》卷一，P.15。

〔註164〕《註華嚴法界觀門》，《大正藏經》五十四，P.687b。

〔註165〕《周子全書》卷一，P.9。

第二章　周濂溪思想承襲處

第一節　生平及著作

北宋理學宗師周濂溪的生平，據潘興嗣〈濂溪先生墓誌銘〉曰：

> 吾友周茂叔，諱惇頤，其先營道人。曾祖諱從遠，祖諱智強，皆不
> 仕。考諱輔成，任賀州桂嶺縣令，贈諫議大夫。君幼孤，依舅氏龍
> 圖閣學士鄭向；以君有遠器，愛之如子。龍圖公名子皆用惇字，因
> 以惇名君。〔註1〕

又云：

> 趙公抃復奏起君，而君疾已篤。熙寧六年六月七日，卒於九江郡之
> 私第，享年五十七。〔註2〕

但據《宋史道學傳》云：

> 周敦頤字茂叔，道州營道人，元名敦實，避英宗舊諱改焉。〔註3〕

將惇字改寫成敦字。若據上述兩種資料的可靠性來判斷，當以潘興嗣所撰墓誌
爲據。因爲潘興嗣爲濂溪故友，且又是第一手資料。至於脫脫所撰《宋史道學
傳》，可能是筆誤。因爲朱子所撰〈濂溪先生事狀〉亦謂「周氏名惇實」。〔註4〕

今由潘興嗣所撰其卒年上推，可知濂溪生於宋眞宗天禧元年（公元 1017

〔註1〕　宋〈周濂溪先生惇頤年譜〉P.145。
〔註2〕　同上 P.146～147。
〔註3〕　《宋史》卷四百二十七，〈列傳〉，一百八十六、〈道學〉一。
〔註4〕　同註1，P.149。

年）卒於宋神宗熙寧六年（公元 1073 年），然何以又稱之爲濂溪先生，潘云：

> 嘗過潯陽，愛廬山。因築室溪上，名之曰濂溪。〔註5〕

〈廬山志〉亦有此〔註6〕說，可參閱之。

　　濂溪少孤，與其母，依其舅舅鄭向，居潤州。〔註7〕據潤州〈鶴林寺志〉
所載云：

> 宋周濂溪先生，少失父，奉母依舅氏鄭龍圖，居潤州，母卒，逐葬
> 焉。凤與鶴林寺僧壽涯交善，讀書於寺旁。〔註8〕

又云：

> 宋壽涯釋師，與胡武平、周茂叔交善。茂叔尤依壽涯讀書寺中。每
> 師事之，盡得其傳焉。其後二程之學本于茂叔，皆淵源于壽涯云。

〔註9〕

又於同書中有王應麟撰〈重建濂溪祠并祭田碑記〉，謂後人建濂溪祠於鶴林
寺，是爲了紀念他曾在此讀書。〔註10〕若據此說，則濂溪自幼即受學於寺中，
而其思想淵源當是源自叢林方外之士。

　　據史料所載濂溪素與方外之士交善。如〈感山雲臥紀談〉上曰：

> 于時佛印禪師元公寓鷩谿之上，相與講道爲方外友。由是命佛印作
> 青松社主，追媲白蓮故事。〔註11〕

這點日人阿部肇一的《中國禪宗史的研究》一書中有一節專門討論佛印了元
與周濂溪交友之事。〔註12〕但在他之前的荻原擴在《周濂溪の哲學》論著中，
對濂溪晚年與方外之士交友，認爲毫不足異。但他認爲濂溪思想中頗富老子
與易經的思想傾向，佛教的意味少。故對明清以來，認爲周子思想受佛教影
響的說法，並不表讚同。〔註13〕對於此說，關係到濂溪思想的淵源，筆者擱

〔註 5〕　同上 P.147。

〔註 6〕　《中國佛寺史志彙刊》，16，〈廬山志〉，（一）P.183。

〔註 7〕　同上 P.187。

〔註 8〕　同註 6，（43），〈鶴林寺志〉，P.18。

〔註 9〕　同上 P.78。

〔註 10〕　同上 P.115。

〔註 11〕　《禪學大成》，（二），〈感山雲臥紀〉 P.5。

〔註 12〕　阿部肇一，《中國禪宗史的研究》P.222～230。

〔註 13〕　荻原擴，《周濂溪の哲學》P.545：「彼れの晚年の居は名僧の淵叢たる廬山に
　　　　　近く、且屢夕其處に遊んで居る、故に禪を學んだとすれば、其れは當時と
　　　　　して極めて普遍なので、毫も異とすゐに足りない。然るに濂溪の圖說、通
　　　　　書及び詩文の思想は上述、後述の如く老易的儒たゐ傾向に富み、佛教的た

至〈論濂溪思想淵源〉一節中再論。

致於濂溪的著作，潘興嗣的〈墓誌銘〉云：

　　善於名理，深於易學，作太極圖易說易通數十篇，詩十卷。〔註14〕

惟若論其思想，當以〈太極圖易說〉，與〈易通〉為據，〔註15〕其詩僅能代表其思想與性格的傾向。故筆者視其為一旁證資料來處理。

然其〈圖說〉與〈通書〉的思想，究竟是承襲孔孟之真傳，抑或是另有源頭。這是本論文所欲揭示的首要問題。

第二節　太極圖之考察

濂溪先生受業於何人，史料並無詳實準確的記載，縱有片紙隻字也是模糊籠統，互相乖離。《宋史》〈道學傳〉謂其：「乃得聖賢不傳之學，作太極圖說、通書、推明陰陽五行之理，命於天而性於人者，瞭若指掌。」〔註16〕然《宋史》〈朱震傳〉有〈漢上易解〉云：「陳摶以先天圖傳种放，放傳穆脩，穆脩傳李之才，之才傳邵雍。……穆脩以太極圖傳周惇頤，惇頤、傳程顥、程頤。」〔註17〕《宋人軼事彙編》卷五亦有相同之記載。但此說有兩個可疑之處：一是穆脩死於明道元年（西元 1032 年），〔註18〕而周子生於天禧元年（西元 1017 年）時年不過十四足歲，以其未及弱冠之年的年齡，何能受知穆脩所傳之太極圖之深義。〔註19〕而據「周子年譜」云：「先生時年十三，志趣高遠，里有濂溪……濂溪之西十里，有巖洞高敞虛明，東西兩門入之，若有月上下弦，中圓若月望，俗乎月巖先生，好游其閒。相傳覩此而悟太極，想當然耳。」但又於其後云：「先生時年三十……明道傳云：自十五六時與弟頤聞周惇實論學，逐厭科舉之業，慨

　　る臭味は少い。……即ち濂溪は其の周圍とは聊か異なり、むしる鞏固な老易的傾向の所有主であつたといい得る。」

〔註14〕　同註 1，P.148。

〔註15〕　據勞思光先生認為，〈太極圖易說〉，即〈太極圖說〉，〈易通〉即〈通書〉，所言甚為有據，今從之。此文載於《中國哲學史》第三卷上冊 P.104～105。

〔註16〕　《宋史》卷四百二十七、〈道學〉一。

〔註17〕　《宋史》卷四百三十五、〈儒林〉五。另見宋人軼事彙編卷五 P.166：「濮上陳摶以天圖傳種放，放傳穆修……修以太極圖傳周敦頤，敦頤傳二程。濂溪得道於異僧壽涯，晦庵亦未然其事，以異端疑之。」

〔註18〕　《宋元學案・濂溪學案》下 P.120。

〔註19〕　菊池秀吉著，《太極圖説に就て》、P.925。

然有求道之志，其後先生作太極圖獨手授之，他莫得而聞焉……」〔註20〕更是荒謬。二是程氏兄弟雖曾受學於濂溪，却始終未嘗提及過「太極圖」，故此項資料的可信度不高。但據明萬曆《鶴林寺志》〈高僧〉一目中所載：「宋壽涯禪師，與胡武平、周茂叔交善。茂叔尤依壽涯讀書寺中，每師事之，盡得其傳焉。其後二程之學本于茂叔、皆淵源于壽涯云。」〔註21〕又於〈山川〉一目中載：「愛蓮池，宋周濂溪先生，少失父，奉母依舅氏鄭龍圖，居潤州，母卒，逐葬焉。夙與鶴林僧壽涯交善，讀書於寺旁……。」〔註22〕同書徐大用所撰濂溪先生祠記，亦有同樣的記載。〔註23〕但於釋漣先的「鶴林寺興發緣起說」又謂：「宋有壽涯大師，與濂溪先生善，授以〈太極圖說〉契之……。」〔註24〕而於黃宗炎的〈太極圖辨〉則云：「陳又得先天圖於麻衣道者，皆以授種放，放以授穆脩與僧壽涯……，修以無極圖授周子，周子又得先天地之偈於壽涯……。」〔註25〕清毛奇齡則認為：「陳摶以華山道士，自號希夷，與種放李溉輩，張大其學，竟收道書無極尊經，及張角九宮，倡太極河洛諸教，作道學綱宗，而周敦頤邵雍與程顥兄弟師之，逐篡道教于儒書之間。」並又謂：「相傳周濂溪亦受之了元禪師者。」〔註26〕然據《歸元直指集》〈儒宗參究禪宗〉一文云：「國一禪師以道學傳於壽涯禪師，涯傳麻衣，衣傳陳摶，摶傳種放，放傳穆脩，脩傳李廷之……穆脩又以所傳太極圖授於濂溪周子。已而周子扣問東林總禪師，太極圖之深旨，東林為之委曲剖論，周子廣東林之語，而為太極圖說。」〔註27〕其後又載說周子初扣黃龍南禪者，其說之紛雖，却又有幾分道理，委實令人難以判斷，但於《佛法金湯編》〈周惇頤〉一目中也載有：「性理之學，實起於東林涯、總二師，總以授周子。故劉後村詩云：『濂溪學得自高僧』。後虞伯生亦曰：『宋儒惟濂溪、康節二公，於佛書早有所得。（公行狀并性學皆要）公題留衣亭曰：退之自謂如夫子，原道深排釋氏非，不識大顛何似者，數書珍重更留衣。』《性理群書》。」〔註28〕但南宋時的張南軒却又說：「濂溪不由師授，真所謂自得。」〔註29〕蓋

〔註20〕 宋〈周濂先生惇頤年譜〉、P.112～116。另見《周子全書》卷二十、P.385～387。
〔註21〕 《中國佛寺史志彙刊》，第一輯，第43冊，〈江蘇鶴林寺志〉P.78。
〔註22〕 同上 P.18。
〔註23〕 同上 P.113。
〔註24〕 同上 P.137。
〔註25〕 《宋元學案》卷四、〈濂溪學案下太極圖辨〉P.125。
〔註26〕 《西河文集》（中）〈辨聖學非道學文〉P.1570。
〔註27〕 《歸元直指集》，〈儒宗參究禪宗〉P.44。
〔註28〕 《佛法金湯編》，〈周惇頤〉P.8 另見《周子全書》卷十七 P.346。

依上述資料所述，不難得知，論周氏思想淵源紛雜而無端緒。故筆者均不採信，而以其著作〈太極圖說〉及〈通書〉所論爲據，還原到周氏之前的時代思潮之中，以探其思想的淵源。

今據周氏所著〈通書〉及〈太極圖說〉爲憑，我們透過其所引借之詞語而論其思想淵源，將如下所述。先論「太極圖」之出處。

「太極圖」在周子學說思想裡，佔著頗爲重要的成分，深爲歷代學者所爭論。若據上節序中術引資料顯示，多以其出自道教。清初胡謂所著《易圖明辨》中，引清毛奇齡〈太極圖說遺議〉一文爲據，窮本溯源，證明太極圖是從《周易參同契》中脫胎而來。〔註30〕並於其後又說：「唐眞元妙經品有太極先天圖……與宋紹興甲寅、朱震在絳筵所進周子太極圖正同。」〔註31〕今筆者列進呈本、明嘉靖道州濂溪書院刊本，明曹端《太極圖說述解》珍倣宋版《性理精義》與《宋元學案》所刊之「太極圖」與「道藏」「上方大洞眞元妙經圖」所載之「太極先天之圖」比照〔註32〕如下：

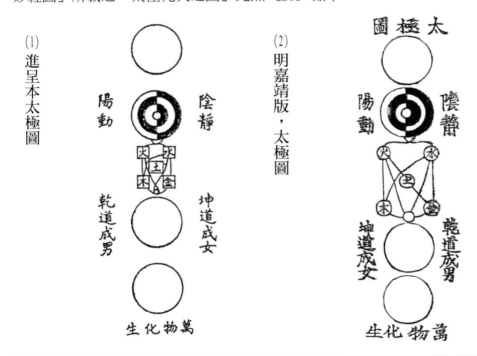

(1) 進呈本太極圖

(2) 明嘉靖版，太極圖

〔註29〕宋〈周濂溪先生惇頤年譜〉P.54。
〔註30〕《易圖明辨》，卷三 P.19。
〔註31〕同上 P.22～23。
〔註32〕《周子全書》卷一、P.2。另見《道藏》第四十五冊、上方大洞眞元妙經圖第三、太極先天之圖。

(3)

明曹端《太極圖說述解》所載太極圖

陽動　　　陰靜

乾道成男　　坤道成女

萬物化生

無極而太極

(4)

《性理精義》所載太極圖

陽動　　　陰靜

火　　水

土

木　　金

乾道成男　　坤道成女

萬物化生

(5)

《宋元學案》所載太極圖

陽動　　　陰靜

火　　水

土

木　　金

乾道成男　　坤道成女

萬物化生

(6)

《道藏》「上方大洞真元妙經圖」之太極先天之圖

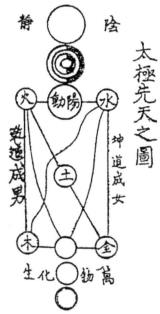

太極先天之圖

靜　　　陰

動陽

火　　水

乾道成男　　坤道成女

土

木　　金

生化　萬物

　　學者鑑之，即可發現，上列五種太極圖中，二、三、四圖一樣，故太極圖有三種畫法，但以「性理精義」一圖的版本最早。因此，筆者採此圖爲據，今將此圖以「道藏」中的《太極先天圖》相較，發現兩圖之間或有雷同之處，但差異不可謂不大。故於其後，胡渭又心虛的說：「今性理大全所載者，以三輪之左爲陽動，右爲陰靜，而虛其上下之二。以爲太極，乃後人所改，非其舊也。此不在本義九圖之列，或曰：陳摶傳穆脩，穆脩傳周子；或曰：周子所自作，而道家竊之，以入藏，疑不能明，存而弗論云。」〔註 33〕依此，胡渭所云，實有待商榷的餘地。然方東美先生確認爲鐵證如山，並以黃宗炎的〈太極圖辨〉一文以爲定讞，〔註 34〕實爲方先生的疏忽。而牟宗三先生，亦如是說，並謂〈圖說〉斷然是周氏的思想。〔註 35〕此說猶有疑義，待下而一節，給予澄清。

　　以「太極圖」爲周子所作，最早起於潘興嗣。〔註 36〕而後代學者不察，附會其說者大有人在。近人勞思光先生，在其大著《中國哲學史》第三卷上冊，有專論「太極圖」問題一文。〔註 37〕考察頗詳，力排眾議，最後以周氏「圖」應出於道教丹訣，且極可能出自希夷，乃其目前所能考定之範圍中成立之可能性最大之說法，以爲結論。〔註 38〕筆者對此說頗有異議。

　　其一是，周子之圖，應配以〈圖說〉釋之。周子之本意，乃言明宇宙生發之過程，而與道教之丹訣根本就風馬牛不相及也。此說勞先生也自曾提及。〔註 39〕

　　其二是，《道藏》之中的「太極先天之圖」與「水火匡廓圖」及「三五至精圖」出於何時代，無法考證。且道教自漢末焚經事敗之後，向以竊佛經以立己之說。〔註 40〕而湖渭《易圖明辨》中，亦曾懷疑的說：「或曰：周子所自作，而道家竊之，以入藏。」故筆者懷疑，此圖最原始的雛形，當以宗密〈禪源諸詮集都序〉的「十重圖」中所繪的眞如○與阿朵耶識◑爲藍本，後再經

〔註 33〕　《易圖明辨》卷三、P.23。
〔註 34〕　〈宋明清新儒家哲學〉第七謂、刊在《文化與哲學》第 92 期 P.39。
〔註 35〕　《心體與性體》，第一冊 P.408。
〔註 36〕　宋《周濂溪先生惇頤年譜》P.145～148。〈濂溪先生墓誌銘〉、潘興嗣撰。
〔註 37〕　《中國哲學史》第三卷上冊 P.137～155。
〔註 38〕　同上 P.154。
〔註 39〕　同上 P.154：「周氏本易傳之宇宙論以釋圖，自與內丹之說全異。」
〔註 40〕　《支那思想史》P.215～217。《宗密教學の思想的研究》P.118～123。道教教理の形成におよぼした佛教の影響一節。

由道教人氏改造竊之。但其所發生的年代，最早當是在宗密的「十重圖」之後。筆者所持的理由是：胡渭《易圖明辨》卷三中所刊載的「參同契納甲圖」，〔註41〕與「新定月體納甲圖」〔註42〕的晦朔弦望，和宗密的「十重圖」完全一樣。而「易圖明辨」上謂：

> 魏佰陽以月象附會之，以寓丹家行持進退之候。蓋以月之明魄多少，取象於卦畫，而以所見之方，爲所納之甲，……。〔註43〕

問題是宗密之前並無任何資料繪有此圖：

再者，周氏〈太極圖說〉中的宇宙生發過程之思想，多源自宗密的《原人論》、《圓覺經大疏鈔》及華嚴宗的「法界觀」。這點待剖析周氏思想時再說。故周氏「太極圖」的上半部，當是以宗密所繪的眞如○爲其無極○，而以阿梨耶識◉爲其太極圖之藍本。故清毛奇齡云：

> 我辨太極圖說，祇以無極尊經爲道家一派，而未言本之禪宗，此全藉推發之，以暢其說。是圖宜秘，不可失。〔註44〕

又毛氏在〈復馮山公論太極圖說古文尚書冤詞書〉中謂：

> 昨見黃山中洲和尚有太極圖本于禪宗說，其所爲太極圖，即唐僧圭峯之十重圖也。中三輪爲◉阿梨耶識，左行爲☉，爲覺，即圖之左☾：右行爲○，爲不覺，即圖之右☾。〔註45〕

毛氏所繪之圖，雖稍異於宗密之阿梨耶識，但並不重要，故不復贅述。重要的是，毛氏提供了「太極圖」出處的兩種可能性：「一本于道藏眞元品，一本于圭峯禪源詮集，而總出於參同契。」〔註46〕至於本于《道藏》及總出于《參同契》之說，勞先生亦曾辨駁之，謂其年代不可考及周氏之前並無毛氏所言之二圖。〔註47〕依此，「太極圖」上半部倣宗密「十重圖」而繪成的可能性就

〔註41〕《易圖明辨》卷三 P.26。
〔註42〕同上 P.28。
〔註43〕同上 P.29。
〔註44〕見清毛奇齡《西河文集》（編於《西河文集》上 P.238）〈牘禮目〉第二十五條，〈寄圭峯十重圖與張文蓋〉。
〔註45〕《西河文集》上 P.186。
〔註46〕1. 同上。
2. 另見《西河文選》、卷十、〈太極圖說遺議〉：是圖出于摶，而當時爲釋氏者亦爭傳之。要其本則實從魏伯陽參同契中所稱水火匡廓，三五至精兩圖，而合之爲一圖者也。」引錄自勞思光《中國哲學史》第三卷上卷 P.142。
〔註47〕《中國哲學史》，第三卷上卷 P.142。

非常高了。況且〈圖說〉的前半的思想理路，亦合於宗密《原人論》、《圓覺經大疏鈔》及《註華嚴法界觀門》的思想。至於「太極圖」下半部的五行圖式；筆者以爲，當是依董仲舒《春秋繁露》的思想繪製而成。董仲舒曰：

> 天有五行，一曰木，二曰火，三曰土，四曰金，五曰水。木，五行之始也。水，五行之終也。土，五行之中也。此其天次之序也。……木居左，金居右，火居前，水居後，土居中央；……五行之隨，各如其序；五行之官，各致其能。是故木居東方而主春氣；火居南方而主夏氣；金居西方而主秋氣；水居北方而主冬氣……。〔註48〕

依上述引述文配上周氏所繪五行圖式，即可看出梗概；如下圖：

現再引一段文字以證明之，就更明顯了；董子曰：

> 天之常道，相反之物也，不得兩起，故謂之一。一而不二者，天之之行也。陰與陽，相反之物也，故或出或入，或左或右。春俱南，秋俱北。夏交於前，冬交於後。並形而不同路，交會而各代理，此其文與。天之道，有一出一入，一休一伏，其度一也。〔註49〕

蓋周子依文繪出「木居左，金居右，火居前，水居後，土居中央」

的基本圖式，再配之以「木居東方而主春氣；火居南方而主夏氣；金居西方而主秋氣；水居北方而主冬氣」東南西北四方及春、夏、秋、冬四時，及「春俱南，秋俱北。夏交於前，冬交於後。並行而不同路，交會而各代理」的複雜圖式　　　，而從　　　的終始線，董仲舒不也曾說：「木，五行之始也。水，五行之終也。土，五行之中也。」如此，即成爲前面所繪的完整五行圖式了。

〔註48〕《春秋繁露》卷十一、〈五行之義〉第四十二、P.2。
〔註49〕同上卷十二、〈天道無〉二，第五十一、P.3。

　　至於五行圖式以下的「乾道成男，坤道成女」及「萬物化生」的○，依舊採取了宗密眞如○的圖形。因爲依照宗密的《原人論》云：「元氣亦從心之所變；屬前轉識所變之境，⋯⋯據此則心識所變之境，乃分成二。一分即與心識和合成人，一分不與心識和合，即成天地山河國色。三才中唯人靈者，由與心神合也。」〔註50〕故男女、萬物亦從心之所變現而成。而元氣的思想，最早當溯自《淮南子》及董仲舒的《春秋繁露》。〔註51〕緣至唐代的韓愈，繼承了董仲舒的天命及性論的系統，且得「元猶原也，其義以隨天地終始也。故人惟有終始也，而生不必應四時之變。故元者，爲萬物之本，而人之元在焉。⋯⋯」思想的啓發，著〈原道〉、〈原人〉、〈原性〉等篇，倡道統以排佛。宗密則站在佛教的立場創作出《原人論》，以批駁儒、道二教不盡究理。並提出以華嚴「一心」、「眞如」的思想，統理（體現）宇宙山河的化生過程，周子繼宗密之驥尾，摹倣繪製成「太極圖」。

　　蓋「太極圖」的出處，當是融合了漢代陰陽五行思想的遺風，與宗密「十重圖」的阿梨耶識與眞如圖形改造而成，以與圖說互相發明。

第三節　〈太極圖說〉及〈通書〉字詞之考察

　　〈太極圖說〉與〈通書〉之原篇名稱，據潘興嗣〈墓誌銘〉所載云：「吾友周茂叔⋯⋯尤善談名理，深於易學，作〈太極圖易說〉，〈易通〉數十篇，詩十卷⋯⋯」〔註52〕當爲〈太極圖易說〉與〈易通〉，爲其原文章之篇名。〔註53〕前者是以圖說易，故自可以〈太極圖易說〉爲名。〔註54〕後者「易通」，則是對

〔註50〕《大正藏經》四十五、P.710c。
〔註51〕見《淮南子》卷三、天文訓頁1：天地未型，馮馮翼翼，洞洞灟灟，故曰太昭。道始于虛霩，虛霩生宇宙，宇宙生氣，氣有涯垠，清陽者薄靡而爲天，重濁者凝滯而爲地。」
　　　　另見《春秋繁露》卷三、玉芙第四、P.1 云：「謂一元者，大始也⋯⋯。」又卷五、重政第十三、頁6云：「惟聖人能屬萬物於一而繫之元也。⋯⋯元猶原也，其義以隨天地終始也。故人惟有終始也，而生不必應四時之變。故元者，爲萬物之本，而人之元在焉。安在乎？乃在乎天地之前。⋯⋯」
〔註52〕《周子全書》卷二十、P.400。
　　　　宋〈周濂溪先生惇頤年譜〉P.148。
〔註53〕勞思光，《中國哲學史》第三卷上冊 P.138～139。
〔註54〕同上 P.139：「⋯⋯周氏既未別有『易說』一作品，且『通書』本即是解易之作，亦不應另有一『易說』。『易說』二字當連上讀，蓋當時以圖說易之風氣極盛，『太極圖說』既本是以圖說易，自可稱『太極圖易說』也。」

〈太極圖易說〉之通述或言通解，故名之爲〈易通〉。〔註55〕依〈太極圖說〉遣辭用字及文理脈絡言之，〈圖說〉所敘說的思想觀念，甚爲簡陋，僅止於蜻蜓點水，一筆帶過。例如，〈圖說〉中的聖人、五性、動靜、無欲等思想觀念，均未清楚的交代，但在〈通書〉中，均給予一一地說明與發揮。故依此言之，〈圖說〉與〈通書〉兩篇文章，當一併來看，方能不失之偏隅。

據方東美先生《宋明清新儒家哲學》第八講一文所載，周子〈通書〉與〈圖說〉兩篇文章，透過歷史來找它的根源。大致說來，它的根源有三：

一是源於尚書〈洪範篇〉的思想系統，也就是夏殷以來所流傳的 Mystic religion。另一種根源，就是周易文言傳及繫辭大傳。第三種根源是禮記的〈中庸篇〉。〔註56〕

若將問題簡單化來看，方先生所言，大致並沒有錯。但筆者以爲，研究一個人的思想，應與其前期歷史文化之發展連繫起來，進而從其對後期學術思想及當時社會所造成的影響上，來做通盤性的研究。若僅滯陷於道統的延續或教條的爭論之狹隘的罅縫裡，終將使該文化的本質或此人的思想僵化，而導致文化倒退。因而，朱子謂其「得千聖以來不傳之秘」〔註57〕《宋史》〈道學傳〉讚其「得聖賢不傳之學」，〔註58〕吳草廬稱之「默契道妙」，〔註59〕都祇是站在一種狹隘的道統觀下所發之言。故筆者對其均不表贊同。

今先察其著書立言之字句與詞語之出處，再歸論其思想淵源。

一、〈太極圖說〉「自」、「爲」二字之考察

〈太極圖說〉本文，參閱珍倣宋版之《性理精義》、明嘉靖道蚰濂溪書院刊本、明正德刻本、《宋元學案》、進呈本《周子全書》所載，全文共爲二百四十九字。所不同者，即明正德刻本所載之〈太極圖說〉與前述各版本中，有一字之差、即「原始反終、故知死生之說」之「反」字，正德本爲「要」。〔註60〕今引《性理精義》〈太極圖〉本文如下：

但朱子卻始終認爲另有《易說》一書。
〔註55〕勞先生認爲是解易之作。參照註3。
〔註56〕《哲學與文化》九十三期 P.44。
〔註57〕《周子全書》卷二 P.33。
〔註58〕《宋史》卷四百二十七、〈道學〉傳一。
〔註59〕《宋元學案》，〈濂溪學案〉下。
〔註60〕《濂溪集》卷二、P.1：「原始要終，故知死生之説。」

無極而太極。太極動而生陽，動極而靜，靜而生陰。靜極復動，一動一靜，互爲其根。分陰分陽，兩儀立焉。陽變陰合，而生水火木金土。五氣順布，四時行焉。五行一陰陽也，陰陽一太極也，太極本無極也。五行之生也，各一其性。無極之眞，二五之精，妙合而凝。乾道成男，坤道成女。二氣交感，化生萬物，萬物生生，而變化無極焉。惟人也，得其秀而最靈。形既生矣，神發知矣，五性感動，而善惡分，萬物出矣。聖人定之以中正仁義^{聖人之道中正而已矣}，而主靜^{無欲故靜}，立人極焉。故聖人與天地合其德，日月合其明，四時合其序，鬼神合其吉凶。君子脩之吉，小人悖之凶。故曰：立天之道，曰陰與陽。立地之道，曰柔與剛。立人之道，曰仁與義。又曰：原始反終，故知死生之說。大哉易也，斯其至矣。〔註61〕

但據朱子在註解「無極而太極」及〈答黃直卿書〉與〈陸子靜書〉中，曾提及《國史》〈濂溪傳〉所載之〈太極圖說〉原文首句是：「自無極而爲太極」，〔註62〕朱子云：

戊申六月，在玉山邂逅洪景盧內翰，借得所修國史中，有濂溪程張等傳，盡載〈太極圖說〉。蓋濂溪始得立傳，作史者於此爲有功矣。然此語本說句首，但云：無極而太極。今傳所載，乃云：自無極而爲太極，不知其何所據而增此自、爲二字也。夫以本文之意，親切渾全，明白如此，而淺見之士，猶或妄有譏議。若增此字，其爲前修之累，啓後學之疑，益以甚矣。謂當請而改之，而或者以爲不可。昔蘇子容特以爲父辯謗之故。請刊國史所紀草頭木脚之語，神宗猶俯從之。況此乃百世道術淵源之所繫耶。正當援此爲例，則無不亙改之理矣。〔註63〕

〔註61〕《性理精義》卷一、P.1～9。

〔註62〕同上、P.3、集說：「朱子曰……史氏之傳先生者，乃增其語曰：自無極而爲太極，則又無所依據……。」
《周子全書》卷一、P.5亦有相同記載。
另見朱子大全卷三十六、P.16、答陸子靜書：「近見國史濂溪傳，載此圖說乃云：自無極而爲太極，若使濂溪本書實有自、爲兩字，則信如老兄所言，不敢辯矣，然因渠添此二字，却見得本無此二字之意，愈益分明，請試思之。」

〔註63〕《周子全書》卷四、P.5。

朱子所持刪去「自」、「爲」二字的理由，一是維護他自己對周子〈圖說〉所理解的理論系統，以爲「無極正以其無方所形狀，以爲在無物之前，而未嘗不立於有物之後」。〔註64〕二是站在道統之延續上立言，認定「聖人謂之太極者，所以指夫天地萬物之根也。」〔註65〕三是舉〈圖說〉下文「無極之眞、二五之精」與「太極本無極」之語，證明「太極」因其爲「天下之大樞紐、大根抵」，故「此極獨無形狀、無方所」以爲理解周氏思想之途徑。〔註66〕四是依〈蘇子容爲父辯謗〉之先例，引以爲憑。

　　然據歷代史實之記載，乃朝廷命史官所撰，誠屬官方搜羅之資料，非一般民間稗官野史，史官實無增減周氏〈太極圖說〉一文之必要。況且周子在世之時，既非朝廷重臣，又非執學術思想牛耳之人，記史者理當依其史料而轉載之。朱子提出刪去「自」、「爲」二字，想必是礙於其個人急欲建立「千聖以來不傳之秘」的道統有關。我們知道，周子之學之所以顯於後世，完全是得之於朱子之闡揚。朱子在得周氏之圖于道士葛長庚之後曾云：

　　　　包犧未嘗言太極，而孔子言之，孔子未嘗言無極，而周子言之……。
　　〔註67〕

依此而論，朱子的道統觀就是；包犧之後孔子繼之，孔子沒，道無所傳，千年之後由周子繼承，而周子之學由他承之，故不待言者，他就是道統之所在。於此，朱子堅持刪「自」、「爲」二字以立己之言的獨斷思想，恐怕先是因其受知於道士所傳「太極圖」之誤有關，而後是困於對道統的執著，是知，〈太極圖說〉本文應該加上「自」、「爲」二字才是。如此，圖說全文就有二百五十一字。

　　但就實而論，「白」、「爲」二字縱使依朱子之意刪之，亦不失其由無極而後產生太極之思想理路。這點在「無極而太極之辨」一節中再詳述之。今筆者舉證朱子之誤的用意，主要是還原周子哲學思想的原來面貌，實無爲其增加一點點之意。

　　故今依周子〈圖說〉此〈通書〉之言，從其前期歷史文化思想上探其淵源。

〔註64〕《性理精義》卷一、P.3。
〔註65〕同上。
〔註66〕同上。
〔註67〕《宋元學案》卷十一、〈濂溪學案〉下、P.125，黃宗炎之〈太極圖辨〉載之。

二、〈太極圖說〉字詞之考察

1.「無極」

朱子一向以周子爲道統之所在,「眞得千聖以來不傳之秘」之人,但周子〈太極圖說〉首句——「自無極而爲太極」,「無極」一詞就已脫離了傳統儒學思想概念之範疇,其是否「眞得千聖以來之秘」,實有待商榷的餘地。回溯歷史,「無極」一詞,最早出現於《老子》一書。《老子》二十八章云:

> 爲天下式,常德不忒,復歸於無極。〔註68〕

後來《莊子》引用之,其云:

> 河漢而無極也。〔註69〕

> 入無窮之門,以遊無極之野。〔註70〕

莊子之後,荀子亦言「無極」,《荀子》卷一〈修身篇〉第二云:「不識步道者,將以窮無窮逐無極。」但若以無極爲始,則《列子‧湯問篇》亦近於周子之本意,其云:

> 殷湯日:然則物先後乎,夏革日:物之終始,初無極已,始或爲終,
> 終或爲始,惡知其紀。〔註71〕

> 然無極之外,復無無極;無盡之中,復無無盡。無極復無無極,無
> 盡復無無盡。〔註72〕

再者,佛經中亦有「無極」一詞,而與道家所論「無極」意義相同者:

> 禪度無極者云何?端莫心,壹其意,菩薩禪度無極一心如是。

> 安以無極之福堂、吾授無極之福。

> 今觀明度無極聖典。〔註73〕

〔註68〕《老子》二十八章 P.16。
〔註69〕《莊子》卷一、〈消遙遊〉、P.6。
〔註70〕同上卷四、〈宥篇〉、P.19。
〔註71〕《列子》卷五、P.1。
〔註72〕同上。
〔註73〕《大正藏經》三、P.39〜44。
　　　　另見《弘道廣顯三昧經卷》四:
　　　　使其廣博殊妙無極
　　　　如來身光明,悉普至無極世界(《大正藏經》十五、P.506a〜b)
　　　　西晉時竺法護更譯有無極寶三昧經,經云:
　　　　虛空寶度,無極是樂(《大正藏經》十五、P.515a)
　　　　東晉祇多密譯佛說寶如來三昧經云:

2.「太極」

太極一詞，據朱子所述「包犧未嘗言太極，而孔子言之⋯⋯」，認定《周易・繫辭傳》為孔子所作，其實不然。當然，這種附會之說，早在朱子以前，即以訛傳訛地流傳於漢以後的學術思潮中，若論其中之弊，亦非朱子所能深察者。日人本田成之的《中國經學史》認為，《易傳》之興，當到孔孟以後才發生的事，而且是戰國策士的語調。這點在《史記・秦史皇本紀》中，〔註74〕亦有載易為卜筮之書而不燒之的禁令，可引為佐證。

故依上述所言，吾人僅能謂「太極」一詞，最早出自《莊子・大宗師》所云：「夫道有情、有信、無為、無形，可傳而不可受，可得而不可見⋯⋯在太極之先，而不為高⋯⋯」與《易・繫辭傳》上所云：

是故易有太極，是生兩儀，兩儀生四象，四象生八卦。〔註75〕

而非為孔子所言。但依周子〈圖說〉所言，當以〈繫辭〉為其出處，然其所指涉的思想，因與五行結合，是否仍以《易傳》為據。是有待深究的了。

承上引證所述之「無極」與「太極」而言，周子〈圖說〉之首句，「無極」一詞確實已脫離了傳統先秦儒學（孔孟）思想概念之範圍，並將「無極」與「太極」連結而言「無極而太極」。據明版歸元直指集及空谷集所載：

濂溪太極圖說，無極之真，妙合而凝 ^{此二句經法出華嚴界觀}，無極而太極等語，

全是東林口訣。〔註76〕

而《空谷集》中更有謂：

易傳辭理俱勝，不失東林總禪師，濂溪周元公口傳心受之意一模脫

虛空實度無極，是其樂。
意無極作大船師，是其樂。
無邊園脫無極，是其樂。
一切入無極者，是其樂。
作無極慧不離十方
十方尊無極
無邊亦無幅，無極不可計（《大正藏經》十五 P.528a〜531a）
綜觀道佛所云「無極」一詞的意義，大致相同。
〔註74〕《中國經學史》，第二章第四節，周易底興起 P.80〜101。
〔註75〕中三經注疏，〈周易繫辭〉上 P.156〜157。
〔註76〕1.《歸元直指集》、《儒宗參究禪宗》P.17。
　　　　2.《空谷集》、〈尚直編〉中 P.12。

出，渾無睽舛未嘗有此僻隘之心。〔註77〕

此說《宋元學案》卷十二亦有云：

> 元公初與東林總游，久之無所入，總教之靜坐，月餘，忽有得。以
> 詩呈日：書堂兀坐萬機休，日煖風和草有幽，誰道二千年遠事，而
> 今只在眼睛頭。總肯之，即此結青松社。〔註78〕

依上之說，濂溪所云之「無極而太極」之語出自佛禪者，頗爲有據。但另有一說是，出自唐僧杜順的《華嚴法界觀》。〔註79〕

總而言之；不論朱子所堅持的「無極而太極」也好，抑或《國史・濂溪傳》所載之「自無極而爲太極」也好，「無極」一詞絕非先秦孔孟思想是不待辯而知之者。

3.「陰陽」

「陰陽」兩個相對意義之字詞最早爲《老子》所提出，〔註80〕後來爲陰陽家所採用，而荀子因來往於齊楚之間，故在其思想中亦被他所援用。但依周子所言，當援自《易傳》才是。

4.「乾道成男、坤道成女」、「化生萬物」二句，出自《易・繫辭傳》

「……明運行，一寒一暑，乾道成男，坤道成女」

「……天地絪蘊，萬物化醇，男女構精，萬物化生……」但周子顛倒之，而改云「二氣交感，化生萬物」。此中的思想，即與《易傳》所云自然有相異之處。〔註81〕

5.「故聖人與天地合其德，日月合其明，四時合其序，鬼神合其吉凶。」

則引自《易・文言傳》。

6.「立天之道，日陰與陽，立地之道，日柔與剛，立人之道，日仁與義。」

是《易・說卦傳》裡的句子。

7.「原始反終，故知死生之說。」

〔註77〕《空谷集・尚直編》上 P.5。

〔註78〕《宋元學案》卷十二，〈濂溪學案〉下 P.134。

〔註79〕大江文城著，《程朱哲學史論》P.34：「無極而太極の字は唐僧杜順が『華嚴法界觀』に出づによればなり。」

〔註80〕《老子》四十二章 P.5：「萬物負陰而抱陽，沖氣以爲和。」

〔註81〕《春秋繁露》卷十一、〈五行之義〉P.2。

此乃是《易・繫辭傳》裡的詞語。

8.「五行」、「五氣」

二詞最早出現在《尚書・洪範》：「五氣之驗，有義有惡，……曰雨暘、曰燠、曰寒、曰風……」；「五行，一曰水；二曰火；三曰木；四曰金；五曰土。」

9.「五行之生也，各一其性」

此二句與董仲舒《春秋繁露》的〈五行之義〉略同：「五行之隨，各如其序。」

10.「惟人也，得其秀而最靈。」

此最早與其意略同的是《尚書・泰誓》上：「惟天地萬物父母，惟人萬物之靈……」〔註82〕

另見《禮記・禮運篇》：「故人者，其大地之德，陰陽之交，鬼神之會，五行之秀氣也」〔註83〕

再者《列子・天瑞篇》中亦有類似之言：「吾樂甚多；天地萬物，惟人唯貴。而吾得爲人，是一樂也。」〔註84〕

王符的《潛夫論》卷一〈讚學〉亦云：「天地之所貴者人也。」

但宗密的《原人論》所言亦與之雷同：「況三才之中之最靈而無本源乎……」，以及「……三才中唯人靈者，由與心神合也……」。〔註85〕另外宗密在《圖覺經大疏鈔》卷一之上疏云：

> 一氣始分，爲陰陽二氣。陰濁陽清，清氣上勝爲天，濁氣下凝爲地，
> 和氣爲人，人最靈也謂之三才。〔註86〕

11.「無極之真，妙合而凝」

此二句據《空谷集》及《歸元直指集》所載，是出自《華嚴經法界觀》。〔註87〕而《空谷集》中更對此二句有一番詮釋，其云：

> 據五教中，依空立世界，以無爲萬有之祖，以無爲因無即所依之　空，以

〔註82〕《十三經注疏尚書》卷十一《周書・泰誓》P.152。

〔註83〕同上，《禮記・禮運》P.432。

〔註84〕《列子・天瑞篇》P.10。

〔註85〕《大正藏經》四十五 P.707c 及 P.710c。

〔註86〕《卍續藏經》十四，二百六 b～c。

〔註87〕同註25。

有爲果^{有即二氣}_交運，以眞爲體^{眞即一}_{眞至理}，以假爲用^{例即萬}_{物化生}，故云無極之

眞，妙合而凝。〔註88〕

蓋若眞如此書所云，則濂溪思想，毫無疑問的是淵源於佛教。但偏偏周子〈圖說〉所論，其所依之文句，又多以《易傳》、《尙書》爲主。而《易傳》之陰陽與《尙書》五行、五氣等思想觀念的結合，最早當源有兩漢以來的齊學系統，此言前己述及。

因此，我們可以歸結的是，〈太極圖說〉結合《尙書》與《易傳》暨宗密、道家等的思想是非常明確的。但問題是由物原質「二氣」、「五行」如何能生成人的過程，實在是有待解決的難題；而人又何以獨「得其秀而最靈」，也是問題之一；再者就是宇宙化生的過程，實非《尙書》與《周易》的思想所能碰觸得到的；並且主靜無欲的實踐方式，亦非《尙書》與《周易》的理論系統；最後就是形上本源「無極而太極」的指涉意義，又是源自何處，都是問題所在。爲此之故，筆者於此先將問題轉向對「通書」字詞、文理的考察上，考察完之後，再一併處理。

三、〈通書〉字詞之考察

〈通書〉依筆者前所述，原名爲〈易通〉，勞思光先生謂其爲解易之作。〔註89〕但筆者就其與〈圖說〉之思想理脈言之，謂其爲〈圖說〉之補述或言闡釋與發明，恐較爲妥切。綜觀〈圖說〉之文理結構，一分爲二，前半篇從「自無極而爲太極……萬物生生，而變化無窮焉。」的一百二十五個字，完全在建構一宇宙化生的思想理路，絲毫未曾碰觸到人間的價值理念。蓋依西洋哲學詞彙言之，即形上學中宇宙論的部分；後半篇自「惟人也，得其秀而最靈……原始反終，故知死生之說。大哉易也，斯其至矣。」的一百二十六個字，則是在處理人間社會的價值理念。推效聖人以窮天地鬼神之奧，以興人間之倫常軌道。故以西洋哲學言之，是爲形上學中的本體論。但以其短短前半篇言物，後半篇言人的二百五十一字之篇幅，要論盡宇宙人間萬象，似嫌簡略與粗糙了些。而尤其以後半篇成聖之實踐方式與定立人間社會之倫常軌道的價值理論，幾乎毫無涉略。是以〈通書〉之作，即爲解決〈圖說〉所

〔註88〕《空谷集》中 P.9。
〔註89〕《中國哲學史》，第三卷上册 P.139。

遺留下來的問題。故周子於〈圖說〉之末云：「大哉易也，斯其至矣。」而於〈通書·誠〉上第一接著云：「……大哉乾元，萬物資始，誠之源也。」誠之源既以乾元爲其活水源頭，故不待言而知之者，乾元即爲周子所謂之價值根源。然而周子所理解之乾元——「天」又以何爲據呢？據〈周易〉王韓注「太極」云：

> 夫有必始无，故太極生兩儀也。太極者無稱之稱，不可得而名，取有之所極，況之太極者也。〔註90〕

而於孔穎達疏「易有太極，是生兩儀」云：

> 正義曰：太極謂天地未分之前，元氣混而爲一，即是太初太一也。
> 故老子云：道生一，即此太極是也。又謂：混元既分，即有天地。
> 故曰太極生兩儀。即老子云：一生二也。不言天地而言兩儀者，指其物體下與四象相對。故曰兩儀，謂兩體容儀也。〔註91〕

這在融三教於華嚴一宗的宗密的《圓覺經大疏鈔》卷七之上比較儒道二教教義時，亦引此爲據。是知，在兩漢經學以齊學爲主的系統下，配以素樸道教色彩的宇宙氣化論，〔註92〕很自然的將兩漢之後的經學導向以了解經的傳統。故清代江涑的《讀子巵言》謂：

> 諸子之學，道家爲最始、而六經又盡本於老子，是則經子同出一源。
> 〔註93〕

緣至魏晉王韓注《易》，更依其遺風、以《老子》釋《易》，而挾者道教氣化論之色彩。蓋依上述王韓注「太極」所言之「太極者無稱之稱」不可得而名，取有之所極……，「無極」一詞，朱子釋爲「無所形狀，無方所」似有可取之處。但依朱子所言之「太極」爲實理，又與王韓云「人極」爲「混而爲一」之「元氣」不合。且周子於其下又曾云：「無極之眞，二五之精……」之「眞」亦己直言「無極之眞」乃指無極之眞心或言眞性實體而言，此又可與其所言之「太極本無極」相通。故周子之「太極」當釋爲「元氣混而爲一」之「太初太一」——「元氣」。而其所言之「兩儀」，當指「天地」，言之，而非陰陽之稱了。周子云：

〔註90〕《十三經注疏》，《周易》卷七 P.156 太極之注。

〔註91〕同上 P.156～157。另見《卍》十四 P.352b～d。

〔註92〕可參閱《列子·天瑞篇》。

〔註93〕《讀子巵言》卷一 P.6。

太極動而生陽，動極而靜，靜而生陰，靜極復動；一動一靜，互爲
其根，分陰分陽，兩儀立焉。

然其所論之「天」與「地」究竟爲何呢？周子云：

乾道成男，坤道成女，二氣交感，化生萬物……

是以「乾、坤」當如其所云：「二氣交感」之天地二氣而言。亦即王韓所云：「混
元既分，即有天地。故曰太極生兩儀。」如上一來，濂溪所言之「乾元」──
天，即爲氣化流行之天。故周子於其言「大哉乾元，萬物資始，誠之源也。」
之後，又言「乾道變化，各正性命，誠斯立焉」，乾道既是能變能化之道，故其
所正之性與命，亦非普遍必然之「性」，更非天之所「命」之命。依此而言，濂
溪於「師」第七所言「性者，剛柔善惡，中而已矣」之五性，即可得到理解。

然依周子〈通書〉篇所言，不外乎兩個最主要的觀念，即「聖」與「誠」，
其餘蓋依此「聖」與「誠」所演出，今先探其二字出處。

（一）「誠」

誠之一字，在周子〈通書〉之中，是極爲重要的，其於「誠」上第一即
開宗明義的說：「誠者，聖人之本」，〔註94〕而於〈通書〉全篇之中爲釋其所
指，共有二十見之多。〔註95〕

（1）「誠者，聖人之本」

（2）「大哉乾元，萬物資始，誠之源也。」

（3）「乾道變化、各正性命，誠斯立焉。」

（4）「元亨，誠之道；利貞，誠之復。」

（5）「聖、誠而已矣。」

（6）「誠、五常之本，百行之源。」

（7）「五常百行，非誠非也，邪暗塞也，故誠則無事。」

（8）「誠無爲、幾善惡」

（9）「寂然不動者，誠也」

（10）「誠精故明，神應故妙，幾微故幽。」

（11）「誠神幾日聖人」

（12）「幾動於彼，誠動於此」

（13）「君子乾乾不息於誠……」

〔註94〕《性理精義》卷一 P.11《周子全書》卷七 P.16。
〔註95〕同上卷一 P.11～30。

（14）「本必端，端本，誠心而已矣」

（15）「不善之動，妄也；妄復，則无妄矣。无妄則誠矣。」

（16）「……身端，心誠之謂也；誠心，復其不善之動而已。」

（17）「至誠則動，動則變，變則化」

由此得之，「誠」之一字在周子思想中，既爲「聖人之本」，又爲「百行之源」。然溯其釋「誠」之源，不外乎出自《周易》本傳及〈彖傳〉與〈繫辭傳〉。而「誠」之一字，則源於《禮記・中庸篇》。但於《荀子》與「易經」的乾卦中之九二與九三亦有言誠之語。《易・乾卦》謂：

九二，日見龍得田，利見大人，何謂也？子曰：龍得而正中者也，
庸言之信，庸行之謹，閑邪存其誠。

九三，日君子終日乾乾乾夕惕若屬无咎，何謂也？子曰：君子進德
修業，忠信、所以進德也，修辭立其誠，所以居業也……

《荀子・不苟篇》中云：「君子養心莫善於誠，致誠則無它事矣。」又云：「天地爲大矣，不誠則不能化萬物，聖人爲知矣，不誠則不能化萬民……夫誠者君子之所守也，而政事之本也。」

蓋依濂溪所言之「誠」爲聖人之本與百行之源觀之，其所言之「誠」當與「乾卦」所言無關而與《荀子》思想相密合，這是研究周子思想淵源當注意之處。

（二）「聖」與「聖人」

周子論聖與聖人，其指義相同，故合而言之，共有二十八見之數。〔註96〕
今一一引述如下：

（1）「誠者，聖人之本」

（2）「聖，誠而已矣」

（3）「性焉安焉之謂聖」

（4）「誠神幾曰聖人」

（5）「聖人之道，仁義中正而已矣」

（6）「惟中也者也，中節也，天下之達道也，聖人之事也。」

（7）「故聖人立教，俾人自易其惡，自室其中而止矣。」

（8）「無思，本也，思通，用也，幾動於彼，誠動於此，無思而無不通，

〔註96〕同上。

爲聖人。」

（9）「故思者，聖功之本，而吉凶之幾也。」

（10）「聖希天，賢希聖，士希賢。」

（11）「志伊尹之所志，學顏子之所學，過則聖，及則賢。」

（12）「天以陽生萬物……故聖人在上，以仁育萬物，以義正萬民。」

（13）「天道行而萬物順，聖德脩而萬民化……」

（14）「古者聖王制禮法，脩教化，三綱正，九疇敍。」

（15）「樂者，本乎政也……故聖人作樂，以宣揚其和心……」

（16）「聖可學乎，曰：可；曰：有要乎；曰：有；請聞焉。曰：一爲要，
　　　一者，無欲也。」

（17）「然則聖人之蘊，微顏子殆不可見，發聖人之蘊，教萬世無窮者，
　　　顏子也。聖同天，不亦深乎。」

（18）「聖人之精，盡卦以示；聖人之蘊，因卦以發，卦不畫，聖人之精，
　　　不可得而見。微卦，聖人之蘊，殆不可悉得而聞。」

（19）「君子乾乾不息於誠……損益之大莫是過，聖人之旨深哉。」

（20）「聖人之道，入乎耳，存乎心。」

（21）「聖人之法天，以政養萬民」

（22）「聖人之道，至公而已矣。」

　　根據上面周子所論之聖人，雖多至二十八見，但其指涉意義卻不僅僅只限於一種，而是包括了三重意義；一是指聖人之境界，二是指功夫（實踐方式），三是聖人之事業。而這三種意義的詮釋，大致說來是以《中庸》與《易傳》的詞語釋之。將《中庸》與《易傳》結合，並以《易傳》釋中庸者，在周子前期的學術思想中，當推排佛甚力的李翱。李翱在其《復性書》中，繼韓愈之後，直言不諱的說：

　　　性命之書雖存，學者莫能明。是故皆入於莊列老釋，不知者謂夫子
　　　之徒，不足以窮性命之道，信之者，皆是也。有問於我，我以吾之
　　　所知而傳焉，遂書于書，以開誠明之源，而缺絕廢棄不揚之道，幾
　　　乇以傳于時命，曰復性書、以理其心以傳乎其人……〔註97〕

由是觀之，理學之興，與其說源自韓愈，倒不如說興於李翱之《復性書》較爲合理。因爲，李翱之《復性書》，首先引《易傳》中的詞語來詮釋〈中庸〉

〔註97〕《李文公集》卷二，復性書上 P.9。

之「誠」與「聖」。而周子繼其之後，採其基本模式，然後摻雜《尚書》與《禮記》之中的思想觀念，故爲成「聖」臻「誠」的功夫與事業。此處有一點必須言明的是，雖然周子《通書》全篇的文體形式上近於格言式，而與李翱《復性書》行文的體裁上，差異頗臣，但論究其思想結構，〔註98〕則幾乎與李翱《復性書》同出一轍。這是研究周子思想淵源不能忽略的重點之一。

　　再者，周子通書中的詞語，除《易傳》、《中庸》之外，究竟還有那些著作爲其所引藉發揮者。筆者透過歷史的回溯，在其前期學術思想的脈絡中，發現計有九種之多。如誠下第二云：

　　　　故曰：一日克己復禮，天下歸仁焉。

乃出自《論語・顏淵篇》；「顏淵問仁，子曰：克己復禮爲仁。一日克己復禮，天下歸仁焉。」

　　〈師〉第七云：

　　　　故先覺覺後覺，闇者求於明，而師道立矣。

乃出自《孟子・萬章》下：「天之生此民也，使先知覺後知，使先覺覺後覺也。」

　　〈思〉第九云：

　　　　思曰睿，睿作聖。

引自《尚書・洪範》：「……思曰睿，恭作肅，從作義，明作哲，聰作謀，睿作聖。」

　　〈禮樂〉第十三云：

　　　　禮，理也；樂，和也。

　　　　君君臣臣，父父子子，兄兄弟弟，夫夫婦婦。

則出自《論語・顏淵篇》及《禮記・樂記篇》：「齊景公問政於孔子，對曰：君君，臣臣，父父，子子。」（《周易・家人卦・象傳》亦有載：「父父、子子、兄兄、弟弟、夫夫、婦婦而家道正，正家而天下定矣。」）

　　〈樂〉上第十七云：

　　　　古者聖王制禮法，脩教化，三綱正，九疇敍，百姓大和，萬物咸若。

「三綱」見於《白虎通・六紀篇》：「君臣、父子、夫婦。」「九疇」則出自《尚書・洪範》。「天乃錫禹，洪範九疇，彝倫攸敍。初一曰五行；次二曰敬用五事，次三曰農用八政，次四曰協用五紀，次五曰建用皇極，次六曰乂用三德，次七曰明用稽疑，次八曰念用庶微，次九曰嚮用五福，威用六極。」又：

〔註98〕思想結構，一群觀念關係的總合。

〈樂〉上第十七云：

> 乃作樂，以宣八風之氣……

「八風」一詞見於國語周語下：「八風者，八方之風。東北方曰條風，東方曰明庶風，東南方曰清明風，南方曰景風，西南方曰涼風，西方曰閶闔風，西北方曰不周風，北方曰廣莫風。」，此外《淮南子・地形訓》亦有載，但所指之八風有異。其云：「何謂八風，東北曰炎風，東方曰條風，東南曰景風，南方曰臣風，西南曰涼風，西方曰颶風，西北曰麗風，北方曰寒風。」，但依上述《國語》與《淮南子》所云之「八風」，似與周子所言毫無關聯，但究竟源自何處？筆者以爲，仍然當以《禮記・樂記》所云，爲其出處。《禮記・樂記》云：「成文而不亂，八風從律而不姦，……故樂，行而倫清，耳目聰明，血氣平和，移風易俗，天下皆寧。」此與周子《通書・樂》上第十七的思想結構一致。周子云：「故樂聲淡而不傷，和而不淫，入耳直，感其心，莫不淡且和焉。淡則欲心平，和則躁心釋。」而於其下所云：

> ……是謂道配天地，古之極也。

則見於《老子・六十八章》；「善用人者爲天下，是謂不爭之德，是謂用人之力，是謂配天古之極。」

又如〈師友〉上第二十四云：「天地間，至尊者道，至貴者德而已矣。」想必也是依《老子・五十一章》：「萬物莫不尊道而貴德。道之尊，德之貴，夫莫之命而常自然。」所發之言。

〈樂〉下第十九云：

> 故風移而俗易矣。

則出自《禮記・樂記篇》：「樂者也，聖人之所樂，而可以善民心，其感人深，其移風易俗，故先王著其教焉。」又：「故樂，行而倫清，耳目聰明，血氣和平，移風易俗，天下皆寧。」

〈顏子〉第二十三云：

> 顏子一簞食，一瓢飲，在陋巷，人不堪其憂，而不改其樂。

則引自《論語・雍也篇》：「子曰：賢哉回也。一簞食，一瓢飲，在陋巷，人不堪其憂，回也不改其樂。」

〈文辭〉第二十八云：

> 言之無文，行之不遠。

則是《左傳・襄公》二十五年：「仲尼曰：志有之，言以足志，文以足言，不

言誰知其志，文之無文，行而不遠。」

〈聖蘊〉第二十九云：

不憤不啓，不悱不發，舉一隅，不以三隅反，則不復也。

子曰：予欲無言，天何言哉，四時行焉，百物生焉。

則引自《論語・述而篇》及〈陽貨篇〉。

〈孔子〉上第三十八云：

……亂臣賊子，誅死者於前，所以懼生者於後也。

則出自《孟子・滕文公》篇下：「亂臣賊子懼。」

再者〈思〉第九，周子詮釋「思曰睿，睿作聖」所云：

無思，本也，思通，用也。幾動於彼，誠動於此，無思而無不通，
為聖人。

不思，則不能通微；不睿，則不能無不通，是則無不通，生於通微，
通微生於思。

之思想觀念，亦是採自鄭玄的注。鄭玄注云：「必通於微；睿，悅歲反，馬云：
通也。」，「於事無不通，謂之聖」，〔註99〕若再將《易傳》與《中庸》的詞句
一一列出，則周子《通書》全篇所能見其個人思想者，微乎其微。但問題是，
其所引借之詞語，是否仍然保持原書之本意，抑或另有所指，是有待研察與
釐清的。

就如《通書・誠》下第二云：

誠，五常之本，百行之源也。

「五常」一詞最早出現在《尚書・泰誓》下：「狎侮五常」，孔穎達疏云：「五常
即五典，謂父義，母慈，兄友，弟恭，子孝五者。」〔註100〕然在董仲舒的〈策
表〉裡，卻謂：「仁誼禮知信，五常之道，王者所當脩飭也。」〔註101〕而《白
虎通・情性篇》亦云：「五常者何？謂仁、義、禮、智、信也。」，可是孔穎達
在疏解《禮記・樂記篇》「合生氣之和、道五常之行」的五常時說：「合生氣之
和，道達人情，以五常之行，謂依金、木、水、火、土之性也。」〔註102〕

以五常之行配上五行之性。若依周子〈圖說〉所云：「五行之生，各一其性」

〔註99〕《尚書・洪範篇》P.170。
〔註100〕《十三經注疏》，《尚書・泰誓》下 P.156。
〔註101〕《漢書》卷五十六，〈董仲舒傳〉P.2505。
〔註102〕《禮記・禮樂篇》P.680。

之「性」，當指五行金、木、水、火、土之性，而此處所言之「五常」，就非如朱子所詮釋：「五常，仁義禮智信，五行之性也。」〔註 103〕而當指孔穎達疏所言之，父義、母慈、兄友、弟恭、子孝五者爲其所言之「五常」。且周子在〈誠幾德〉第三云：「德、愛曰仁，宜曰義，理曰禮，通曰智，守曰信。」指明仁、義、禮、智、性爲五德。故依此而言，周子「通書」的字詞觀念又有源自《禮記・樂記篇》者與孔穎達之疏，前也曾提及。如〈通書・禮樂〉第十三云：

> 禮、理也；樂，和也。

《禮記・樂記篇》則云：

> 禮也者，理之不可易者也。〔註 104〕

> 樂者，天地之和也。〔註 105〕

而於其下的〈樂〉上第十七〈樂〉中第十八及〈樂〉下第十九的字詞觀念，亦都以《禮記・樂記篇》的思想觀念爲據。所差者是，時而又以《老子》所言：「是謂配天古之極」之詞語。〔註 106〕及《尚書・洪範》「九疇」之概念〔註 107〕與《白虎通・六藝篇》之「三綱」〔註 108〕和《國語》《淮南子》所言之「八風」參差其間。〔註 109〕並且在〈聖學〉第二十中所言：

> 聖可學乎？曰：可；曰：有要乎？曰：有；請聞焉！曰：一爲要，
> 一者，無欲也。無欲，則靜虛，動直，靜虛則明，明則通，動直則
> 公，公則薄，明通公薄，庶矣乎。

周子引佛、道二教禁欲思想，故爲臻於聖人之實踐方式，並又以靜虛動直寂然不動的修養方式，以達到明通公溥的境界。然此處所言之聖人與周子全篇所言

〔註 103〕《周子全書》卷七，誠下二 P.123。
〔註 104〕《禮記・樂記篇》P.684。
〔註 105〕同上 P.669。
〔註 106〕《老子》六十八章 P.19。
〔註 107〕《尚書・洪範》云：「天乃錫禹，洪範九疇，彝倫攸敘。初一曰五行，次二曰敬用五事，次三曰農用八政，次四曰協用五紀，次五曰建用皇極，次六曰乂用三德，次七曰明用稽疑，次八曰念用庶徵，次九曰嚮用五福，威用六極。」P.168。
〔註 108〕三綱指君臣、父子、夫婦。
〔註 109〕《國語・周語》下：「八風者，八方之風。東北曰條風，東方曰明庶風，東南方曰清明風，南方曰景風，西南方曰涼風，西方曰閶闔風，西北方曰不周風，北方曰廣莫風。」
另見淮南子卷四墬形訓云：「何謂八風，東北曰炎風，東方曰條風，東南曰景風，南方曰巨風，西南曰涼風，西方曰飂風，西北曰麗風，北方曰寒風。」

者，似乎已超離現實人間社會之常人，而是盡其所能的將之理想化之後的聖人。因此，在周子的聖人觀中，已非傳統儒學所論之聖人，而是融合了對儒之聖人，道教之神仙與佛教之佛的崇拜心理與信仰而生的記載。故馮友蘭曾謂：

> 李翱及宋明道學家所說之聖人，皆非倫理的，而是宗教的或神秘的。
> 蓋其所說之聖人，非只如孟子所說之「人倫之至」之人，而乃是以
> 盡人倫，行禮樂，以達到其修養至高之境界，即與宇宙合一之境界。
> 蓋如何乃能成佛乃當時所認爲有興趣之問題。李翱及宋明道學家之
> 學，皆欲與此問題以儒家的答案，欲使人以儒家的方法成儒家的佛
> 也。〔註110〕

這句話是極爲精闢而中肯的。因此，筆者就此筆鋒一轉，將以上所引證與考察的結果，剖析周子思想承傳上的淵源。

第四節　周濂溪思想之淵源

承上所述，濂溪思想的承傳既非單純到如朱子所云：「眞得千聖以來不傳之秘」；亦非如方東美先生所云，啓自《中庸》、《易傳》與《尚書》；更非牟宗三先生所謂的「濂溪之面對典籍，『默契道妙』（引吳草廬語），一若全不費力焉。」〔註111〕如此簡單的，即能「心態相應，出語即合」的與「天道性命相貫通。」

試問，周子所言之「天」合於孔、孟之「天」否？其所論之「性」，是否又合於孔、孟所言之「性」？而其踐履之方式，又眞以孔子之「踐仁以知天」與孟子「盡心知性」以達於「知天」爲唯一途徑嗎？這些都是有待於深刻的省察之後，予以釐清的問題癥結所在，今分三點析論之。

一、承兩漢齊學之遺風

據史料所載，中國學術思想，自漢武帝採董仲舒之策以後，〔註112〕中國自先秦以來的諸子百家思想，一統於儒學之中。而漢代之儒學，又被立爲經

〔註110〕 馮友蘭，《中國哲學史》P.808〜809。
〔註111〕 心清與性體（一）P.321。
〔註112〕 《漢書》卷五十六〈董仲舒傳〉P.2523 云：「春秋大一統者，天地之常經，古今之通誼也。今師異道，人異論，百家殊方，指意不同，是以上亡以持一統；法制數變，下不知所守。臣愚以爲，諸不在六藝之科。孔子之術者，皆絕其道，勿使並進。邪辟之說滅息；然後統紀可一而法度可明，民知所從矣。」

學。《漢書・儒林傳》曰：

> 古之儒者，博學乎六藝之文。六藝者，王教之典籍，先聖所以明天
> 道，正人倫，致至治之成法也。……於是諸儒始得修其經學。〔註113〕

故自董仲舒起，舉凡著書立言者，無不求諸經學以爲憑證，方得以使人信服。
而董仲舒向武帝建言「罷黜百家，表章六經」，武帝採其所議之事，於建元五
年（西元前136年），置五經博士，五經乃指「詩」、「書」、「禮」、「易」、「春
秋」五經而言。

今據《漢書・儒林傳》所載，五經之學多以齊學爲主，（這點筆者於緒論
儒家的流變中已說明，不另贅述），而齊學的共通之處，就是以陰陽、五行、
災異讖緯之說，來論斷、附會於實際上發生的事。這種思想從董仲舒倡天人
相應之學起，至魏晉玄學止，一直是兩漢學術思想的一大精神中心。（故筆者
將漢代之儒學，言之爲儒教，主要就是其思想的本質，是以原始宗教的神秘
感，爲其核心）而董仲舒「罷黜百家」其所依據於所謂《公羊》《春秋》的「災
異之學」，原本就源於齊學的方士之說。方士可以說是神仙家與道家、儒家無
所區別，司馬相如亦名之爲列僊（仙）之儒。〔註114〕

是知，從陰陽五行、災異讖緯等的齊方士而來的兩漢思想的特色；一是
將戰國時代策士所杜撰的《易傳》中的陰陽思想與《尚書・洪範》的五行思
想及《春秋》之災異的思想，做了初步的結合，〔註115〕並且把陰陽配以貪與
仁，刑與德，〔註116〕五行配以仁、義、禮、智、信五常之道，〔註117〕欲使外

〔註113〕《前漢書》卷八十八 P.1～3。

〔註114〕《漢書》儒林傳卷五十七下，司馬相如傳第二 P.2593。

〔註115〕《漢書》卷五十六，〈董仲舒傳〉P.2498 云：「臣謹案春秋之中，視前世已行
之事，以視天人相與之際，甚可異也。國家將有失道之敗，而天乃先出災害
以譴告之，不知自省，又出怪異以警懼之，尚不知變，而傷敗乃至。」
春秋繁露卷八，必仁且知 P.11 云：「災異之本，盡生於國家之失。國家之失。
乃始萌芽，而天出災害以譴告之，譴告之而不知變，乃見怪異以警駭之，警
駭之尚不知畏恐，其殃咎乃至。以此見天意之仁，而不欲陷人也……。」
卷十三，五行相生 P.4：「天地之氣，合而爲一，分爲陰陽，判爲四時，列爲
五行。」

〔註116〕《春秋繁露》卷十一，王道通三 P.6：「……惡之屬盡爲陰，善之屬盡爲陽，
陽爲德，陰爲刑。」
卷十二，陰陽義，P.2 云：「天地之常，一陰一陽，陽者天之德也，陰者天之
刑也。」
卷十，深察名號，P.3 云：「人之誠有貪有仁，仁貪之氣，兩在於身，身之名
取諸天。天兩有陰陽之施，身亦有貪仁之性。天有陰陽禁，身有情欲，與天

在客觀的自然現象與人內在的主觀的精神理念，調合成天人相應的理論。這點在周子〈圖說〉的思想理路中，是顯而易見的。其將〈圖說〉一分爲二，前半言宇宙化生之過程，言外在之物，將五行列爲陰陽二氣之後，且從陰陽二氣變化之後，蘊育而生；後半言人，以人之善惡，五性與陰陽五行相配。並尊聖人，透過靜——無欲的踐履方式，臻至宇宙之大原。

　　二是在齊學方士欲求成仙的思想籠罩下，道家老子「道生一，一生二，二生三，三生萬物」的宇宙生成之源始於「道」的精神系統，經兩漢以來的思想家們，將其脫胎成以「元氣」爲主的道教化生法則。並且將「道」與「元氣」視爲同等的地位，以爲宇宙蒼穹之本源。〔註118〕這種思想，後來到了唐代孔穎達《五經正義》裡，直接引道教的思想，來說明太極即元氣，即爲一，即爲太初太一。〔註119〕周子承其遺風，故謂：「太極動而生陽，動極而靜，靜而生陰，靜極復動，一動一靜，互爲其根，分陰分陽，兩儀立焉。」而此處所言之「兩儀」，也就是孔穎達《正義》所云：

　　混元既分，即有天地。故曰太極生兩儀。即老子云：一生二也，不

道一也。」
〔註117〕《漢書》卷五十六，〈董仲舒傳〉P.2505：「夫仁誼禮知信五常之道，王者所當脩飭也。」
　　　　《春秋繁露》卷十三、五行相生 P.4～5：「東方者，木農之本，司農尚仁。」，「南方者，火也，本朝司馬尚智。」，「中央者，土君官也，司營尚信。」，「西方者，金，大理司徒也，司徒尚義。」，「北方者，水，執法司寇也，司寇尚禮。」
〔註118〕麥谷邦夫著，〈道教的生成論の形成と展開〉，載於《中哲文學會報》第金號 P.88 云：「道教の宗教哲學が有する生成論は、言うまでもなく道家系の生成論をその基底に據えている。この道家系の生成論は、「老子」四十二章の「道→一→二→三→萬物」の生成論から展開し、漢代には「道→元氣→天地→萬物」の生成論として定著した。この場合、「老子」の「道」と「一」との關係をどう解釋するかの相違によって、「道」を「元氣」の上位概念として捉える方向とともに：「道」と「元氣」とを同位の概念として捉える方向て展開する可能性もあつた。魏晉以降、前者の方向た承けて「道」を「氣（元氣）」を吐出する實体と規定したのは「老子河上公注」であり、後者の方向を發展さやたのが道教の生成論であつた。何故道教の生成論が後者を指向し、それが道教の宗教哲學の中でいかなる意味をもつものであつたかは後述することにして、先ず、六朝隋唐期、道教文獻に見える生成論を檢討しておこら。」
〔註119〕《周易》卷七 P.156～157 云：
　　　　《正義》曰：太極謂天地未分之前，元氣混而爲一，即是太初太一也。故老子云：道生一，即此太極是也。

　　言天地而言兩儀者，指其物體下與四象相對。故曰兩儀，謂兩體容
　　儀也。〔註120〕

的天地而言。

　　然而在這種宇宙氣化思想的迷漫之下，人所秉之「性」，也因「氣」有清
濁之分，而蘊育出漢末魏初時，劉劭《人物志》這樣的一種思想。將五行配
之五物，而有五質之分，五質因恒依其性，故謂之五常；然後再由五常之別，
列爲五德。〔註121〕而人之所以能立性著形者，完全得之於血氣中含有「元一」
之質的原故，故劉劭云：

　　凡有血氣者，莫不含元一以爲質，稟陰陽以立性，體五行而著形，
　　苟有形質，猶可印而求之。

濂溪得其啓發，創圖說「五行一陰陽也，陰陽一太極也，太極本無極也」的
宇宙化生的圖式再透過「無極之眞，二五之精，妙合而凝」之變化運會，而
成男、成女以「化生萬物」，並謂人之性亦有「五」，《通書・師》第七云：

　　性者，剛柔善惡，中而已矣。

且以「中」爲「天下之達道也，聖人之事也」，故云：

　　惟中也者，和也，中節也，天下之達道也，聖人之事也。

然濂溪所尊聖人必中和爲之最的思想，在劉劭的《人物志》中，亦有與之雷
同之處，劉劭云：

　　情性之理，甚微而元，非聖人之察，其孰能究之哉……凡人之質量，
　　中和最爲貴矣。〔註122〕

再者，劉劭在〈九徵〉中解釋「五質」之性時，亦與周子〈師〉第七中詮釋
剛善、剛惡、柔善、柔惡的思想觀念，有一致的地方，這也是溯其思想之源
流，頗耐人尋味的地方。

　　三是將先秦的子學思想與六藝之學相融，這種以子解經的學術風氣，肇
始於兩漢，成之於魏晉。如鄭玄的《易緯乾鑿度》，即引道教的氣化思想與老
子的有無思想談易。〔註123〕而王弼繼其後，亦以老子有無思想談易，並且以

〔註120〕同上。
〔註121〕《人物志》卷上，九徵 P.2。
〔註122〕同上 P.1。
〔註123〕《易緯乾鑿度》卷上 P.5：
　　　　昔者聖人因陰陽定消息，立乾坤以統天地也。夫有形生於無形，乾坤安從生。
　　　　故曰：有太易，有太初，有太始，有太素也。太易者，未見氣也；太初者，

「復卦」為始，即以《老子》自有而至無，自有而復歸於無；即《老子》所云：「歸根復命」返於無為的思想。周濂溪則融〈繫辭傳〉：「易旡思也，旡為也；寂然不動，感而遂通天下之故」與禮記樂記：「人生而靜，天之性也；感於物而動，性之欲也。」的思想，再配以《老子》特有的「有」與「無」的概念——「無為」、「無事」、「無欲」、「無難」來詮釋中庸之「誠」，以為達到聖人的理想境界。

故依上述所言，濂溪所承之學，當以齊學為其所宗，非如朱子所言「得千聖以來不傳之學」。是謂承兩漢齊學之遺風。

二、繼三教人天之境界

筆者曾於緒論中言及，由於先秦儒、道二家思想的墮失與流變，導致本土文化的倒退。而外來早期佛教思想的輸入，其本質帶有神異的事件伴隨著，正好迎合了當時人們內在心底的意趣傾向。因此，在三教為訴求社會地位的紛爭之下，首先就是將其所欲謀求的最高格位——聖、佛、神仙，神聖化與理想化，且以此做為教化信眾與對抗異教最有力的武器。

然而在此無謂的排斥外教的爭議之下，漢末的牟融，首先著《理惑論》，調和三教如同水火的爭執，並謂：

> 佛者，謚號也，猶名三皇、神、五帝、聖也；佛乃道德之元祖，神明之宗緒，……在污不染，在禍無殃，欲行則飛，坐則揚光，故號為佛也。〔註124〕

將佛比之於儒、道二教的三皇、五帝、神與聖，且為一切道德價值之源與神明之所宗。

然其將佛神異化的色彩，仍保持了漢末儒、釋、道三教人們對超自然力的嚮往的意識形態。因此，魏時的何晏、王弼對聖人的理解與詮釋受此風氣影響，亦傾向於超乎常人（自然人）的訴求了，並且著重在其境界上的描述。但何晏與王弼對聖人所見卻略有不同。劉劭為王弼作傳云：

> 何晏以為聖人無喜怒哀樂，其論甚精，鍾會等述之。弼與不同，以為聖人茂於人者神明也，同於人者五情也，神明茂故能體沖和以通無，五情同，故不能無哀樂以應物，然則聖人之情，應物而無累於

氣之始也；太始者，形之始也；太素者，質之始也。
〔註124〕《弘明集》卷一，理惑論 P.2。

物者也。今以其無累,便謂不復應物,失之多矣。〔註125〕

雖然二人所見,見仁見智,略有相異之處,但其所欲求之終極關懷——「天人之際」〔註126〕的理想却是一致的。

其後,晉朝的孫綽著《喻道論》,將周孔比附於佛,〔註127〕並謂孟子以「聖人為先覺」之旨,即晉訓「覺」為「佛」之義相同。〔註128〕在謝鎮之的〈與顧道士書〉中則云:

佛是老子,老子是佛。〔註129〕

而顧歡則直接將無欲的思想,融合到成就聖人的實踐步驟裡,云:

夫無欲於無欲者,聖人之常也。有欲於無欲者,聖人之分也。二欲同無,故全空以目聖。一有一無,故每虛以稱賢。〔註130〕

這種以無欲、靜慮、暝思、至覺的思想,臻至人天之際的訴求成為三教成聖、成佛、成神仙的共通之處。緣至唐代的李翱,因受其師韓愈的影響,大力排佛,但綜觀其所欲成就的亦不過是使人成儒家的佛,且其所欲回復性之靜與明之本然的思想體系,也是依循梁肅止觀義例之言,加以發揮,以說明易傳、大學、中庸者。〔註131〕

故濂溪謂:「聖人定之以中正仁義。主靜,立人極」及以「無欲,則靜虛、動直」以達於「聖希天」之人天之境界的思想淵源,想必是繼承了三教人天之際的思想與禁欲臻靜而暝合於天的踐履方式。故筆者謂其繼三教人天之境界。

三、傳宗密李翱之真髓

理學中心觀念的衍生,筆者曾云,源自韓愈的道統觀,李翱的復「性」之學與宗密的原「人」之論,由於韓愈惟恐後人欲聞夫子之道而無所求,反為釋氏的佛教取代了中國的道統,因而站在一種狹隘的民族主義的立場,大力排斥

〔註125〕《三國志》卷二十八,《魏書》二十八 P.795。

〔註126〕何晏見王弼幼時曾歎曰:「仲尼言後生可畏,若斯人者,可與言天人之際乎!」。同註74。

〔註127〕同註73卷三,《喻道論》,P.9:「周孔即佛,佛即周孔,蓋外內之名耳。」

〔註128〕同上,P.10:「佛者梵語,晉訓覺也。覺之為義,悟物之謂。猶孟軻以聖人為先覺,其旨一也。」

〔註129〕《弘明集》卷六,與〈顧道士書〉P.14。

〔註130〕引自鍾泰,《中國哲學史》P.146。

〔註131〕馮友蘭著,《中國哲學史》P.811～812。

外來的佛教文化，〔註132〕故道原道以「明先王之道以道之」之道統。〔註133〕
李翱附其驥尾，著《復性書》「以窮性命之道，以開誠明之源。」〔註134〕首先
將《中庸》與《易傳》的思想結合一體，且以老子有無動靜之思想，釋中庸之
「誠」以復人之「性」。然觀其所論之「性」，卻又不難推出受天台宗所講止觀
及禪宗之影響。〔註135〕而宗密在韓、李師生二人排佛的同時，提出《原人論》，
以駁儒、道二教僅止於「依身立行，不在究竟身之元由」，〔註136〕並謂生天地
萬物之元氣，亦從心之所變。〔註137〕

　　濂溪繼二人之後，得宗密《原人論》與李翱《復性書》之真髓，披瀝其
理解所知之後，著〈太極圖說〉與〈通書〉以傳後世。今筆者就其思想結構
析論之。

　　筆者曾於太極之考察一節中述及，濂溪之「太極圖」仿宗密「十重圖」
之真如○與阿梨耶識，再依董仲舒《春秋繁露・五行之義》一文，繪製成
「太極圖」。今觀其〈太極圖說〉前半所言宇宙化生過程之思想結構，與宗密
《圓覺經大疏鈔》「始於一氣者」的思想與《原人論》所書，一切山河大地乃
至元氣，亦從華嚴真心（如、性）所變現的思想體系一致。宗密所言之元氣，
實即周子所言之太極，由太極所化生之陰陽五行思想，筆者曾云，是兩漢思
想家承自齊學的系統。然往上追溯，太極——「元氣」又以何為其所從出？
若依道教的系統或孔穎達以子解經的疏而言，是從「道」所生。但濂溪卻偏
偏不言「道」，而改言「無極」，「無極」一詞雖語出《老子・二十八章》，「復
歸於無極」，可是與《圖說》下文「太極本無極也……無極之真，二五之精，
妙合而凝……」的思想理路，無法連為一體。故老子所言與莊子、列子繼其
之後的詮釋，都不是周子之本意。

　　蓋濂溪所言「無極而太極」之「無極」，當是指宗密所言「元氣亦從心之

〔註132〕《大正藏經》四十九，P.381《佛祖統紀卷》四十一載云：「十四年正月，勅
　　　　迎鳳翔法門寺佛骨入禁中。……刑部侍郎韓愈上表曰：上古無佛而治，漢明
　　　　佛法至其後亂亡，晉魏以下年代尤促。梁武奉之，為侯景所逼，俄死台城，
　　　　事佛求福，乃反得禍。佛本夷狄之人，口不道先王之法言，身不服先王之法
　　　　服，不知君臣之義，父子之情……。」
〔註133〕《韓昌黎集》卷十一 P.1～5。
〔註134〕《李文公集》卷二 P.9。
〔註135〕見埋學中心觀念的衍生及發展一節。
〔註136〕《大正藏經》四十五 P.708b。
〔註137〕同上 P.710c。

所變」的「心」，亦即佛經〈禪度極章〉所云：「無極一心如是」的「一心」
而言。因為，依此言之，「無極之眞」的「眞」字——眞性（心）實體及「太
極本無極」之「本」，本源於無極之眞性（心）實體。才得其解。況且，「無
極而太極」與「無極之眞，妙合而凝」等語調，據說是出自《華嚴經法界觀》
及禪師的口訣，筆者在圖說字詞的考察中已引證過。而宗密在《原人論》中
謂：「三才中唯人靈者，由與心神合也。」〔註138〕周子則改云：「唯人也，得
其秀而最靈，形既生矣。」再者宗密云：

> 從初一念業相分為心境之二，心既從細至麁，展轉妄計乃至造業。
> 境亦從微而著，展轉變起乃至天地。（並自註：即彼始自太易五重運
> 轉乃至太極。太極生兩儀，彼說自然太道。如此說眞性，其實但是
> 一念能變見分。彼云：元氣如此一念初動，其實但是境界之相。）
> 業既成熟即從父母稟受二氣，與業識和合成就人身。據此則心識所
> 變之境，乃成二分。一分即與心識和合成人。一分不與心識和合，
> 即成天地山河國邑。〔註139〕

周子採其由心轉識成境的思想觀念，再參照宗密詮釋儒、道二教宇宙化生的
註，融合三教教理，而以無極之眞心為宇宙萬物化生之總源，然後由眞如（一
心）變現而成為元氣——「太極」。〔註140〕故周子云：

> 無極而太極，太極動而生陽……五行一陰陽也，陰陽一太極也，太
> 極本無極也。五行之生也，各一其性，無極之眞，二五之精，妙合
> 而凝。乾道成男，坤道成女。二氣交感，化生萬物。萬物生生，而
> 變化無窮焉。

如此一來，即解決由物原質「元氣」→「陰陽」→「五行」以至成男成女、
化生萬物的困難之處。並且人獨得其秀而為萬物之靈的說詞，也得到合理的
說明了。

然而周子得於李翱的思想又是那些呢？

筆者以為，李翱《復性書》對濂溪圖說後半及通書全篇的影響，是全面
性的。一是，他繼承了李翱所欲使人成為儒家之佛的思想，（這點前面已曾述

〔註138〕同註82，P.710c。
〔註139〕同上。
〔註140〕同上，宗密云：「然所稟之氣，展轉推本，即混元之一元氣也。所起之心，展
　　　　轉窮源，即眞一之靈心也。究實言之，心外的無別法，元氣亦從心之所變。」

及）二是李翱所論修養成聖的方法，周子全盤照單全收，並引進釋、道二教清修禁欲的思想，以臻靜暝合於人天之境界；三是李翱將原來本系儒家陶養完整道德人格，及倫理層次的禮樂，融進成至「誠」的一種方法，〔註141〕濂溪亦照本宣科地採用，並以此爲移風易俗，教化人心之方；四是李翱採《老子》有無、動靜的思想，以補《易傳》釋《中庸》「誠」之不足，周子亦承襲之；五是李翱推崇顏子與伊尹之賢，濂溪亦不落其後；最後是，李翱《復性書》的每一個觀念及重要字詞的出處，濂溪都與之一致。其二人所不同者，就是李翱援佛老入儒而仍排佛、排老，〔註142〕濂溪則對佛道二教深具關懷，〔註143〕此即太史黃庭堅謂其「胸中灑落，如光霽月」〔註144〕之因由所在吧！

　　故吾人謂其傳宗密、李翱之眞髓，實即就是濂溪引宗密「元氣亦從心之所變」之宇宙化生圖式及李翱《復性書》之思想結構，經其改造文體形式，加以發揮，而著作成〈圖說〉及〈通書〉二篇言。而後人謂其「雖無師承，而心態相應，出語即合」，「默契道妙」、「得千聖不傳之秘」之語，想必是「束書不觀」依樣畫葫蘆所致吧！

〔註141〕 馮友蘭著，《中國哲學史》P.808。
〔註142〕 《李文公集》卷二《復性書》上 P.9：「性命之書雖存，學者莫能明，是故皆入於莊列老釋。不知者謂夫子之徒不足以窮性命之道，信之者皆是也。」
〔註143〕 可參見濂溪的幾首詩及呂陶祝其弄璋之詩，即可見其心志。一、右仙都觀：「始觀丹訣信希夷，蓋得陰陽造化幾，子自母生能致主，精神合後更知微。」二、右讀英眞君丹訣：「久厭塵坌樂靜元，倖微猶乏買山錢，徘徊眞境不能去，且寄雲房一榻眠。」三、按部至潮洲題大顛堂壁：「退之自謂如夫子，原道深排釋老非，不識大顛何似者，數書珍重更留衣。」引自《周子全書》卷十七，P.345～346。四、《周子全書》卷十九，P.363～364，賀周茂叔弄璋：「仁厚陰功素所施，熊羆佳夢此何遲，藍田寶璞眞希世，丹穴仙雛亦爲時。善慶源流歸顯報，崇高堂構襲初基，他年若許林泉老，却看兒孫振羽儀。」
〔註144〕 《周子全書》卷十九 P.371〈濂溪詞并序〉。

第三章　周濂溪宇宙化生之思想

第一節　「無極而太極」之辯

　　周子宇宙化生思想，依其《太極圖說》所引之文言之，固以《易傳》為其思想的依據。然而「無極」與「五行」兩個觀念，卻非《易·繫辭傳》所有。蓋若以《易傳》的思想來理解周子宇宙化生的思想，必將重蹈朱、陸後轍，各說各話，卻始終未曾觸及周子本意。

　　朱陸之爭的主要論旨，是在究明太極之上的「無極」一詞。朱子在得周氏之圖于道士葛長庚之後曾云：

　　　　包犧未嘗言太極，而孔子言之，孔子未嘗言無極，而周子言之……

〔註1〕

又於〈答陸子靜書〉中云：

　　　　若論無極二字，乃周子灼見，迥出常情，不顧旁人是非，不計自己
　　　　得失，勇往直前，說出人不敢說底道理，令後之學者，曉然見得太
　　　　極之妙，不屬有無，不落方體。若於此看得破，方見得此老真得千
　　　　聖以來不傳之秘。非但架屋下之屋，疊牀上之牀而已也。〔註2〕

依此而言，朱子對周子所言「無極」一詞，實在是非常的推崇，且讚其「真得千聖以來不傳之秘」。然而「無極」一詞究竟何意呢？

　　朱子曰：

〔註1〕 黃宗炎之《太極圖辨》，載於《宋元學案》卷十一，〈濂溪學案〉下 P.125。
〔註2〕 〈答陸子靜書〉，《周子全書》卷三 P.41。

謂之無極，正以其無方所形狀，以爲在無物之前，而未嘗不立於有
物之後；以爲在陰陽之外，而未嘗不行於陰陽之中；以爲通貫全體
無乎不在，則又初無聲臭影響之可言也。

原極之所以得名，蓋取樞極之義。聖人謂之太極者，所以指天地萬物
之根也。周子因之而又謂之無極者，所以著夫無聲無臭之妙也。〔註3〕

是知，朱子視無極爲狀詞，謂其只是「無方所形狀、無聲無臭」而已。故朱
子註解「無極而太極」云：

上天之載，無聲無臭，而實造化之樞紐，品彙之根抵也。故曰無極
而太極，非太極之外，復有無極也。〔註4〕

這種說法，後來廣被後人所接受，如其學生陳淳的《北溪字義》、〔註5〕明曹
端的《太極圖說述解》，〔註6〕劉蕺山〔註7〕等人及近人羅光先生與牟宗三先生
均如是說。〔註8〕

但與其同時的陸氏兄弟，在與其往返的書信中，卻認爲周子所言「無極而
太極」，在太極之上，加一無極，「是頭上安頭，過爲虛無好高之論也」。〔註9〕
故陸子靜在與朱子的書信中表示：

九淵竊謂尊兄未嘗實見太極，若實見太極，上面必不更加無極字，
下面必不更著眞體字。上面加無極字，正是疊牀上之牀，下面著眞
體字，正是架屋下之屋。虛見之與實見，其言固自不同也。〔註10〕

因此，陸氏兄弟對周子所云「無極而太極」，將太極之上加一無極而爲兩個實
體的觀念，他們無法接受。故朱子在〈答陸子美書〉中，爲周子辨稱云：

太極篇首一句，最是長者所深排。殊不知不言無極，則太極同於一
物，而不足爲万之根；不言太極，則無極淪於空寂，而不能爲万化
之根。〔註11〕

〔註3〕 《集說》，《周子全書》卷一 P.5。
〔註4〕 朱註，同上。
〔註5〕 《北溪字義》卷下 P.8：「所謂無極而太極……無極是無窮極，只是說理之無
形狀、方體。正猶言無聲無臭之類。」
〔註6〕 《太極圖說述解》P.7：「無謂無形象、無聲氣、無方所；極謂至極理之別名也。」
〔註7〕 《宋元學案》卷十二，《濂溪學案》下 P.109。
〔註8〕 羅光著，《中國哲學思想史》，〈宋代篇〉P.87。
〔註9〕 〈答陸子美書〉，《周子全書》卷三 P.38。
〔註10〕 〈答陸子靜書〉，《周子全書》卷三 P.43。
〔註11〕 同註9。

在〈答陸子靜書〉云：

> 語道體之至極，則謂之太極。語太極之流行，則謂之道。雖有二名，
> 初無兩體。周子所以謂之無極，正以其無方所，無形狀。以爲在無
> 物之前，而未嘗不立於有物之後。以爲在陰陽之外，而未嘗不行乎
> 陰陽之中。以爲通貫全體，無乎不在，則又初無聲臭影響之可言也。
>
> 〔註12〕

然觀其三人所論，對「無極」一詞的理解，均有問題。此問題的癥結主要是
在對「無極而太極」的「而」字的詮釋。今將濂溪太極圖說中的「而」字，
作一字義上的剖析，即可明瞭周子所謂的「無極而太極」，是「太極」之上另
有一「無極」之形上本源？抑或是「無極」僅爲詮釋「太極」無聲、無臭、
無形無狀、無方所的狀詞？這是研究周子的宇宙化生思想，必須釐清的首要
問題。

一、〈太極圖說〉中「而」字的意義剖析

據劉元龍的周子《太極圖說解》，自註云：「而字一解，不但太極明白，
即無極亦有著落。」〔註13〕此言扼要而中肯。但可惜的是，他認爲「無極之
與太極，有層次而無彼此。」〔註14〕今據周子〈圖說〉行文所載，「而」字共
有十見。即：

1、無極「而」太極。
2、太極動「而」生陽。
3、動極「而」靜。
4、靜「而」生陰。
5、陽變陰合，「而」生水火木金土。
6、二五之精，妙合「而」凝。
7、萬物生生「而」變化無窮焉。
8、惟人也，得其秀「而」最靈。
9、五性感動「而」善惡分。
10、聖人定之以中正仁義，「而」主靜，主人極焉。

〔註12〕同註10，P.42。
〔註13〕《周子全書》卷十五 P.303～304。
〔註14〕同上 P.301。

　　若依朱子將「無極」視爲形容「太極」之理，無聲無臭、無形無狀、無方所言之，則「而」之一字在周子行文之中，僅是一毫無意義的語助詞，或如陸氏兄弟誤解爲太極與無極，將「而」字釋爲邏輯上的連言。則其下周子所言「太極本無極也」與「無極之眞」兩句，將無法解釋。因爲，將「太極本無極也」釋爲太極本來就是無極的話，依周子行文立意之旨，必不致言「無極之眞」，而應當說「太極之眞」。「無極」既是一形容「太極」的狀詞，又何必再以「眞」字來說明「無極」。且依濂溪所云：「無極之眞，二五之精，妙合而凝……惟人也，得其秀而最靈」之言。「無極」顯然爲宇宙蒼穹之本源，且即宗密所言之「無始以來，一切有情皆有本覺眞心」的「眞心」，〔註15〕而此「眞心」即是與陰陽之氣、五行之性，妙合凝聚之後，成男成女的樞紐。更是人之所以成爲天地人三才之間，得其秀而最爲靈長者之理由。如此，濂溪所言「惟人也，得其秀而最靈」方才不至落於宗密批判儒道二教所云：「且天地之氣本無知也。人稟無知之氣，安得欻起而有知乎？草木亦皆稟氣，何不知乎？」〔註16〕的困頓之境。

　　再者，〈圖說〉中的「而」字語義，均具一致性。即在……之上，在……之下，有承上啓下，轉變成……，或解釋成然後，帶有次序性的意味。此與《易‧繫辭傳》「形而上者謂之道，形而下者謂之器」的「而」字語意類似，絕非一語助詞，或邏輯上的連言。如此方合於周子由上而下論述「無極而太極。太極動而生陽；動極而靜，靜而生陰；靜極復動。一動一靜，互爲其根。分陰分陽，兩儀立焉。陽變陰合，而生水火木金土。」從宇宙之本源──無極→太極→陰陽→五行；然後再由下而上「五行一行陰陽‧陰陽一太極也‧太極本無極也。」反溯至「無極」本源的論說思想方式。

　　故於圖說下文所云：「妙合而凝」、「萬物生生，而變化無極焉。」、「惟人也，得其秀而最靈」、「五性感動而善惡分」、「聖人定之厶中正仁義，而主靜」的「而」字，亦復可依前述的「而」字義，得到最順暢的註解。如此一來，〈圖說〉行文方才稱得上由上而下，由下而上一氣呵成，合乎文章的章法。

　　然而，在「太極」之上既另有一更高的「無極」而爲宇宙萬物之總源，然此總源與「太極」又當如何理解呢？

〔註15〕《原人論》，〈直顯眞源〉第三，《大正藏經》四十五 P.710a：「說一切有情皆有本覺眞心，無始以來常住清淨。昭昭不昧，了了常知，亦名佛性。」
〔註16〕同上 P.708b

二、太　極

　　太極一詞，最早出現在《莊子·大宗師》及《易·繫辭傳》。莊子謂：「夫道有情有信，無爲無形……在太極之先。」〔註17〕故依莊子所論，太極並非宇宙之總源。然〈繫辭傳〉中，卻視「太極」爲宇宙萬物之始。故朱子對濂溪所言「太極」一詞的瞭解，亦是本著易傳的思想來理解濂溪所言之「太極」，且揉合了華嚴宗的思想，將「太極」視爲一個「理」。朱子云：

> 極，是道理之極至，總天地萬物之理，便是太極。太極只是一個實理，一以貫之。〔註18〕

宗密在《注華嚴法界觀門》引清涼《新經》云：

> 統唯一眞法界。謂總該萬有，即是一心。然心融萬有，便成四種法界。〔註19〕

四法界是：一、事法界，二、理法界，三、理事无礙法界，四、事事无礙法界。〔註20〕朱子取其由「一眞法界」的「心」所體現的精神實體——「理法界」的「理」，謂其「總天地萬物之理」。〔註21〕朱子如此認定周子「太極」爲「一個實理」，代表了其個人的思想。其學生陳淳，附其驥尾，大張「太極惟理之極至」之論。〔註22〕其云：

> 太極只是渾淪極至之理，非可以氣言。古經書說太極，惟見於易。繫辭傳曰：易有太極，易只是陰陽變化。其所爲陰陽變代之理，則太極也。〔註23〕

又：

> 太極只是總天地萬物之理而言，不可離了天地萬物之外，而別爲之論。〔註24〕

然觀周子所言「太極」云：

> 無極而太極，太極動而生陽；動極而靜，靜而生陰；靜極復動。一

〔註17〕《大宗師·莊子》卷三 P.526。
〔註18〕《周子全書》卷一 P.5。
〔註19〕《注華嚴法界觀門》，《大正藏經》，五十四 P.684。
〔註20〕同上。
〔註21〕參見本論文〈理學中心觀念的衍生與發展〉一節。
〔註22〕《太極北溪字義》卷下 P.8。
〔註23〕同上 P.7。
〔註24〕同上 P.9。

動一靜，互爲其根。

太極之上，既另有一「無極」爲其所從出，故不待辯而可知之者。「太極」絕非「總天地萬物之理」，亦非「渾淪極至之理」。又「太極」以「一動一靜」爲其根抵，而生陰與陽，故知太極已落形象，而非一形而上之「渾淪極至之理」，且其以動靜爲其根抵，生陽與陰，故可知太極爲「一」，陰陽爲二。周子於通書理性命第二十二亦云：「二氣五行，化生萬物，五殊二實，二本則一」。

孔穎達《五經正義》疏解「易有太極，是生兩儀」云：

太極謂天地未分之前，元氣混而爲一。即是太初太一也。故老子云道生一，即此太極是也。又謂混元既分，即有天地。故曰太極生兩儀，即老子云一生二也。〔註25〕

是知，周子言之「太極」當以「元氣」釋之，因爲，依周子〈圖說〉下文所云：「陽變陰合，而生水火木金土」的思想言之。他敘說「太極」生「陰陽」，「陰陽」生「五行」的思想，顯然是沿襲著秦漢以來齊學的學說思想。

齊學的學說，向以陰陽五行並稱，這在漢代的學術思想界，可說是思想的主流。後來這種思想竟被崇神慕仙的道教所採用，創造出一套「氣」化的宇宙生成論。〔註26〕如《道藏》中所載漢于吉的《太平經》，其旨以爲天地萬物受之元氣，元氣即虛無無爲之自然。陰陽之交感，五行之配合，俱順乎自然。人之行事，不當逆天，須事事順乎陰陽五行之理。〔註27〕

依此，孔穎達在疏「兩儀生四象」所云，似乎採用了道教的說法，其云：

兩儀生四象者，謂金木水火稟天地而有，故云兩儀生四象。土則分四季，又地中之別故。〔註28〕

故吾人將周子《圖說》所云與道教及孔穎達的疏放在一起來看，濂溪所云之「太極」顯然不是朱子所說的「理」，而是承襲了齊學「氣」的思想。

三、無　極

「太極」既爲「元氣」，若依老子「道生一」的思想言之，則「元氣」必

〔註25〕見《十三經注疏》，《周易》P.156下～157上。

〔註26〕麥谷邦夫著，〈道教的生成論の形成と展開〉，載於《中哲文學會報》第四號P.87～99。

〔註27〕《漢魏兩晉南北朝佛教史》上 P.43。

〔註28〕同註25，P.157上。

由「道」所生。〔註29〕此言宗密在《原人論》批判儒道二教時，亦曾言及，其云：

> 儒、道二教，人畜等類，皆從虛無大道生或養育。謂道法自然生於
> 元氣，元氣生天地，天地生萬物。〔註30〕

周子却不言「道」，改謂「無極」。「無極」一詞最早爲《老子》所採用。但《老子》所云，却非指宇宙的總源與描述「太極」者。用無極的思想來敘說「太極」一詞，最早可源自王弼、韓康伯註解「易有太極，是生兩儀」。其云：

> 夫有必始於无，故太極生兩儀也。太極者无稱之稱，不可得而名之，
> 取之有所極，況之大極者也。〔註31〕

周子是否得之於王、韓注的啓發，吾人不敢妄加斷言，但却不失有其相類似之處。但所差者是，周子云「無極而太極」，太極乃從無極所出。王、韓注則謂：「太極者無稱之稱，不可得而名之，取之有所極。」似以無以名之，取之有所極來描述太極者。想必朱子對「無極」一詞的了解，也是依此而論的吧！

然「無極」在周子的思想裡，究竟應如何去理解呢？筆者曾於前文，提出周子思想中幾個尚待解決的問題。其中之一，就是由物原質「二氣」、「五行」何以能與「無極之眞……妙合而凝」而成男成女；又人何以獨「得其秀而最靈」，且能「定之以中正仁義，而主靜、立人極」？若依儒、道二教思想系統，則富源之於「道」，禀之於「天」。但此說已爲周子之前的宗密所駁斥，故濂溪於其〈圖說〉中，所欲處理的問題，就是解決儒、道二教長期以來未能詮釋得宜的宇宙生發問題，與人何以能爲天地人三才之中最靈者，與定位道德價值標準。

周子探折中的態度，引用老子「無極」一詞，做爲宇宙萬物的總源。但却以宗密所言之「眞心」爲其內容，來闡釋儒、道二教思想所無法解決的問題。但「無極」何以知其即爲宗密所言「元氣亦從心之所變」的「眞心」呢？

其理由是，「無極」一詞在佛教傳入中土時，很早即被翻釋佛經者所援用（請參閱圖說字詞考察一節）。起先是形容「菩薩禪度無極一心如是」，指境界而言。後來逐漸地加以描繪，謂「虛空實度無極，是其樂」、〔註32〕「一切

〔註29〕同註25。
〔註30〕《原人論·斥迷執》第一，《大正藏經》四十五 P.708a。
〔註31〕同註25，P.156 下。
〔註32〕《佛說寶如來三昧經》卷下，《大正藏經》十五 P.528a。

入無極者,是其樂」、〔註33〕「常作無極慧,不離十方」、〔註34〕「如來及化主,十方尊無極」、〔註35〕「無邊亦無幅,無極不可計」、〔註36〕「布施、持戒、忍辱、精進一心智慧,以度無極」,〔註37〕成為敘說本體的觀念。而這種觀念的引申,後來被裴休引用在《注華嚴法界觀門序》中,解釋法界云:

> 法界者,一切眾生身心之本體也。從本已來,靈明廓徹,廣大虛寂,唯一真之境而已。無有形貌而森羅大千;無有邊際,而含容萬有,昭昭於心目之間。〔註38〕

此與朱子詮釋「無極」為「太極」的狀詞的思想可說是一致的。接著裴休又云:

> 吾聞諸圭山云:法界,為象之真體,萬行之本源,萬德之果海。〔註39〕

是以周子以「無極」一詞來替代宗密所言之「法界」、「真心」的思想觀念,做為一切萬物的最高本源,是可以得到理論的根據,做為支持他的學說思想。否則周子大可不必說「無極而太極」、「太極本無極也」與「無極之真」等言。於此,由二氣五行與真一之靈心妙合凝聚之後,成男成女,人獨得其秀而最靈,且定之以中正仁義,立人極的宇宙化生及定位價值標準的思想,均因「無極」(法界)為「萬象之真體,萬行之本源,萬德之果海」得到合理的理論支持。否則,人稟無知之氣,〔註40〕何能「得其秀而最靈」且「定之以中正仁義⋯⋯立人極」。又,何能從陰陽之氣、五行(金、木、水、火、土)之性中,無端忽或人身。〔註41〕故必無有形貌,無有邊際,而含容萬有的無極之真心萬象之真體與之妙合而凝,方得以和合成人。

　　此乃因無極之真心為「一切眾生身心之本體也」,而其「從本已來,靈明廓徹,廣大虛寂,唯一真之境而已」,故其「無有形貌,而森羅天下。無有邊

〔註33〕同上 P.528b。
〔註34〕同上 P.529c。
〔註35〕同上 P.530b。
〔註36〕同上 P.531a。
〔註37〕《佛說超日明三昧經卷》上,《大正藏經》十五 P.531c。
〔註38〕《大正藏經》五十四 P.683b。
〔註39〕同上 P.683c。
〔註40〕宗密《原人論》云:「天地之氣本無知也,人稟無知之氣,安得欻起而有知乎。草木亦皆稟氣,何不知乎。」《大正藏經》四十五 P.708b。
〔註41〕《原人論》云:「真性雖為身體,生起蓋有因由,不可端忽成身相。」《大正藏經》四十五,P.710b。

際，而含容萬有，昭昭於心目之間」之故。

第二節　以「無極」為本源的化生思想

濂溪所欲建構的宇宙生成論，及人間社會的道德價值之源，在無極之真心的統攝之下，均可得到最合理的詮釋。是以，濂溪的宇宙化生思想的過程，將有六層，即：

$$\boxed{無極} \rightarrow \boxed{太極} \rightarrow \boxed{陰陽} \rightarrow \boxed{五行} \rightarrow \boxed{男女} \rightarrow \boxed{萬物}$$

無極之真心為統攝萬有的最高本源，太極——元氣即由此真心變現而出，再由其動靜之根抵產生陰陽二氣。故濂溪於〈通書·理性命〉第二十二云：「二氣五行，化生萬物。五殊二實，二本則一，定萬為一，一實萬分。萬一各正，小大有定。」的一，即指「太極」而言；「二」則指「二氣」，即陰陽二氣。「二本則一」，就是陰陽二氣本於太極之元氣。陰陽二氣既從元氣所分，則天地立焉。這在宗密《圓覺經大疏鈔》卷一之上亦有相同的疏云：「一氣始分，為陰陽二氣。陰濁陽清，清氣上騰為天，濁氣下凝為地。」這是研究周子思想不能不注意的地方。然後陰陽交會運合，產生金、木、水、火、土五行。而五行之性及陰陽二氣與無極之真心，展轉運會，妙聚凝合之後，即成男成女，再由男女二氣交感，化生萬物。萬物即因男女二氣交感而生生不息，演生無窮的變化。

然此忽成身相的男女生命體，若依儒、道二教的思想理論，則必謂是自然生化者。但此已為宗密所駁斥，宗密云：

> 所言萬物皆從虛無大道而生者……又言萬物皆是自然生化，非因緣者，則一切無因緣處，悉應化生，謂石應生草，草或生人，人生畜等。〔註42〕

故周子特以無極之真心為樞紐，引宗密《原人論》宇宙生成本於真心的思想理論，以解決從無生命界轉變到生命界的困難處，與人何以能得天地之秀氣而最靈，且又何以有善惡之觀念與道德價值問題。〔註43〕

〔註42〕同上 P.708b。
〔註43〕見《原人論會通本末》第四，《大正藏經》四十五 P.710b～c。

第四章　人間價值意義的開展與完成

　　濂溪整個宇宙化生思想的建立，主要是爲兩漢以來儒教所欲建構人世間的道德價值意義，覓求．道德價值之源，這種思想的反省，主要是在佛教思想的冲激下，由韓愈所發起的中國的文藝復興運動。這種運動所表現出的是一種對人世間的關懷，以追求價值意義的人生理想。使長期在印度佛教浸淫侵噬之下的中國人，回歸到先秦孔孟的精神上去，以明「先王之道以道之」的道統，並確立人的超凡入聖的道路。〔註1〕然而，由於其本身思想體系的薄弱，未能超越佛教思想反而露出自家學說的不足。這點在唐憲宗元和十四年，其登靈山遇大顛禪師，與之問難時的對話中，可得到證明。〔註2〕另外就是宗密《原人論》的思想，想必也是針對其〈原人〉、〈原道〉、〈原性〉的不究竟處，所發之言。濂溪繼其二人之後，曾以詩描寫韓愈與大顛禪師相遇的情形。其詩云：

> 退之自謂如夫子，原道深排釋老非，不識大顛何似者，數書珍重更留衣。〔註3〕

故濂溪〈圖說〉中專論「人」，謂「惟人也，得其秀而最靈」的思想，想必是有見於韓愈被宗密批駁其思想不究竟，而採宗密《原人論》、《圓覺經大疏鈔》及裴休《注華嚴法界觀門序》所發之言吧！

　　韓愈《原人篇》云：

> 形於上者謂之天，形於下者謂之地，命於其兩間者謂之人。形於上，日月星辰皆天也；形於下，草木山川皆地也；命於其兩間，夷狄禽獸皆人也。〔註4〕

〔註1〕　《中國禪宗思想史》P.124～125。
〔註2〕　《佛祖歷代通載》第二十一 P.139～141。
〔註3〕　《周子全書》卷十七 P.346 按部至潮州題大顛堂壁。
〔註4〕　〈原人〉；《韓昌黎集》卷十一 P.9。

依上所述，韓愈未並說明人之本源，只說介於天地之間皆，謂之人。故宗密《原人論》所論，顯然是針對韓愈〈原人〉所作。宗密云：

> 萬靈蠢蠢皆有其本，萬物芸芸各歸其根，未有無根本而有枝末者也。況三才中之最靈而無本源乎！〔註5〕

但宗密在《圓覺經大疏鈔》卷一之上疏云：

> 一氣始分，爲陰陽二氣。陰濁陽清，清氣上騰爲天，濁氣下凝爲地，和氣爲人（人最靈也）謂之三才。〔註6〕

是依循著齊學「氣」化的思想，論天地始於一氣，而人和清濁之氣而成，且爲三才中最靈者。此處宗密並未交待人何以爲三才中最靈的理由，故仍然要回到《原人論》來看。宗密云：

> 三才中唯人靈者，由與心神合也。〔註7〕

心神就是「元氣亦從心之所變」之「心」，亦即「統唯一眞法界，謂總該萬有，即是一心」的「一心」。由於「一心」爲一切眾生身心之本體，從本已來，一切有情亦皆有本覺之眞心。且無有形貌而森羅大千，無有邊際而含容萬有，昭昭於心目之間，故能成爲三才中最靈者。

濂溪採其「三才中唯人靈者」及「一心」——「法界」爲「萬象之眞體，萬行之本源，萬德之果海」的思想，改謂「無極」。以「無極」爲一切價值之源與宇宙生成之總源，及人何以得其天地之秀氣而最靈之樞紐。來彌補自秦漢以來儒道二教形上之道的思索與韓愈〈原人〉思想之不足，並以此重新開拓人間社會的價值根源，重回超凡入聖的「人天之境界」裡。基於這個理由，周子在圖說前半論述過宇宙化生的思想後，緊接著就是突顯人在宇宙萬物間的價值意義。

第一節　人間價值意義的開展——「人」

一、人之「靈」

濂溪論「人」，謂其「得其秀而最靈」，並謂「形既生矣，神發知矣」，且

〔註5〕〈原人論序〉，《大正藏經》四十五 P.707c。
〔註6〕《卍》十四、二百六。
〔註7〕《原人論會通本末》第四，《大正藏經》四十五 P.710c。

將人世間善惡之分與萬事之所出，源自人之五性，故謂「五性感動而善惡分，萬事出矣。」然謂人爲萬物之靈，最早源自《尚書・泰誓》，〔註8〕後來《禮記・禮運篇》亦曾云：

故人者，其天地之德，陰陽之交，鬼神之會，五行之秀氣也。〔註9〕

近人羅光先生認爲周子繼承了這種思想，〔註10〕並且說：

人和萬物一樣，由乾道而成之男和坤道而成之女，「二氣交感」而成。男女之氣由五行而生，人便是由五行而生。但是人和物有分別，因爲人爲「最靈」。人的靈性來自五行之秀。禮運篇說「五行之秀氣」太極圖說「得其秀」。〔註11〕

對於羅先生的看法，筆者不敢苟同。其因是，濂溪明明說「無極之眞，二五之精，妙合而凝。乾道成男，坤道成女。」男女生命體的演生，是基於「無極之眞心」與「陰陽、五行之精性」妙運會合之後，凝聚而成男成女，怎麼會說是「人便是由五行而生」。蓋若人由五行而生，則人又何以「得其秀而最靈」。羅先生的解釋是這樣的。羅先生說：

什麼是秀氣？難道在五行之外另有一種「秀氣」嗎？老子道德經第四十二章云，有云：「萬物負陰而抱陽，沖氣以爲和。」道家乃有所謂「沖氣」或「和氣」。沖字解釋爲虛，爲調。沖氣或和氣，爲陰陽調和之氣。朱熹解釋秀氣爲「氣之正且通者」然而正且通和偏且塞，祇是效果；原因安在？原因是氣分清濁，氣之清爲正爲通，氣之濁爲偏爲塞。因此秀氣是清氣，爲五行之清且純之氣。清濁的名字，在易經上沒有，在周濂溪的通書裡也不見，要到稍後的理學家思想中纔出現，朱熹非常看重這個名字和意義，而且他的性善性惡論，也建立在這個思想上。至於正偏的名字則在易經上有，因爲易經的卦文，最注意爻的位，位有中和正，爻的位置不中正，就是偏了。卦爻的中正，以二和五爲中，以陽爻居二五爲正。拿易經的正偏來解釋五行之秀氣，則是說五行相結合時，陰陽居在應居的位置，人之氣乃正且通。正且通，和人之靈有關係。靈爲靈明，靈明在於明天理，即大學的

〔註8〕 見〈太極圖說字詞之考察〉一節，第十項。
〔註9〕 同上。
〔註10〕 《中國哲學思想史》，宋代篇 P.96。
〔註11〕 同上 P.97。

明明德。人之氣為正，人心則正，人心正，人心的天理乃能顯明，
因此說「正且通」。〔註12〕

羅先生採朱子拿「易經的正偏來解釋五行之秀氣」與「正且通，和人之靈有
關係」來解釋周子「惟人也，得其秀而最靈」，似乎太牽強附會了。一是，《易
經》之爻位，當位與不當位，是論斷卦之吉凶與否，以警示人當行不當行。
與五行之秀氣與人之靈否，完全是風馬牛各不相及也；二是，易之陰陽與洪
範之五行思想，在漢代時才做了初步的結合。首先將陰陽五行觀念揉合，做
為描述宇宙萬物化生過程者，當推源自董仲舒的《春秋繁露》卷十三的「五
行相生」篇與道教的氣化宇宙生成論，也就是筆者緒論中所提到于吉的「太
平清領書」。但二者都不曾說五行相結合時，陰陽居在應居的位置，人之氣乃
正且通，於是人就得其秀而最靈了；三是，最早言氣清濁者，見於《列子‧
天瑞篇》與《易乾鑿度》卷上。列子云：

> 一者形變之始也。清輕者，上為天；濁重者，下為地；沖和氣者為
> 人。故天地含精，萬物化生。

後來後漢的王符，其著《潛夫論》卷八〈本訓篇〉依《列子‧天瑞篇》思想
發揮云：

> 上古之世，太素之時，元氣窈冥，未有形兆。萬精合并，混而為一。
> 莫制莫御，若斯久之。翻然自化清濁分別，變成陰陽。陰陽有體，
> 實生兩儀，天地壹鬱，萬物化淳，和氣生人，以統理之。是故，天
> 本諸陽，地本諸陰，人本中和，三才異務，相待而成。各循其道，
> 和氣乃臻，機衡乃平。

緣至漢末魏初劉劭的《人物志》卷上〈九徵篇〉。亦依此言氣清。但其所指，
是說人的才質，與人得天地之秀氣而為三才中最靈者無關。因此，筆者透過
思想史的回溯，發現最早言清濁者，並非如羅先生所云：「要到稍後的理學家
思想中纔出現。」，而是早在《列子‧天瑞篇》即出現了。且宗密的《圓覺經
大疏鈔》卷一之上，疏解易經的思想時也曾提出陰濁陽清的思想。宗密云：

> 一氣始分，為陰陽二氣，陰濁陽清，清氣上騰為天，濁氣下凝為地，
> 和氣為人人最靈也，謂之三才。〔註13〕

〔註12〕同上。
〔註13〕《圓覺經大疏鈔》卷一之上，《卍》十四，二百六b。

是故，宗密繼承了由齊學所演出的道教陰陽調和之氣，〔註14〕且以此註疏乾道之德始於一氣。〔註15〕而濂溪以其思想爲骨幹，先論形上之本源「無極而太極」，再論宇宙生成之過程，而人兼「無有形貌而森羅大千，無有邊際而含容萬有，昭昭於心目之間」的「眞一之靈心」，故能成爲天地萬物之間，「得其秀而最靈者」。且濂溪所宗之道德價值之源，亦是繼承其思想之眞髓，而加以發揮者。這點在論「誠」時，再析論之。

　　濂溪既推崇人爲最靈者，且又依宗密的思想理路，舉出人之所以得其秀而最靈之理由。故於下文中，緊接著就說「形既生矣，神發知矣」，人既具形，神即隨形著而發了知的作用。宗密引僧肇之言云：

　　　肇公云，巍巍之形，內神外靈，中有想慮，眞一闇冥，此等所言一者，皆謂氣也。……肇公云：元氣含於大象，大象隱於無形。爲識物之靈，靈中有神，神中有身等。〔註16〕

依此，周子思想與宗密是脫不了關係的，就連朱子論性善性惡的理論，也是源自宗密了。且宗密在《原人論》中云：「三才中唯人靈者，由與心神合也。」宗密將人的心神視爲一，周子則只言「神發知矣」。神即指人無始以來，本具廣大虛寂的眞一之靈心。而此神發用之後，即產生善惡，道德兵值判斷。故周子言神云：

　　　發微不可見，充周不可窮之謂神。〔註17〕

　　　感而遂通者，神也。神應故妙。〔註18〕

　　　大順大化，不見其迹，莫知其然之謂神。〔註19〕

　　　知幾其神乎。〔註20〕

　　　動而無動，靜而無靜，神也。

〔註14〕同註13，《卍》十四，二百六c；《老子》云：「沖氣以爲和。河上云：萬物中皆有元氣，得以和柔。」

〔註15〕同上：「始於一氣者，推究此乾道之德所從之始，始於一氣。一氣者道之所宗，陰陽天地之根本也。謂天道未分，陰陽未泮，未有天地人物以前，但是淳元之一氣也。未分陰陽之二，故云一也。淨名楷疏序云：一氣冥曚。天后華嚴序云：造化權輿之首，天道未分。」

〔註16〕同註13，《卍》十四，二百六c～d。

〔註17〕〈通書・誠幾德〉第三，《周子全書》卷七P.127。

〔註18〕同上，〈聖〉第四，卷八P.135。

〔註19〕同上，〈順化〉第十一，卷八P.150。

〔註20〕〈思〉第九，《周子全書》卷八P.145。

物則不通；神妙萬物。〔註21〕

是知，人之所以異於宇宙萬物者，就在人本具此神靈之眞心。因此，人世間道德兵值意義的完成，也由於人有此可能性，透過主靜無欲的工夫，而達於「立人極」的人天之境界裡。

二、人之「五性」

透過人因爲秉陰陽之氣、五行之性與無極之眞心摻合而成的過程。故周子亦認爲人之性亦與摻和成人的原料五行一般，有五種不同的性，而此五性的產生，是基於陰陽、五行調和程度的強弱而定。

故周子論性云：

性者，剛柔善惡，中而已矣。〔註22〕

而此五性，又各具何種性質呢？周子云：

不達，曰剛善爲義，爲直、爲斷、爲嚴毅、爲幹固；惡爲猛、爲隘、爲強梁；柔善爲慈、爲順、爲巽；惡爲懦弱、爲無斷、爲邪佞。性中也者和也。中節也，天下之達道也，聖人之事也。〔註23〕

於此，圖說中所謂的「五性感動而善惡分，萬事出矣」即得到合理完整的詮釋。

然而，剛善、剛惡、柔善、柔惡、中，是人所本具的五性。因此，聖人立教的主要目的，就在使人能「自易其惡」而臻「中」的理想的完人境界裡。故云：

聖人立教。俾人自易其惡，自至其中而止矣。〔註24〕

是知，在周子的思想裡，人與生俱來的靈秀之氣，僅祇是成聖成賢的可能性。而也就是因具此眞一之靈心，故能在聖人的教化之下，自易其惡而自至其中而止於純粹至善之境。是以，濂溪強調「先覺覺後覺，闇者求於明」，〔註25〕完全是基於他對「人」的主張。周子認爲，人生下來是朦昧無知的，且不具任何道德的價值觀念，人要成聖成賢了知生死而與天合一，完全要仰賴後天的教化。故於師友下第二十五云：

〔註21〕〈動靜〉第十六，卷九 P.157。
〔註22〕〈師〉第七，卷八 P.140。
〔註23〕同上。
〔註24〕同上 P.141。
〔註25〕同上。

　　　　人生而蒙，長無師友則愚；是道義由師友有之。

依上述而論，周子思想中，將外在客觀的五行之性與陰陽之氣調和成人的內
在精神氣質——五性，似乎源自董仲舒所倡的齊學系統，而其對人之五性的
詮釋，〔註26〕又採自劉劭的《人物志》與劉昺的注。劉劭云：

　　　　凡有血氣者，莫不含元一以為質，稟陰陽以立性，體五行而著形。

　　〔註27〕

劉昺注「稟陰陽以立性」云：

　　　　性資於陰陽，故剛柔之意別矣！〔註28〕

然其論人之智與義必待師友而成之必待先覺覺而後覺的思想，想必又是繼承
了孟子與荀子的理論系統。〔註29〕而周子在論宇宙生成與人為最靈的思想，
又源自宗密和道教的思想。故吾人有意謂其集大成之思想家，但卻又不盡然。
因為，他以人為開展其人生道德價值之源的中心題旨，或許思想淵源龐雜，
但在完成人間價值意義上所宗如何修養成聖人之中心思想，可說完全繼承了
李翱《複性書》思想的真髓。

第二節　人間價值意義的完成——「聖人」

　　　　濂溪思想中所欲終極的目的，一言以蔽之，就是完成價值理想的人格—
—聖人。而其〈圖說〉前半，描述從形上之源「無極」，到宇宙萬物的生成，
以致人何能得其秀而最靈的思想，完全是在建立人成聖的可能性，所苦心經
營的一套思想體系。觀其整個思想結構，毫不諱言的，是繼承了宗密融三教
於華嚴一宗的思想系統。宗密曾言：

　　　　欲成佛者，必須洞明麁細本末，方能棄末歸本返照心源。〔註30〕

因知，馮友蘭先生說，李翱及宋明道學家之學，皆欲使人以儒家的方法成儒
家的佛。這點我們在濂溪的思想裡，可以找到最充足的證據。然而，濂溪所
宗之聖人是什麼樣的聖人呢？吾人以為，濂溪所論之聖人有三重意義。即境
界、事業及成聖的工夫。以下析論之。

〔註26〕　參見〈周子思想淵源〉，〈承兩漢齊學之遺風〉一節。
〔註27〕　《人物志》卷上，〈九徵〉第一 P.1。
〔註28〕　同上。
〔註29〕　見〈通書〉字詞考察及《荀子》卷一、卷二。
〔註30〕　《原人論·會通本末》第四，《大正藏》四十五 P.710c。

一、聖人之境界

　　濂溪思想中之「聖人」，依葛洪《抱朴子・內篇》對古之以來「聖人」思想的分辨言之，周子所宗論之聖人，當是一得道之聖人，而非一治世之聖人。葛洪云：

　　　俗所謂聖人者，皆治世之聖人，非得道之聖人。得道之聖人，則黃老是也，治世之聖人，則周孔是也。〔註31〕

既爲得道之聖人，故即非一倫理的，而其所論，當如佛教所言之「佛」，道教所崇奉之「神仙」。是一宗教性的與充滿神秘性的。此與李翱《復性書》所言之聖人是一致的。

　　依此，周子於圖說中揭示得道聖人之境界云：

　　　聖人與天地合其德，日月合其明，四時合其序，鬼神合其吉凶。（李翱「復性書」中亦如此贊歎聖人。）

又於〈通書・聖〉第四云：「誠、神、幾曰聖人」是以濂溪所言之聖人，是合誠、神、幾謂之。

（一）誠

　　《通書》首篇提出「誠」的觀念，以補述圖說所論之不足。其云：「誠者，聖人之本。」〔註32〕

　　李翱云：「誠者，聖人之性也。」（《復性書》上，《李文公集》卷二 P.8 下）

　　「誠」既爲「聖人之本」，故其於誠第二云：

　　　聖，誠而已矣。〔註33〕

李翱云：「聖人，至誠而已」（《復性書》中 P.11 下）

　　「聖」就是「誠」，以「誠」來描述「聖」的境界。「誠」既爲「聖人之本」。然而「誠」又源自何處呢？濂溪云源自乾元。其云：

　　　大哉乾元，萬物資始，誠之源也。〔註34〕

乾元既爲誠之源，故又云：

　　　乾道變化，各正性命，誠斯立焉。純粹至善者也。〔註35〕

〔註31〕〈辨問〉，《抱朴子內篇》卷之十二 P.1。
〔註32〕〈誠〉上第一，《周子全書》卷七 P.116。
〔註33〕〈誠〉下第二，《周子全書》卷七 P.123。
〔註34〕同註32。
〔註35〕同上 P.116～117。

濂溪於「誠斯立焉」之下，加「純粹至善」一語，表示「誠」為一切道德兵值之源。〔註36〕故云：

> 誠，五常之本，百行之源也。

於此，一切「五常」、「百行」之道德價值意識，源自於「誠」，「誠」又源自於「乾元」——「天」，且「誠」又為「聖人」之本。故「誠」具兩義；一是指聖人之境界，一是指道德價值之源。但因「聖」就是「誠」，因此，「聖」亦為人世間道德價值之源。故《圖說》云：

> 聖人定之以中正仁義，而主靜，立人極焉。

是以，筆者所云，通書為解釋圖說者，在此得到一項充分證據。但此中有一項須進一步說明者，就是「誠之源」的「乾元」。

一切道德價值來自「乾元」——天，然「乾元」——天又為何物？筆者於前節曾述及此問題。周子以「無極而太極」，開宇宙蒼穹萬物之源，而又以「太極」——「元氣」的動靜為其根柢，產生陰陽二氣。陰濁陽清，故「清氣上騰為天，濁氣下凝為地」，此即周子採自宗密「圓覺經大疏鈔」的思想，改謂「分陰分陽，兩儀立焉」的淵源處。然後再以此陰濁陽清的天地之氣，摻合五行相生相隨之性，而成為人的剛善、剛惡、柔善、柔惡、中五性，此即劉昞注劉劭「稟陰陽以應性」所云：「性資於陰陽，故剛柔之意別矣」。故周子云：

> 乾道變化，各正性命，誠斯立焉。

然因乾道——「天道」為清氣上騰所生成者，故濂溪謂其：「純粹至善者也。」

而乾元又為誠之源，故由乾道所流出之誠，亦為善。

於此，筆者前節所云，濂溪所宗的道德價值之源，亦是繼承了宗密《圓覺經大疏鈔》疏「始於一氣者」的思想，在此可得到一合理的說明與證據。宗密疏云：

> 推究此乾道之德所從之始，始於一氣。一氣者道之所宗。陰陽天地之根本也。謂天道未分，陰陽未泮，未有天地人物已前，但是淳元之一氣也。〔註37〕

〔註36〕勞思光著，《中國哲學史》第三卷上冊 P.121：「其下，再加『純粹至善』一語，表明『誠』乃一切價值判斷之基礎；蓋以『天道』之方向為最高價值，即周氏之立場也。」

〔註37〕《圓覺經大疏鈔》卷一之上，《卍》二百六 b。

乾道之德因亦始於一氣，故周子謂：

> 大哉乾元，萬物資始，誠之源也。〔註38〕

是以，周子〈圖說〉所云：大極——「一氣」，分陰分陽，兩儀立焉……，與上述所云之思想實爲一致。此又爲〈通書〉與〈圖說〉思想一致性的證據所在，且「通書」實即發明「圖說」思想者之作。

　　乾元——「一氣」既爲萬物資生之始，又爲誠之源。故周子以乾卦之四德元、亨、利、貞來解釋聖人之境界——「誠」。周子云：

> 元亨，誠之通；利貞，誠之復。〔註39〕

然《易·文言傳》解釋乾卦元、亨、利、貞云：

> 元者，善之長也；亨者，嘉之會也；利者，義之和也；貞者，事之幹也。

與濂溪將元亨視爲誠之通，利貞叫做誠之復，意思並不吻合。方東美先生認爲，這是因爲周子受過王弼易學的影響所致。〔註40〕但筆者以爲，濂溪此處所言，仍然是採自宗密《圓覺經大疏鈔》以乾之四德喻佛之常、樂、我、淨的思想。宗密云：

> 元亨利貞者，乾之功能，運用雖多，統唯四德，故取之也。元是初始義，亨是通暢義，利是和而成益義，貞是終畢幹了義。謂此卦之德，有純陽之性，自然能以陽氣，始生萬物，而得亨通，能使物性和諧，各有其利。堅固幹濟，有始有終，故謂之四德。言聖人亦當法此卦而行善道以長萬物而爲元也。又當以嘉美之事，會合萬物，令使開通而爲亨也。又當以義協和萬物，使各得理而爲利也。又當貞固，幹了其事，使物各得終成而爲貞也。是以聖人法乾而行此四德故，曰元亨利貞。〔註41〕

因此，宗密以乾的元、亨、利、貞喻佛的常、樂、我、淨的思想，亦完全被濂溪收攝在〈通書〉之內，做爲描述聖人的境界——誠。

　　除此之外，濂溪在「聖」第四云：

> 寂然不動者，誠也；感而遂通者，神也；動而未形，有無之間者，

〔註38〕〈誠〉上一，《周子全書》卷七 P.116。
〔註39〕同上 P.118。
〔註40〕〈宋明清新儒家哲學〉第八講，《哲學與文化》93 期，P.47 下。
〔註41〕《圓覺經大疏鈔》卷一之上，《卍》十四，二百五 d。

幾也。誠精故明，神應故妙，幾微故幽。誠神幾曰聖人。〔註42〕（《復性書》中云：「知本無有思，動靜皆離，寂然不動者，是至誠也。」P.9下。）

並謂：「誠則無事矣。」，〔註43〕「誠無爲，幾善惡。」〔註44〕

又云：

思曰睿，睿作聖。無思，本也。思通，用也。幾動於彼，誠動於此，無思而無不通，爲聖人。〔註45〕

這顯然是繼承了李翱《復性書》「我以吾之所知而傳焉，遂書于書以開誠明之源而缺絕廢棄不揚之道」的思想。李翱《復性書》中云：

有靜必有動，有動必有靜，動靜不息，是乃情也……方靜之時，知心無思者，是齋戒也。知本無有思，動靜皆離，寂然不動者，是至誠也。中庸曰：誠則明矣。……本無有思，動靜皆離，然則聲之來也，其不聞乎。物之形也，其不見乎。曰：不覩不聞是非人也，視聽昭昭，而不起於見聞者，斯可矣。無不知也，無弗爲也，其心寂然，光照天地，是誠之明也。大學曰：致知在格物。易曰：易無思也，無爲也，寂然不動，感而遂通，天下之故。〔註46〕

又云：

至誠者，天之道也。誠者，定也，不動也。〔註47〕

李翱以「本無有思」，謂聖人臻誠之境界是「寂然不動者。」，濂溪則曰：「無思，本也。思通，用也。」亦採「老子」有無之思想論之。據馮友蘭先生的解釋是這樣的，寂然不動的至誠狀態只是靜。此靜則與「知心無思」時之靜，是有差別的。「知心無思」時的靜，是與動相對的靜，故不靜時又動。「本無有思」時的靜，則是「動靜皆離，寂然不動者」的不動。然此不動，不是與動相對的靜，而是「動靜雙離」，超越了動靜之絕對的靜。故聖人雖「感而遂通」，而其心之本體，仍然是「寂然不動」的。此即所謂「視聽昭昭，而不起

〔註42〕〈聖〉第四，《周子全書》卷八 P.135。
〔註43〕〈誠〉下第二，《周子全書》卷七 P.124。
〔註44〕〈誠〉幾德第三，《周子全書》卷七 P.126。
〔註45〕〈思〉第九，《周子全書》卷八 P.144。
〔註46〕《李文公集》，卷一 P.9下～10上。
〔註47〕同上 P.10上。

於見聞」。〔註48〕然因「視聽昭昭」，故能「無不知也，無不弗爲也，其心寂然，光照天地，是誠之明也。」，而李翱《復性書》上云：

> 誠則形，形則著，著則則，明則動，動則變，變則化，唯天下至誠爲能化。

濂溪則於〈擬議〉第三十五廣其思想曰：

> 至誠則動，動則變，變則化。故曰：擬之而後言，議之而後動，擬議以成其變化。

（二）神

濂溪言「神」以形容入聖之境界，然此「神」之狀態，已超乎形軀之外，故周子特又以「動靜」與「無」、「不」之思想來詮釋「神」。〈動靜〉第十六云：

> 動而無靜，靜而無動，物也。動而無動，靜而無靜，神也。

濂溪首先言明「神」與「物」的差別。而其差別，就在「神」是精神狀態，故其超越了物質與形軀上的動則恒動，靜則恒靜的物性。但其又恐怕人誤解所謂「動而無動，靜而無靜，神也。」的精神狀態落入毫無生命的物界上去，故解釋云：

> 動而無動，靜而無靜，非不動不靜也。

希望人不要以物質性的外觀上的不動不靜來理解「神」。依此，濂溪所云：「動而無動，靜而無靜」就不能以常識來理解其所言之「神」。蓋若以濂溪此段所用「無」與「不」兩個否定詞論之，「不」是用在形容詞或動詞的否定，其所指涉的是針對某一對象，而言其不動、不靜。「無」則是與「有」相對的「無」，故濂溪〈誠〉下第二云：

> 靜無而動有。

是以，「無」與「不」雖同爲否定，但兩者之間的語意是有差別的。「動而無動，靜而無靜」的「無動」與「無靜」是超越了感官所能經驗得到的動、靜現象，故濂溪〈誠幾德〉第三謂此狀態云：

> 發微不可見，充周不可窮之謂神。

「發微」與「充周」因爲是在「動靜相離」的狀態，故「不可見」亦「不可窮」，濂溪則直接肯定的說，這就是神。又於〈順化〉第十一云：

〔註48〕《中國哲學史》P.810～811。

夫道行而萬物順，聖德脩而萬民化。大順大化，不見其迹，莫知其
然之謂神。

所謂「大順大化，不見其迹」，是因為聖人在神化的過程中，動、靜皆離。因
此，自然不落痕迹，既不落痕迹，故就無法知其順化之所為，而這就是神。

　　然又因「動時而無所動之相，靜時而又無所靜之相」，故入神之狀態即能
「感而遂通」；妙應神生而「知幾」。故濂溪〈聖〉第四云：

感而遂通者，神也。……神應故妙。

又〈思〉第九云：「知幾其神乎」，此即濂溪所言神的狀態。

（三）幾

　　周子謂「誠神幾曰聖人」，於「誠」與「神」之後提出「幾」的觀念。濂
溪〈通書・聖〉第四解釋幾云：

動而未形，有無之間者，幾也。

是知，濂溪引《老子》四十章「有生於無」的思想，言幾介於「有」與「無」
之間，然幾因為是，動而未露形相，故〈聖〉第四又云：

幾微故幽。

依此，濂溪所言之「幾」，是以《易・繫辭傳》所云為其典據。〈繫辭傳〉上
云：

夫易，聖人之所以極深而研幾也。唯深也，故能通天下之志，唯幾
也，故能成天下之務。

唯依此節下王弼、韓康伯注云：「極，未形之理，則曰深；適動微之會，則曰
幾」，及孔穎達疏云：「聖人之所以極深而研幾也者，言易道弘大，故聖人用
之所以窮極幽深而研覈幾微也。」濂溪所釋「幾」之思想出處，想必是以此
為據。但所差者是，《易・繫辭》著重在聖人研幾以通天下之志，以成天下之
務。濂溪所論之「幾」，則著重在說明聖人明善惡之心狀。故〈誠幾德〉第三
云：

誠無為，幾善惡。

然善惡之衍生，因神而發，故「圖說」云：「形既生矣，神發知矣，五性感動，
而善惡分。」由於「神」是「動而無動，靜而無靜」，超越了經驗界所能知之
的現象。故能明此微而幽而又介乎有無之間，動而未曾著形的叫做「幾」。

　　故濂溪云：「誠神幾曰聖人」。此乃謂，所謂的聖人，是包含了誠、神、
幾三者而成之者，缺一則不能稱之為聖人。

故筆者文前所謂濂溪之學實得之於李翱、宗密之眞髓，於此節所論又是一證據所在。

二、成聖之功夫

（一）無欲——主靜

濂溪論成聖的方法，見其〈通書・聖學〉第二十云：

> 聖可學乎，曰：可。有要乎，曰：有。請聞焉，曰：一爲要。一者，無欲也。無欲，則靜虛動直。靜虛，則明，明則通。動直則公，公則溥。明通公溥，庶矣乎。〔註49〕

《圖說》亦云：

> 聖人定之以中正仁義，主靜，立人極。

並且自註「無欲故靜」。依此，〈圖說〉與〈通書〉的一致性且後者爲解釋前者之作，於濂溪論成聖的方法中，又可得到支持的證據。

濂溪強調以「無欲」——「靜」臻聖人之境界，以暝合天人之際的思想，想必是揉合了佛道二教的實踐方式。

宗密於《禪源諸詮集都序》解釋「禪源」云：

> 禪是天竺之語，具云禪那。中華翻爲思惟修，亦名靜慮，皆定慧之通稱也。源者是一切衆生本覺眞性，亦名佛性，亦名心地。悟之名慧，修之名定，定慧通稱爲禪那。此性是禪之本源，故云禪源，亦名禪那理行者。此之本源是禪理，忘情契之是禪行，故云理行。〔註50〕

而以無欲達到虛靜的思想，則源自《老子》。《老子》首章即云：

> 常無欲以觀其妙

第三章云：

> 聖人之治，虛其心，實其腹……常使民無知、無欲。

第三十四章云：

> 常無欲可名於小。

第三十七章云：

> 無名之樸，夫亦將無欲，不欲以靜，天下將自定。

第四十六章云：

〔註49〕《周子全書》，卷九 P.165。
〔註50〕《禪源諸詮集都序》卷上之一，《大正藏》四十八 P.399a。

禍莫大於不知足，咎莫大於欲得。

第五十七章云：

故聖人云：我無爲而民自化、我好靜而民自正，我無事而民自富，

我無欲而民自樸。

濂溪則揉合此二教思想，以無欲爲達到靜虛的首要步驟。因爲無欲以後就沒有任何的雜念，一念不起則自然就會虛靜、動直。人能靜慮且虛其心，則能恢復自性的清淨光明，能明自性，則能通誠之源，能通誠之源，即達聖人之境界，能達聖人之境界，故能「立人極」，而與「天地合其得，日月合其明，四時合其序，鬼神合其吉凶。」此即玄學家們所企求的「天人之際」。

但依濂溪所欲達到聖人之境界的修養步驟，除以佛、道二教思想爲其淵源外，最直接的影響，恐怕仍然要說其是得自宗密與李翱。

宗密論「禪」爲「靜慮」，「皆定慧之通稱」，又言「忘情契之是禪行」。宗密所言之「忘情」實即周子所改言之「無欲」。「無欲故靜」實即忘却一切的欲念而臻於「靜」。換言之，就是去掉一切的欲望而達到靜慮的禪行裡，而臻於一，以突顯人之極。故周子特言「主靜」，以達聖人之本性——「誠」。而「誠」因源自於乾元，故周子於〈誠〉上第一末云：「大哉易也，性命之源乎。」

此即所謂契合乾道——天道，必賴人透過「無欲」「主靜」的實踐方式，方能成之。

然以教人無欲而歸性命之道——誠的思想，李翱在其《復性書》中亦曾云及，且也是受佛教天台止觀（前曾述及）與宗密思想的影響。李翱云：

弗慮弗思，情則不生。情既不生，乃爲正思。正思者，無慮無思也。

〔註51〕

此即宗密所云「忘情契之是禪行」入禪定時的狀態。另外李翱又云：

視聽言行，循禮而動，所以教人忘嗜欲而歸性命之道也。道者，至誠也。誠而不息，則虛。虛而不息，則明。明而不息，則照。天地而無遺，非他也，此盡性命之道也。〔註52〕

這裡所言的「忘嗜欲」，即「忘情」，亦即周子所言之「無欲」。人因泯除一切雜念嗜欲，故能歸性命之源——「誠」。然因人臻誠歸性命之道的首要條件，

〔註51〕《李文公集》，卷二 P.9 下。
〔註52〕同上 P.8 下～P.9 上。

就是「忘嗜欲」，人的嗜欲一忘。就能「心寂不動，邪思自息」，〔註 53〕心不動而邪念不昇，故人能虛，人一虛而無邪念，則心性自明，寂而能照。明了自性與天地而盡性命之道。然因人能忘情無欲而達靜慮之境，故能合聖之性——「誠」。李翱釋「誠」云：

> 故誠者，聖人之性也。寂然不動，廣大清明，照乎天地，感而遂通，
> 天下之故。行止語默，無不處於極也。〔註 54〕

依此，宗密靜慮、忘情與李翱忘嗜欲而歸性命之道——「至誠」思想，被周子吸收消融之後，就直接引為成聖的步驟之一。故周子自註「無欲故靜」，又云：「無欲，則靜虛、動直」此當釋為吾人心中去掉一切欲望之後，則心歸於寂然不動的絕對的靜虛狀態。而此時情狀，濂溪謂之「誠」。故云：「誠則無事矣」、「誠無為」。因無事則靜虛，有事則動直。故謂：「寂然不動者，誠也，感而遂通者，神也。」，「寂然不動」即靜虛，「感而遂通」即動直。〔註 55〕

然「靜虛，則明，明則通」與「動直，則公，公則溥」的「明」與「公」當做何解釋？周子〈通書·公明〉章第二十一云：

> 公於己者，公於人，未有不公於己，而能公於人也。明不至，則疑
> 生。明，無疑也。謂能疑為明，何啻千里。〔註 56〕

又於〈通書·公〉三十七云：

> 聖人之道，至公而已矣。或曰：何謂也？曰：天地至公而已矣。〔註 57〕

人既無欲，故靜虛則能自明，心性清淨光明而無所疑，疑不生則能通誠之源——乾元。然聖人之道因以誠為本，誠秉之於乾元，而乾元為一純粹至善之天道，故聖人效法天地至公之道，由對己之公而公之於人，此之謂「公則溥。」

以上是濂溪透過主靜無欲的工夫做為成聖的方法之一，但却被力捧他為「得千聖不傳之秘」的朱子，為避免其思想落入釋老的圈圈，而盡扭曲之能事，謂「主靜」為「主敬」。朱子云：

> 濂溪言主靜，靜字只可作敬字看。故又言無欲故靜，若以為虛靜，
> 則恐入釋老去。〔註 58〕

〔註 53〕同註 51。
〔註 54〕同上 P.8 下。
〔註 55〕馮友蘭著，《中國哲學史》P.828。
〔註 56〕《周子全書》，卷九 P.167。
〔註 57〕同上，卷十 P.196。
〔註 58〕《周子全書》，卷二 P.27。

但濂溪在〈聖學〉第二十已直明「無欲，則靜虛、動直」而於〈圖說〉中亦自註「無欲故靜」。朱子這樣刻意的歪曲周子之學，想必都是基於其個人所欲建立的儒家道統有關，這是研究周子思想，首先必須排除朱子註解的障礙。否則以朱子的理解來詮釋濂溪之學，不但歪曲了周子的本意不說，甚至扼殺了整個中國思想史發展的方向，且爲中國學術思想的未來發展，自築一道永遠無法跨越的圍牆。

（二）思

濂溪另一個重要的方法就是思，〈通書〉「思」第九云：

> 洪範曰：思曰睿，睿作聖。無思，本也。思通，用也。幾動於彼，誠動於此，無思而無不通爲聖人。不思，則不能通微；不睿，則不能無不通。是則無不通生於通微，通微生於思。故思者，聖功之本，而吉凶之幾也。易曰：君子見幾而作，不俟終日。又曰：知幾其神乎？〔註59〕

據此濂溪依尙書洪範所言之思，以爲成就聖人功夫之本與明吉凶之幾。故其云：「無思，本也」，無思就是寂然不動，人心本然之狀態，也就是人泯除一切慾望，臻至絕對之靜的忘情狀態。人因於此時處於絕對之靜的情狀之中，故能發起本性的無漏智慧，且能通誠，故濂溪云：

> 無思而無不通爲聖人。

此即其所云聖人之境界：「寂然不動者，誠也，感而遂通者，神也；動而未形，有形之間者，幾也。」但濂溪其下又云：「思通，用也」又是何意？

思通之「思」是以「不思」相對者，落於動靜相對的物理界。也就是吾人想與不息的思考狀態。而「無思」時「寂然不動」的「靜」，則是筆者前所言李翶所謂的「動靜雙離」的絕對的「靜」。換言之，就是禪宗所謂入禪定時的情狀。故濂溪謂其「無思而無不通」。若將「無思」誤認爲不去思考，不去想，則濂溪此處所言，將自陷於矛盾而無法理解。這是濂溪受道家老子「無」的思想之影響，所引用在通書裡的妙用。否則大可不必言「無思」，又言「不思」，此實在是在指涉意義上，爲求其兩義而發之言。

故濂溪文下所云：「不思，則不能通微……通微生於思」，主要是建立人欲達「無思而無不通」的聖人之境界——「誠」、「神」、「幾」，必須先經過「思」

〔註59〕同上，卷八 P.145。

的功夫。否則「不思，則不能通微」，不能通微，則不睿，不睿即無法成聖。因知，濂溪所謂「思通，用也」，「通微生於思」的「思」，是指人的思考能力而言。但此處有一問題所在，即周子提出「思」爲「聖功之本」，却未言如何去「思」，這是濂溪沒有交待清楚的地方。但筆者在此做一個大膽的推斷，就其思想的淵源與身處的時代背景、交友的情形看來，濂溪強調以無欲、主靜及思爲成聖臻誠，暝合於天的功夫，當是以禪宗坐禪的方法去「思」。

三、聖人之事業

（一）立師道

濂溪心目中的聖人，既爲一得道之聖人，故其所論之聖人的功業，亦著重以其自身所得之道，以感化人，以達到社會教化的目的。而非一治世安邦，強調文治武功，內外兼具的聖人。故於〈圖說〉中云：

> 聖人定之以中正仁義，而主靜，立人極。

又於〈通書·道〉第六云：

> 聖仁之道，仁義中正而已矣。守之貴，行之利，廓之配天地。豈不易簡，豈爲難知。不守不行不廓耳。〔註60〕

標示聖人定立道德規範，然後教人泯除一切慾念，從靜慮中樹立人極，而與天地合德。然因濂溪認爲人生而俱有剛善、剛惡、柔善、柔惡、中五性，且「人生而蒙，長無師友則愚，是道義由師友有之。」，故其特別重視師道。強調師道立，則政治、社會均可得到和諧與進步，然後天下即可太平。故〈師〉第七云：

> 師道立，則善人多；善人多，則朝廷正而天下治矣。〔註61〕

然而師道從何而立呢？濂溪云：

> 故聖人立教，俾人自易其惡，自至其中而止矣。故先覺覺而後覺，闇者求於明，而師道立矣。〔註62〕

是知，師道從聖人立教而來，因爲聖人爲先覺之人而道義之德亦由聖人得天道之「純粹至善」而有之，且「聖人誠而已矣」，誠又爲「五常之本，言行之源」。故聖人立教的目的，就在使人改其剛柔善惡之性，而自至其中。然後由

〔註60〕《周子全書》，卷八 P.138～139。

〔註61〕同上 P.141。

〔註62〕同上。

先覺至「中」之人開啓後人，使之由闇至明。如此一來，立師道就是聖人教化的首要事業。故濂溪云：

> 惟中也者和也，中節也，天下之達道也，聖人之事也。

此乃謂使先覺之人先至其「中」，再以師道開啓人智與道義之德達到社會教化的目的。

　　濂溪謂聖人爲先覺，以先覺覺後覺與至中而止的思想，依其所引之文，源自中庸與孟子萬章篇。但是論其思想結構，毫無遁隱的是採自《復性書》而予以發揮者。李翺《復性書》云：

> 聖人者，人之先覺者也。覺則明，否則惑，……聖人至誠而已……中於節而已矣。其所以皆中節者，設教於天下故也。易曰：知變化之道者，其知神之所爲乎。中庸曰：喜怒哀樂之未發。謂之中，發而皆中節謂之和。中也者，天下之大本也；和也者，天下之達道也。……邪既爲明所覺矣，覺則無邪，邪何由生也？伊尹曰：天之道以先知覺後知，先覺覺後覺者也。予將以此道覺此民也，非予覺之而誰也。如將復爲嗜欲所渾，是尚不自覺者也，而況能覺後人乎。〔註63〕

是故，濂溪特教人學聖，以「無欲」爲「一爲要」，就因人若爲欲所蒙蔽，將無以自覺，人不自覺又何以能成聖而覺後人呢？更何況致中和成就聖人之事。依此，筆者論周子思想淵源，得自李翺，於此又是一項證據。但似乎不僅如此而已，下節再析論之。

（二）制禮樂

　　禮樂在先秦的儒家系統中，原是養成道德完整的人格，係倫理的，但在李翺的思想中，則轉變成富有宗教的神秘性。〔註64〕李翺云：

> 至於聖也，故制禮以節之，作樂以和之。安於和樂，樂之本也。動而中禮，禮之本也。故在車則聞鸞和之聲，行步則聞珮玉之音。無故不廢琴瑟，視聽言行，循禮而動。所以教人忘嗜欲而歸性命之道也。〔註65〕

濂溪繼承了李翺將禮樂帶進宗教性的神秘的思想中，且亦在論禮樂教化人心之淫怨之後，緊接著就提出學聖的重要步驟，第一就是要「無欲」。濂溪〈通

〔註63〕《李文公集》，卷二 P.8 下～11 上。
〔註64〕馮友蘭著，《中國哲學史》P.808。
〔註65〕同註63，P.8 下。

書‧樂〉上第十七論〈禮樂〉云：

> 古者聖王制禮法，脩教化，三綱正，九疇敍，百姓太和，萬物咸若。
> 乃作樂，以宣八風之氣，以平天下之情。故樂聲淡而不傷，和而不
> 淫。入其耳，感其心，莫不淡且和焉。淡則欲心平，和則躁心釋。
> 優柔平中，德之盛也。天下化中，治之至也。是謂道配天地，古之
> 極也。〔註66〕

又〈禮樂〉第十三云：「禮，理也。樂，和也。陰陽理而後和。君君臣臣，父
父子子，兄兄弟弟，夫夫婦婦。萬物各得其理，然後和，故禮先而樂後。」

　　但筆者在文前通書字詞考察一節中，曾言及濂溪論樂的語辭文字的典
據，是出自《禮記‧樂記篇》與《論語》及《周易》家人卦的〈象傳〉。在此
又何以言其繼承了李翱的思想，這就是筆者之所以要將〈圖說〉與〈通書〉
字辭一一地考察出其出處所在之因由。因為，據濂溪兩篇文章所論，吾人若
不通過中國思想史的發展來深究其理，而以一種將問題簡單化的方式，含糊
籠統的論究周子之學，則毫無疑問的將陷溺到朱子為標榜其為道統之所在——
——「得千聖不傳之秘」的陷阱中，以為周子所論之學的思想，就是其文中原
始出處思想之本意，其實這是截然有別的。然而，這其中的差別就是筆者本
章中所一一論述者。

　　據上述引文所載，濂溪首先標示古者聖王制禮作樂，教化萬民，仍承襲
了傳統先秦儒家，以禮樂感化萬民，成就理想人格的倫理思想。接著他大指
出，由於後世禮樂的敗度，所導致道德倫理的墮落。因此，濂溪指出必須恢
復古禮與改變今樂，方可平治今世之亂。濂溪云：

> 後世禮法不脩，政刑苛紊，縱欲敗度，下民困苦，謂古樂不足聽也。
> 代變新聲，妖淫愁怨，導欲增悲，不能自止。故有賊君棄父，輕生
> 敗倫，不可禁者矣。嗚呼！樂者，古以平心，今以助欲。古以宣化，
> 今以長怨。不復古禮，不變今樂，而欲至治者，遠矣。〔註67〕

周子以恢復古者聖王所制之禮、樂以為治今世之道，代表了其個人對古者聖
王制禮作樂之功業的嚮往，但其嚮往似乎隱含了宗教的神秘性。認為聖人所
作之樂除能使人平心止欲與移風易俗之外，更能經由樂聲的陶養，而與天地
之氣融合為一，且能使萬物順化，降其暴戾之氣。濂溪這樣地抬高禮樂之功

〔註66〕《周子全書》，卷九 P.161。
〔註67〕同上 P.162。

能，主要還是建立在他對聖人神秘性的崇拜上。故在其論樂的功能上，亦著重在宗教性的描述了。其云：

> 樂者，本乎政者。政善民安，則天下之心和。故聖人作樂，以宣暢其和心，達於天地。天地之氣，感而大和焉。天地和，則萬物順。故神祇格，鳥獸馴。〔註68〕

而於〈樂〉下第十九云：

> 樂聲淡，則聽心平；樂辭善，則歌者慕。故風移而俗易矣。妖聲豔辭之化也亦然。〔註69〕

因此之故，依濂溪所論之禮樂，其文雖是出自禮記樂記，但思想則是繼承了李翱《復性書》的思想加以發揮者。——成就儒教的佛。

〔註68〕同上 P.163。
〔註69〕同上 P.164。

第五章　周子思想的影響及其在哲學思想史上的地位

　　濂溪之學，從其兩篇文章所引語辭之典據言之，頗有集漢以後思想大成之勢。但嚴格析論之，則見其思想之淵源，總出於中唐時的李翱《復性書》與宗密《原人論》及《圓覺經大疏鈔》的思想，或許這不太能夠滿足沈醉於狹隘道統主義者的睡夢，但畢竟是一個事實。想必這是吾人在追求真理的過程中，經常會遭遇到的尷尬處境。今再從其思想對其後期思想及當時社會所造成的影響，做一評述。

　　蓋若就哲學思想發展而言，周子〈圖說〉與〈通書〉的思想，並未繼承先秦孔孟儒家思想之嫡傳與超越先秦諸子百家之學的理性色彩與隋唐佛教哲學的思辨性。況且其所述的思想觀念，在其前期的李翱與宗密的思想著作中，均已提出其所欲臻極的精神企圖。而其不過是繼此二人之後，再做一申述與發揮，並未提出新的觀念與思想。

　　但我們就先秦以後的中國學術思想發展來說，漢代罷黜百家，獨尊儒術，著重於通經致用，其所欲解決的時代課題，是上層的政治制度與歷史道統的賡續。魏晉繼漢末之後，老莊之玄學取而代之。緣至隋唐，由外傳的印度佛教統領著整個當時的社會意識型態。繼此之後的五代十國，思想紊亂而又無精神中心，因而導致人們情欲的恣縱與社會倫理道德的淪喪。濂溪能身處於五代喪亂之後，融李翱與宗密的思想，撰〈圖說〉與〈通書〉，建立理學的形上基礎與人間價值理論，遂使其以後的中國學術思想及社會風俗制度，開出新氣象。這在中國思想史的影響上不可謂不大。且濂溪之學自朱子大力闡揚之後，宋明諸子，皆伏首推崇濂溪為理學之宗師。如黃百家云：

> 孔孟而後，漢儒止有傳經之學，性道微言之絕久矣。元公崛起，二
> 程嗣之，又復橫渠諸大儒輩出，聖學大昌。故安定徂徠卓乎有儒者

-101-

之矩範，然僅可謂有開之必先，若論闡發心性義理之精微，端數元

公之破暗也。〔註1〕

這是吾人不得不首肯的歷史事實。今就此歷史事實提出幾點濂溪在思想史上
的影響。

一是，融齊學與佛道二教思辨哲學於一爐的宇宙化生原理，所引起的朱陸
「無極而太極」之辯。這在宋代的學術思想上可說是最重要的課題之一。〔註2〕

二是，濂溪之學所倡言的「太極」觀念，在朱子一廂情願的認定之下，
儼然成為後世理學家們論究形上思想中的最高本源。且是「造化之樞紐，品
彙之根抵。」〔註3〕

三是，將佛道禁欲與主靜的思想，援入成聖以致於臻至人天之境界的實
踐步驟裡，成為理學家們共修的法門。〔註4〕且直啓程、朱「存天理、去人欲」
的思想。

四是，周子重申正禮樂、明五倫，力倡「禮先而樂後」的禮教思想，改
變了當時社會的風俗制度。〔註5〕

總之，就歷史的事實來說，濂溪之學確實為其以後學術思想的發展，提
供了一條嶄新的道路，開啓宋明六、七百年學術思想的方向。故言其「啓後」，
當之無愧。然若言其得孔孟之嫡傳，就未免「束書不觀」而缺乏對真理的認
知能力了。〔註6〕

因為，承上所述，就其〈圖說〉思想所依據的經典來說，已非儒家典籍；
就其思想內容來說，與其說他融合各家思想學說，倒不如說他龐雜了從兩漢
以來變形的道家思想與唐代佛教思想衍生而來。他在哲學思想史上的地位，
就像戰國末年的荀子。常言說，有會通去蕪存精之後才有進步。

〔註1〕《宋元學案》卷十一，《濂溪學案》上 P.96。

另見東發日鈔云：「本朝理學，闡幽於周子，集成於海翁。」同上卷八十六，
《東發學案》P.41。

〔註2〕《周子全書》卷三、卷四。

〔註3〕陳淳著，《北溪字義》「太極」；另見《周子全書》卷三、卷四、卷五、卷六。

〔註4〕《北宋四子修養方法論》P.1～10，黃景進，政大中文研究所，六十年碩士論
文。

〔註5〕陳東原著，《中國婦女生活史》P.135～137。

〔註6〕可參見清毛奇齡撰，〈辨聖學非道學文〉刊載於《西河文集》（中），P.1569～
1572。

勞思光著，《中國哲學史》第三卷上冊 P.164～165：「第三：所濂溪對後世儒
者之影響……」

第六章　結　論

　　以上筆者對濂溪哲學思想的研究，最主要的目的，是將其思想與其前期思想的發展連結起來，以說明濂溪在哲學思想史中的地位及其影響。濂溪因承襲了兩漢以來，本土文化與外來文化所融合成三教歸一思想發展的理路，故在其思想中，頗能截長補短地，攝取三教之所長，以儒家之仁，道家之慈，佛家之悲，建構其所欲終極的人生價值意義與目標，開啟後人。

　　但濂溪之學，畢竟已非先秦以本體心性論為主的儒家哲學，這在其〈太極圖說〉及〈通書〉所依據的《易傳》與《中庸》為旨的經典就足以證實者。再論其〈太極圖說〉及〈通書〉的思想內容，更是處處可見已非合於先秦儒家孔、孟所論之旨。倘單以〈太極圖說〉的哲學思想論之：

　　以「無極而太極」為始，講萬有之根本，本之於無極。故謂「陰陽一太極也，太極本無極也」，顯已受道家老子「復歸於無極」《老子‧二十八》思想的影響，而非孔孟之學的論旨。倘再以《國史濂溪傳》所載之原文——「自無極而為太極」，更見「無極」、「太極」、「陰陽」、「五行」層次分明，且下面又有「無極之真」與「二五之精」的存有論述。更見濂溪之學思融合儒、釋、道三家思想的色彩。

　　雖然濂溪之學，未必能適用於今日。但當我們反省中國文化未來的方向所應效做的，則是其哲學思想精神的涵融性。倘若我們仍舊滯溺於其以後宋明理學家們狹隘的門戶、道統主義與尊王攘夷的罅縫裏，而缺乏對外來文化吸收的能力與胸襟，則將使中國文化的發展遭受莫大的阻礙。因為，文化的發展有如長江大河一般。長江之所以長，除有其深廣的源頭之外，更重要的是有洞庭、鄱陽兩湖的調節與漢水等支流的匯聚，方能使其淵遠而流長。同

樣的一個民族文化的發展，新文化的吸收與增加，遠較舊文化的保存更爲重要。因爲，新文化的增加是經由創造和傳播而來，對社會有促進的功能，社會的進步，自然會使舊文化逐漸衰退而遭淘汰。倘若身爲現代的知識份子，未能有此見識，仍舊固執於自我主觀上的道統與師門的維護，則中國文化未來的發展，仍將處於文化的倒退運動中，而無法超越先秦與隋唐文化的卓越成就。這就是吾人所需深思之處。

參考引用資料

一、中文部分

（一）繕本書

1. 《濂溪集六卷》，明正德刻本，故宮藏。
2. 《濂溪集三卷》，明嘉靖道州濂溪書院刊本，故宮藏。
3. 《性理群書》，明宣德九年徐敏叔刊本（存卷九至十四），明吳訥補注宋熊剛大集解，故宮藏。
4. 《太極圖說述解》，欽定四庫全書，明曹端，故宮藏。
5. 《空谷集》，明刊黑口本，明釋景隆撰，中央藏。
6. 《西河合集經問九卷》，日本寬政十一年蔓延堂刊本，中央藏。
7. 《佛法金湯編卷十二》，明萬曆庚子（二十八年）天臺慈雲寺釋如惺刊本，中央藏。
8. 《歸元直指集》，明嘉靖三十二年淮陰道人張孟賢校刊本，明釋一元撰，中央藏。

（二）國學類

1. 《十三經注疏》，藝文。
2. 《國語》，中華。
3. 《春秋繁露》，中華。
4. 《易緯乾鑿度》，商務（百部叢書集成）。
5. 《大正藏經》，新文豐。
6. 《卍續藏經》，中國佛教會影印。
7. 《正統道藏》，藝文。

8. 《佛祖歷代通載》，新文豐。

9. 《二十四史》，鼎文。

10. 《史記》，中華。

11. 《朱子大全》，中華。

12. 《二程全書》，中華。

13. 《廣弘明集》，中華。

14. 《參同契考異》，弘明集，中華。

15. 《全唐文紀事》，世界，清陳鴻墀撰。

16. 《新書》，中華。

17. 《新論》，中華。

18. 《荀子》，中華。

19. 《抱朴子》，中華。

20. 《列子》，中華。

21. 《莊子》，中華。

22. 《老子》，中華。

23. 《韓非子》，中華。

24. 《中說》，中華。

25. 《新語》，潛夫論，中華。

26. 《人物志》，中華。

27. 《淮南子》，中華。

28. 《性理精義》，中華。

29. 《論衡》，中華。

30. 《宋元學案》，商務（國基）。

31. 《周子全書》，商務（人人文庫）。

32. 《容齋筆談》，（宋、洪邁著），商務（六十八年）。

33. 《宋周濂溪先生惇頤年譜》，（清、張伯行編），商務（六十七年）。

34. 《易圖明辨》，（清、胡渭輯著），廣文（六十七年）。

35. 《讀子卮言》，（清、江泉撰），廣文（七十一年）。

36. 《北溪字義》，（宋、陳淳），藝文（百部叢書集成）。

37. 《白虎通疏證》，鼎文（六十二年）。

38. 《韓昌黎集》，中華。

39. 《宋人軼事彙編》，（丁傳靖輯），商務（七十一年）。

40. 《李文公集十八卷》，商務（四部叢刊初編集部）。

41. 《西河文集》，（清、毛奇齡），商務。

42. 《中國佛寺史志彙刊》，明文（西元 1980 年）。

43. 《禪學大成》，中國佛教文化館編。

（三）專　著

1. 《中國哲學思想史（宋代篇）》，羅光著，學生（六十九年）。

2. 《中國哲學史》，馮友蘭著。

3. 《中國哲學史》，勞思光著，香港友聯（西元 1980 年）。

4. 《中國哲學史》，臧廣恩著，商務（七十一年）。

5. 《中國哲學史》，鐘泰著，商務（六十八年）。

6. 《中國哲學史概論》，渡邊秀方著，劉侃元譯，商務（六十八年）。

7. 《中國哲學概論》，余雄著，成文（六十六年）。

8. 《中國古代思想史》，郭湛波著，香港龍門（西元 1967 年）。

9. 《中國近世儒學史》，宇野哲人著，馬福辰譯，中國文化大學出版部（七十一年）。

10. 《中國哲學原論（原教篇（上））》，唐君毅著，學生。

11. 《中國學術思想史論叢》，錢穆著，東大（六十七年）。

12. 《中國理學史》，賈豐臻著，商務（七十年）。

13. 《中國禪思想史》，柳田聖山著，吳汝鈞譯，商務（人人文庫）（七十一年）。

14. 《東漢宗教史》，宋佩韋編，商務（人人文庫、六十二年）。

15. 《漢魏兩晉南北朝佛教史》，湯用彤著，商務（六十八年）。

16. 《中國經學史》，日本、本田成之著，廣文（六十八年）。

17. 《心體與性體》，牟宗三著，止中（七十年）。

18. 《道家與神仙》，周紹賢著，中華（七十一年）。

19. 《中國宗教思想史大綱》，王治心編，中華（六十九年）。

20. 《晉南北朝唐俗佛道爭論中之政治課題》，孫廣德，中華（六十一年）。

21. 《禪宗叢林制度與中國社會》，南懷瑾著，老古文化（七十一年）。

22. 《經學理學文存》，黃彰健著，商務（六十五年）。

23. 《華嚴原人論合編》，唐、宗密論，元、圓覺解，廣文（六十六年）。

24. 《宋明理學》，吳康著，華國（六十六年）。

（四）碩士論文

1. 《周濂溪研究》，張德麟著，東海大學中文研究所碩士論文（六十六年）。

2. 《北宋四子修養方法論》，黃景進著，政大中文研究所碩士論文（六十年）。

3. 《北宋理學周張二程研究》，戴景賢著，台大中文研究所（六十五年）。

（五）期刊類

1. 〈周子道學的體系〉，孫振青，《國立編譯館館刊》第十卷第二期（七十年十二月）。

2. 〈周濂溪的道學研究〉，趙文秀，《台北商專學報》第十九期（七十一年十二月）。

3. 〈周濂溪學說中的動靜問題〉，周學武，《書目季刊》第十七卷第三期（七十一年十二月）。

4. 〈周濂溪爰極圖說與佛學〉，熊琬，《中華學苑》二十八期（七十二年十二月）。

5. 〈認識周濂溪的思想〉，林繼平，《東方雜誌》第十六卷第六期（七十一年十二月）。

6. 〈讀周濂溪通書隨箚〉，錢穆，《故宮季刊》第十七卷第二期（七十一年冬季）。

7. 〈周邵二子之陰陽五行觀〉，羅桂成，《史學彙刊》第十一期。

8. 〈周濂溪學說研究〉，吳康，《錫園哲學文集與學術季刊》2:3，商務（西元 1961 年）。

9. 〈周濂溪理學述微〉，張文彬，《慶祝祝瑞安林景伊先生六秩誕辰論文集》，政大國文研究所發行（西元 1969 年）。

10. 〈周濂溪思想探微〉，黃朝琴，《中國學術史論集》，中華文化出版（西元 1956 年）。

11. 〈論周濂溪通書的誠〉，羅光，《牧盧文集與輔仁人文學報》1，《先知出版》（西元 1972 年）。

12. 〈朱陸辯太極圖說之經過及評議〉，戴君仁，《梅園論文集》，《中華書局》（西元 1970 年）。

13. 〈宗密著「道俗酬答文集」的研究〉，冉雲華，《華岡佛學學報》第四期（六十九年）。

14. 〈宗密對禪學之解析〉，冉雲華，《道安法師七十歲紀念論文集》（台灣印經處）。

15. 〈勘會或比較研究——宗密思想的主要觀點〉，冉雲華，《佛光學報》第三期。

16. 〈華嚴原人論各宗教理之分齊說〉，木桴，《現代佛教學術叢刊》44（六十六年）。

17. 〈華嚴原人論〉，林英儀，《現代佛教學術叢刊》44（六十七年）。

18. 〈宗密教禪一致思想之形成——論禪源諸詮集都序〉,《現代佛教學術叢刊》32,幻生,（六十七年）。

19. 〈宗密思想的特質〉,李世傑,《現代佛教學術叢刊》32（六十七年）。

20. 〈魏晉南北朝佛學思想玄學化之研究〉,楊政河,《華岡佛學學報》第五期（七十年）。

21. 〈支道林思想之研究〉,劉貴傑,《華岡佛學學報》第四期（六十九年）。

22. 〈魏晉新學與佛教思想的問題（上）〉,張曼濤,《華岡佛學學報》第三期（六十二年）。

23. 〈魏晉新學與佛教思想之交涉（中）〉,張曼濤,《道安法師七十歲紀念論文集》,台灣印經處。

24. 〈理學的先導〉,董金裕,《書目季刊》16-2（七十一年九月）。

25. 〈宋明理學中的「太極」觀念〉,陳榮捷,《思與言》20-3（西元 1982 年九月）。

26. 〈易經中的「理」與「氣」——對中國哲學中「有」與「無」的重新考察〉,成中英,《新亞學術集刊》3（西元 1982 年）。

27. 〈宋代之易學〉,徐芹庭,《孔孟學報》42、44（七十一年九月）。

28. 〈宋明清新儒家哲學十八講〉,方東美講,張永儁記,《哲學與文化》86-102。

29. 〈地獄之說與道德思想的研究〉,周光宇著,《漢學研究通訊》3.1（七十三年一月）。

二、日文資料

（一）專　著

1. 《宗密教學の思想的研究》,東京東洋文化研究所（西元 1975 年～昭和五十年）,鎌田茂雄。

2. 《中國禪宗史の研究》,誠信書房（昭和三十八年）,阿部肇一。

3. 《禪學思想史》,名著刊行會（昭和四十四年）,忽滑谷快天。

4. 《程朱哲學史論》,東洋大學出版部（明治四十四年）,大江文城。

5. 《周濂溪の哲學》,藤井書店（昭和十一年）,荻原擴著。

6. 《支那思想史》,岩波書店（昭和十六年）,武內義雄。

7. 《程伊川哲學の研究》,東京大學出版會（西元 1978 年）,市川安司。

8. 《支那近世哲學史考》,晃文社（昭和十九年）,本田成之。

9. 《朱子研究》,京文社（昭和二年）,秋月胤繼。

10. 《太極圖說・通書、西銘・正蒙》,岩波書店（昭和十三年）,西晉一郎、小系夏次郎譯註。

11. 《禪源諸詮集都序》，宇井伯壽譯註，岩波書店（昭和十四年）。

12. 《儒學の目的と宋儒_{百六十年間}の活動》，諸橋轍次，大修館書店（昭和四年）。

13. 《支那哲學史講話》，宇野哲人，大同館（大正十四年）。

14. 《中國禪宗史》，柳田聖山，筑摩書房（昭和四十九年）。

15. 《_{那日本}宗史》，孤峰智璨，大本山總持寺（昭和四十九年）。

16. 《山鹿素行文集》，山鹿素行，有朋堂（大正十五年）。

（二）期 刊

1. 〈周子學說概論〉，大江文城，《東洋哲學》8-8～11（明治三十四年）。

2. 〈周子實踐哲學筑概觀（其一，其二）〉，後藤俊瑞，《東洋文化》77，78（昭和五年十一、十二月）。

3. 〈周濂溪研究朱子筑理解を中心として〉，木南卓一，《東方學》12（昭和三十一年六月）。

4. 〈太極圖說に就て〉，菊池秀吉，《哲學雜誌》19-213，20-215～217（明治三十七年、三十八年）。

5. 〈道教的生成論の形成と展開——「氣の思想」補論〉，麥谷邦夫，《中哲文學會報》4（昭和五十四年）。

6. 〈周張二子の哲學〉，吉田青致，《哲學雜誌》13-137～139（明治三十一年）。

7. 〈太極圖說を論ず（上、下）〉，和田清，《東亞研究》5-9～11（大正四年十一月）。

8. 〈通書研究〉，高瀨武次郎，《狩野還曆支那學論叢》（昭和三年二月）。

9. 〈周濂溪の無極太極について——その生成論と本體論〉，《東京支那學會報》10，友枝龍太郎，（昭和二十七年三月）。

10. 〈無極而太極〉，功力正，《竹田還曆論文集》2-4（昭和二十七年七月）。

11. 〈「無極而太極」について〉，今井宇三郎，《日本中國學會》4（昭和二十八年三月）。

12. 〈周濂溪の聖人說〉，西順藏，《一橋論叢》32-4（昭和二十九年十月）。

13. 〈周子太極圖說とその原流〉，戶田豐三郎，《哲學》10（昭和三十四年三月）。

14. 〈再び太極先天圖について〉，今井宇三郎，《哲學》10（昭和三十四年三月）。

15. 〈周子太極圖説考〉，戸田豐三郎，《廣島大文學部紀要》16（昭和三十四年九月）。

16. 〈周子書を讀む〉，猪狩博之，《西南學院大文理論集》2-2（昭和三十六年十二月）。

17. 〈周濂溪の宇宙論〉，黑坂滿輝，《中國哲學》6（昭和四十四年）。